# SABERES DAS LUTAS DO MOVIMENTO NEGRO EDUCADOR

Dados Internacionais de Catalogação na Publicação (CIP)
(Câmara Brasileira do Livro, SP, Brasil)

Saberes das lutas do Movimento Negro Educador / Nilma Lino Gomes (org.). – Petrópolis, RJ : Vozes, 2022.

Vários autores.
Bibliografia.
ISBN 978-65-5713-669-0

1. Educação – Finalidade e objetivos  2. Movimento Negro  3. Racismo – Aspectos sociais  4. Sociologia educacional  I. Gomes, Nilma Lino.

22-115008 CDD-306.43

Índices para catálogo sistemático:
1. Movimento Negro Educador : Sociologia educacional
306.43

Eliete Marques da Silva – Bibliotecária – CRB-8/9380

Nilma Lino Gomes (org.)

# SABERES DAS LUTAS DO MOVIMENTO NEGRO EDUCADOR

EDITORA VOZES

Petrópolis

© 2022, Editora Vozes Ltda.
Rua Frei Luís, 100
25689-900 Petrópolis, RJ
www.vozes.com.br
Brasil

Todos os direitos reservados. Nenhuma parte desta obra poderá ser reproduzida ou transmitida por qualquer forma e/ou quaisquer meios (eletrônico ou mecânico, incluindo fotocópia e gravação) ou arquivada em qualquer sistema ou banco de dados sem permissão escrita da editora.

**CONSELHO EDITORIAL**

**Diretor**
Gilberto Gonçalves Garcia

**Editores**
Aline dos Santos Carneiro
Edrian Josué Pasini
Marilac Loraine Oleniki
Welder Lancieri Marchini

**Conselheiros**
Francisco Morás
Ludovico Garmus
Teobaldo Heidemann
Volney J. Berkenbrock

**Secretário executivo**
Leonardo A.R.T. dos Santos

*Editoração*: Maria da Conceição B. de Sousa
*Diagramação*: Sheilandre Desenv. Gráfico
*Revisão gráfica*: Anna Carolina Guimarães
*Capa*: Ygor Moretti

ISBN 978-65-5713-669-0

Este livro foi composto e impresso pela Editora Vozes Ltda.

# Sumário

*Prefácio* – Afeto, resistência e luta: da fibra que é feita o *Movimento Negro Educador*, 7
  Winnie de Campos Bueno
O Movimento Negro Educador – Releituras, encontros e trocas de saberes, 19
  Nilma Lino Gomes
Racismo e ações afirmativas – A universidade como lugar dos saberes da disputa, 71
  Regimeire Oliveira Maciel
Construindo cumplicidades – Ações afirmativas, disputas epistêmicas e processos político-pedagógico-afetivos, 93
  Regina Facchini, Thiago Coacci e Gleicy Mailly da Silva
Negritando esperanças nas encruzilhadas dos saberes – Pelo reconhecimento de uma epistemologia negra no espaço acadêmico, 133
  Luciana de Oliveira Dias
A construção dos saberes afetivos na ação política de jovens negros universitários, 161
  Stephanie P. Lima
Movimento de Mulheres Negras no Brasil – Saberes interseccionais e políticos, 215
  Tayná Victória de Lima Mesquita
*As autoras e o autor*, 267

# Prefácio

## Afeto, resistência e luta: da fibra que é feita o Movimento Negro Educador

Winnie de Campos Bueno *

Os processos de validação do conhecimento, no âmbito acadêmico brasileiro, histórica e sistematicamente suprimiram os saberes de grupos subalternizados. Comunidades negras, povos tradicionais, população indígena e LGBTQIA+ tiveram seus conhecimentos silenciados, apropriados, alterados de diversas formas, com o intuito de estabelecer uma dinâmica na qual apenas aquilo que é considerado enquanto verdade pelas elites sociais é qualificado enquanto teoria. Essa lógica não está inscrita apenas na experiência brasileira e se constitui enquanto uma forma de manutenção de privilégios que consolida epistemologias exclusivas, em que aqueles que detém o poder interpretam não apenas as suas próprias experiências, como também a de todos aqueles que consideram enquanto "outros" (COLLINS, 2019).

*Saberes das lutas do Movimento Negro Educador* é uma obra que demonstra o quanto o movimento social negro fez e faz de suas lutas por resistência e emancipação produção de conhecimento. Um pro-

---

* Iyalorixá, bacharela em Direito pela Universidade Federal de Pelotas. Mestra em Direito pela Universidade do Vale do Rio dos Sinos. Doutoranda em Sociologia pela Universidade Federal do Rio Grande do Sul.

cesso de teorização coletiva que durante décadas se inscreveu apesar da dinâmica de supressão intelectual e das persistências das violências epistêmicas. Foi a partir do trabalho intelectual e do ativismo de mulheres como Nilma Lino Gomes que eu mesma organizei minha trajetória acadêmica, voltada a compreender o pensamento produzido pelo Movimento Negro, especialmente pelas mulheres negras, enquanto legado intelectual. Este legado permitiu que as ideias e ações do Movimento Negro circulassem para além de nossas estratégias de resistência, constituindo uma epistemologia de lutas: palavras que indicam e mobilizam ações. Ações que mobilizam escritos.

As ações que mobilizam a escrita da intelectualidade negra são constituídas de muitos fatores que brilhantemente são articulados neste livro. Um dos fatores mais potentes é justamente o afeto. Parte significativa da educação que me foi passada pelo Movimento Negro se formula do afeto. É o revolucionário afeto, construído por minha mãe Iyá Sandrali, que me fez próxima dos contributos, ações e ideias da Professora Nilma Lino Gomes, e foi com muita alegria que colhi mais um tanto desse afeto ao ser convidada para prefaciar este importante livro.

O afeto é uma forma potente de mobilizar conhecimento, conforme veremos nesta obra. É o afeto, o amor e o compromisso com a obra da autora e, sobretudo, com os temas que há tantos anos Nilma se debruça, que dão estofo ao livro que você tem em mãos. Esse afeto não se traduz numa perspectiva romanesca. O afeto que mobiliza estes escritos se relaciona com o aprendizado que as pessoas que imprimiram seus saberes nessa leitura analítica de *O Movimento Negro Educador* adquiriram em suas próprias experiências com este movimento social que se propõe a enfrentar o processo histórico de desumanização de pessoas negras. Essa é uma luta dura, que nos exige revisitar traumas históricos e, justamente por isso, exige de nós amor. É preciso amor e afeto para, mediante tantas violências, seguir insistindo em mobilizar estratégias para a construção de uma sociedade equânime, livre de violências raciais e justa. O afeto educa e potencializa resistências.

O Movimento Social Negro possibilitou para mim e para centenas de mulheres negras da minha geração aprendizados que não me foram fornecidos nas instituições de ensino. Desde a mais tenra idade, levada pela mão pela minha mãe, aprendi com a militância do Movimento Negro. Ouvindo fragmentos de reuniões, correndo entre salas das organizações negras de Porto Alegre e, posteriormente, através da escuta atenta das falas dos ativistas e com elas aprendendo o que significavam essas lutas. Parte significativa desses aprendizados foram desdobrados em testemunhos intelectuais que chegaram às minhas mãos de muitas formas: fotocópias de artigos, panfletos, cartilhas e livros. Muitas vezes esses materiais continham o nome de Nilma Lino Gomes, em autoria ou em pensamento mobilizado como reflexão das lutas históricas por emancipação e reconhecimento da humanidade das gentes pretas. Aqui, os múltiplos afetos que Nilma mobiliza tecem saberes em conjunto.

O afeto também impulsiona a criatividade. Somos uma população que conhece a escassez, seja porque a vivenciamos diretamente, seja porque experienciamos essa escassez a partir da empatia. Ao perceber uma mulher negra vivendo em escassez sei que poderia ser eu. Saber me impulsiona a agir, esse impulso implica responsabilidade com ações e ideias que me antecedem. É a responsabilidade com o legado que me foi confiado pelas mulheres do Movimento Negro, entre elas a Professora Nilma, que me mantém articulando ideias e circulando conhecimento enquanto ferramentas de luta. Posso apostar que isso constituí também os escritos que compõe esse volume.

A escrita é uma ferramenta de resistência. O que presenciamos nessa obra é a concretização daquilo que Patricia Hill Collins nomeia enquanto conhecimento de resistência. As estratégias articuladas pelo

Movimento Social Negro são centrais para os processos de teorização que testemunhamos nesse livro. É do Movimento Social Negro que emergem as análises críticas aos sistemas de poder, é dele também que consolidamos as práticas de enfrentamento as consequências da manutenção desses sistemas. Nos rebelemos à subordinação que nos é imposta com os saberes de resistência que nos foram ensinados pelo Movimento Social Negro. E esses saberes são coletivos. O aspecto da coletividade na produção de saberes é o ponto mais crucial desta obra. O processo de produção é um exemplo de projeto de conhecimento de resistência que muito generosamente a própria Professora Nilma Lino Gomes descreve para os leitores no texto de apresentação deste livro. Ainda tematizando sobre a coletividade, cabe ressaltar a relevância desta obra ser lançada no ano em que possivelmente será revisada a política de ações afirmativas inscrita na Lei 12.711/12, a chamada Lei de Cotas, uma vez que as análises sobre as ações afirmativas tem importante presença nos escritos que compõe essa obra, possibilitando reflexões aprofundadas sobre a importância desta política pública que possibilitou a ampliação do ingresso de pessoas negras nas instituições de ensino superior.

Conforme Regimeire Maciel afirma no capítulo de sua autoria que compõe esse livro, as ações afirmativas promoveram mudanças no ambiente universitário. O ensino superior tornou-se mais plural, contendo experiências de pessoas negras, indígenas, quilombolas que anteriormente eram barradas do acesso ao ensino superior. Essa maior pluralidade da academia se mostrou extremamente salutar, possibilitando que temas de pesquisa que antes ficavam marginalizados constituíssem núcleos e grupos de pesquisa sobre inúmeras questões pertinentes à negritude.

Avolumaram-se os estudos sobre o feminismo negro, que inclusive ganhou robusto destaque a partir das teorizações promovidas por acadêmicas negras que fizeram circular o pensamento político de mulheres negras brasileiras. Intelectuais como Lélia González, Beatriz Nascimento, Luiza Bairros, Sueli Carneiro, Maria Aparecida Bento, Jurema Werneck, Conceição Evaristo, Rosana Paulino e tantas outras, incluindo entre estas a própria Professora Nilma, que outrora eram nomes conhecidos e reverberados quase que exclusivamente pelo Movimento de Mulheres Negras passaram a ser firmemente mobilizadas em ementas de disciplinas, monografias, artigos acadêmicos e presença constante nos eventos universitários.

As ações afirmativas permitiram dar início à concretização de uma reinvindicação histórica do Movimento Social Negro brasileiro: a luta por uma educação inclusiva, plural e equânime.

Nesse sentido o Movimento Negro é agente transformador e promotor de conhecimento. O aumento da participação de negros no ensino superior acabou por fortalecer o próprio Movimento Social Negro que a partir das ações afirmativas também ganha outros contornos. É inegável que hoje os grupos de pesquisa mobilizados por acadêmicos negros, os coletivos de estudantes negros e Núcleos de Estudos Afro-Brasileiros (Neab) integram o Movimento Negro. A maior aproximação de jovens negros dos debates sobre racismo e poder, a produção de conteúdos nas redes sociais sobre esses temas, bem como a afirmação da identidade negra é consequência direta do sucesso da política de cotas e resultado concreto de uma luta histórica protagonizada pela negritude.

Para além desse diagnóstico, revela-se o quanto as universidades brasileiras ganharam com a produção de conhecimento situado a partir das experiências da negritude. A *Escrevivência*, de Conceição Evaristo (2005), tornou-se metodologia e ferramenta de inscrição da população negra no cânone, deslocando a superioridade eurocristã da produção acadêmica e promovendo a construção de análises que explicitam as dinâmicas do racismo a partir de um ponto de vista situado, enunciado, localizado individual e coletivamente.

11

Entre os muitos resultados relevantes das políticas de ações afirmativas no Ensino Superior, cabe destacar que o aumento da presença negra nas universidades foi força-motriz para que não mais fosse possível ignorar o pensamento crítico negro brasileiro. Intelectuais que anteriormente eram silenciados e desconhecidos da população brasileira hoje são celebrados e aplaudidos, muitos deles ainda em vida. O questionamento das ausências se concretizou em reivindicação de presença. Não incomum que nas salas de aula de graduação e pós-graduação o corpo discente negro faça exigências concretas por mudanças nas disciplinas e pela inclusão de temas que sejam pertinentes aos debates que estes enfrentam.

O meu próprio cotidiano acadêmico foi se modificando conforme as ações afirmativas foram se consolidando no ensino superior. Eu ingressei na universidade em 2007, momento em que as cotas para negros nas universidades eram discutidas acaloradamente após iniciativas autônomas de instituições como a Universidade do Estado do Rio de Janeiro e da Universidade de Brasília. No auge dos meus 19 anos, sendo a única pessoa negra em quase todas as salas de aula por onde passava, não havia momento sem que eu questionasse meus colegas, professores, chefes de departamento sobre suas opiniões a respeito das ações afirmativas. Vão 15 anos e apesar de hoje a política de cotas ser uma realidade concreta, de sucesso comprovado, ainda paira o desconforto da branquitude em presenciar as mudanças promovidas pelas ações afirmativas.

Apesar de as estruturas de conhecimento ainda serem controladas por uma elite intelectual branca e masculina, a qual detém o poder de definir as premissas para a validação do conhecimento, fazendo com que os interesses, paradigmas, metodologias e epistemologias formuladas por grupos subordinados sejam subvalorizados para a sobrevalorização dos interesses dessa elite, a presença de negros e negras têm mobilizado critérios outros de valoração do saber que se voltam aos grupos subordinados como agentes de conhecimento. As cotas promoveram este movimento e as cotas são, indiscutivelmente, fruto da mobilização negra.

A contribuição de Regina Facchini, Thiago Coacci e Gleicy Mailly da Silva nos convida a refletir sobre os desdobramentos das ações afirmativas para além da comunidade negra. O sucesso da reserva de vagas para negros e negras no ensino superior impulsionou que outros grupos historicamente alijados da educação reivindicassem políticas de acesso ao ensino superior que também tem contribuído sensivelmente para a ampliação da pluralidade nas instituições de ensino. Os autores demonstram de maneira muito generosa o quanto a presença de travestis e transexuais promoveu a formação de novos marcos epistêmicos. Para além disso, tematizam sobre as experiências do cotidiano acadêmico em instituições de ensino que a partir das políticas de ações afirmativas tornam os processos educativos mais plurais.

Luciana Oliveira Dias traz para a roda a categoria de encruzilhada para defender a urgência do reconhecimento de uma epistemologia negra, se valendo para tanto de subsídios teóricos de intelectuais da diáspora negra. Considero que contribuições como estas são centrais para compreendermos o Movimento Negro como espaço seguro que aduba o florescimento de enunciações em nosso próprio nome. De fazer político-intelectuais que permitem romper com a imposição do silêncio. Estamos, coletivamente, formulando conhecimentos que são valorados e validados por saberes de resistência que acontecem para muito além das fronteiras acadêmicas. Especialmente porque "A universidade é o lugar de um sofrimento racial dificilmente passível de ser elucidado com as ferramentas que ela mesma produz" (BUENO; DOS ANJOS, 2022, p. 364). É justamente por isso que iremos prescindir de categorias teóricas que possibilitem expressar a intensidade do que significa produzir conhecimen-

13

to desde a periferia acadêmica. Eclodimos as escritas da resistência tecendo nossa própria experiência na escrita. Nesse sentido, a teoria habita acontecimento singulares, se desdobra em fazeres que não encerram o pensamento, ao contrário, fazem dele um acontecer. A possibilidade de afirmar uma epistemologia negra perpassa pela resistência e persistência dos acadêmicos e acadêmicas negras. Apesar da insustentabilidade do ambiente acadêmico, o afeto promovido nos coletivos de negros e negras e naqueles que tem o intuito acolher e debater a diversidade sexual servem de ferramenta para vencer as violências que a academia impõe. Compreendemos nosso *status* marginal, dele mobilizamos potências intelectivas.

> Esse lugar marginal na academia é articulado a perspectivas e interesses emancipatórios de seus lugares de pertencimento e lhes aparecem como uma encruzilhada de saberes. Assim, como a umbanda negra se configura na encruzilhada do catolicismo popular, do espiritismo e de diversos africanismos e indigenismos, também as pesquisadoras negras mobilizam as modalidades consagradas de pesquisa desde formas outras de se perceber e articular conhecimentos, sensibilidades e potências políticas (BUENO; DOS ANJOS, 2022, p. 365).

Stephanie P. Lima compartilha o potencial destes espaços justamente a partir das narrativas de militantes negros. O artigo evidencia como os coletivos têm papel central na articulação do afeto como instrumento da resistência. É o afeto que mobiliza as estratégias que permitem construir círculos próprios que se opõe aos círculos internos da academia onde os participantes, ostensivamente brancos e homens, mantinham dinâmicas, códigos e linguagens que limitavam, cerceavam e/ou impediam a participação daquelas que não correspondiam a essa caracterização.

As mudanças ocorreram pela insistência da resistência intelectual de pensadores e pensadoras "de fora", daqueles que são lidos como outros. Homens e mulheres *outsiders-within* (COLLINS, 2016) *que* ousaram desafiar o conhecimento objetificado que tão constantemente é celebrado nos círculos internos acadêmicos, ausentando ou ignorando que esse modo de repercussão da teoria acaba por apresentar apenas uma visão parcial da sociedade e dos fenômenos sociais. Para compreender a sociedade de conjunto, portanto, é preciso desafiar esses paradigmas, e o afeto mobiliza essas mudanças. É o saber-afeto que possibilita a intervenção da coletividade negra na sociedade em múltiplas dimensões, inclusive na formação do conhecimento.

Tayná Victória de Lima Mesquita colabora com esta obra elucidando a maneira com que o Movimento de Mulheres Negras impulsiona subjetividades desestabilizadoras (GOMES, 2019). O compromisso com a constituição de saberes que permitam nossa enunciação em próprio nome é prática política que fundamenta as epistemologias feministas negras, produzidas por mulheres negras com o condão de fundamentar a ação política por elas desempenhada. Saberes estes que são caracterizados por Mesquita enquanto saberes interseccionais e saberes políticos. Essa teia de saberes descritos pela autora apresentam uma potência política e epistêmica robusta, que lhes permite nomear, analisar e protagonizar os processos de produção teórica, ao mesmo tempo em que são vanguarda dos movimentos de mulheres negras no Brasil.

Os processos de produção de conhecimento mobilizados pelo Movimento Negro possibilitam a articulação de referenciais teóricos próprios, enunciados em múltiplos campos de conhecimento. As diversas contribuições epistemológicas que se originam deste movimento social constituem teoria social crítica, efetivamente comprometida com mudança social.

A obra de Nilma Lino Gomes, tão belamente analisada pelos intelectuais que compõe os textos deste livro, rompe com silêncios históricos intencionalmente produzidos na teoria de conhecimento. Atravessamos o silencio para enunciar a complexidade com que a intelectualidade negra propõe ferramentas de análise e formulações de conhecimento que tencionam a zona de conforto na qual conceitos, paradigmas e visões filosóficas sempre estiveram organizados a partir de um ponto zero de conhecimento, historicamente fortalecido a partir do epistemícidio de grupos subordinados (GROSFOGUEL, 2016). A produção de conhecimento promovida pelo Movimento Negro parte das experiências. Dessa forma, os escritos contidos nessa obra não anunciam apenas seus esforços político-teóricos, mas também uma trajetória de resistência coletiva. Ao colocar as experiências e ideias do Movimento Negro no centro das análises desenvolvidas, as autoras e o autor insurgem-se contra o fazer científico que exige dos grupos subordinados uma adequação de suas ideias a formulações confortáveis para aqueles e aquelas que historicamente são privilegiados na acepção da academia: pessoas brancas. Promove-se o conhecimento a partir de afeto, dos afetos de Nilma Lino Gomes, que faz ciência e luta comprometida com o amor enquanto práxis da justiça social.

Se permita ser educado pela radicalidade amorosa do Movimento Negro Educador.

# Referências

BUENO, W.C.; DOS ANJOS, J.C. Da interseccionalidade à encruzilhada: operações epistêmicas de mulheres negras nas universidades brasileiras. **Civitas – Revista de Ciências Sociais**, v. 21, p. 359-369, 2022.

COLLINS, P.H. Aprendendo com a *outsider within*. **Sociedade e Estado**, v. 31, p. 99-127, 2016.

COLLINS, P.H. Intersectionality as critical social theory. **Intersectionality as Critical Social Theory**. Duke University Press, 2019.

EVARISTO, C. **Gênero e etnia: uma escre(vivência) de dupla face**. Trabalho apresentado no IV Congresso Brasileiro de Pesquisadores Negros. Salvador, 2005

GOMES, N.L. **O Movimento Negro Educador: saberes construídos nas lutas por emancipação**. Petrópolis: Vozes, 2019.

GROSFOGUEL, R. A estrutura do conhecimento nas universidades ocidentalizadas: racismo/sexismo epistêmico e os quatro genocídios/epistemicídios do longo século XVI. **Sociedade e Estado**, v. 31, n. 1, p. 25-49, 2016.

# O Movimento Negro Educador

*Releituras, encontros e trocas de saberes*

Nilma Lino Gomes

O *Movimento Negro Educador: raça, diferença e educação* na obra de Nilma Lino Gomes foi o tema da série Clássicos, realizada pelo projeto Gênero e Desigualdades, em 2021, no formato remoto, por meio de uma parceria entre o Núcleo de Estudos de Gênero Pagu, da Unicamp, e o Núcleo de Estudos sobre Marcadores Sociais da Diferença, da USP, sob a organização das professoras Regina Facchini (Pagu/Unicamp) e Carolina Parreiras (Numas/USP). A *live* contou ainda com a participação e apoio do Larvas Incendiadas, da Diretoria Executiva de Direitos Humanos da Unicamp (Dedh) e do Comitê Gênero e Sexualidades, da ABA, e foi, depois, repercutida no formato podcast pelo Larvas Incendiadas.

Esse entrecruzamento de saberes, vivências interraciais, geracionais, de gênero e orientação sexual, possibilitado por meio de uma entrevista *on-line*, na qual fui a entrevistada, teve como participantes as jovens professoras e pesquisadoras negras: Luciana de Oliveira Dias (UFG), Regimeire Oliveira Maciel (Ufabc), Stephanie Pereira de Lima (Crioula), Tayná Vitória de Lima Mesquita (Doutoranda em Ciências Sociais/Unicamp). Posteriormente, Gleicy Mailly da Silva (Pagu/Unicamp) passou a integrar o conjunto de pesquisadoras. A coordenação foi realizada por Regina Facchini (Pagu/Unicamp) e Thiago Coacci (Larvas Incendiadas).

Como resultado dessa tarde de entrevista permeada de sintonia, admiração, respeito, cumplicidade, densidade política e epistemológica surgiu a proposta de construção coletiva de um livro cujo eixo orientador seriam as diferentes interpretações provocadas pela leitura do meu livro *O Movimento Negro Educador* (GOMES, 2017). E a proposta se concretizou. O livro foi gestado, trabalhado, discutido e amado. Sim, fomos movidas pelo amor. Amor pela vida, pela emancipação social, pela luta política e democrática, pelos sujeitos e sujeitas que sofrem as mais diversas formas de violações de direitos, por aquelas e aqueles que sofrem com o racismo, o patriarcado e o capitalismo, por uma construção do conhecimento forjada nas experiências das lutas sociais e pelas trajetórias negras de estudantes cotistas e egressos das cotas sociorraciais das Instituições Públicas de Ensino Superior que têm impactado e transformado esses espaços de dentro para fora com suas histórias de vida, saberes, indagações, corporeidade. Amor pelo Movimento Negro brasileiro, esse ator político que educa e reeduca a sociedade e suas instituições. E que tem reeducado cada autora e autor deste livro. Amor por nós mesmas e pelo grupo que constituímos, movidas pelo desejo de contribuir na construção de epistemologias negras e epistemologias interseccionais de classe, raça, gênero, idade e sexualidades.

Como nos ensina bell hooks: "Começar por sempre pensar no amor como uma ação, em vez de um sentimento, é uma forma de fazer com que qualquer um que use a palavra dessa maneira automaticamente assuma responsabilidade e comprometimento" (hooks, 2020, p. 55). Seguimos o alerta da autora:

> Só o amor pode curar as feridas do passado. Entretanto, a intensidade de nossos ferimentos frequentemente nos leva a fechar nosso coração,

tornando impossível retribuirmos ou recebermos o amor que nos é dado. Para abrirmos o nosso coração mais plenamente para o poder e a graça do amor, devemos ousar reconhecer quão pouco sabemos sobre ele na teoria e na prática (hooks, 2020, p. 42).

Movidas pelo amor e pela indignação contra todas as formas de violências, opressões e discriminação tornamo-nos um grupo de reflexão, de trabalho e de discussão *online*, formado por 7 pesquisadoras e um 1 pesquisador, de maioria negra, de diferentes estados do Brasil: Goiás, Minas Gerais, Rio de Janeiro e São Paulo com diferentes trajetórias pessoais, políticas e acadêmicas.

A construção do livro se deu em uma encruzilhada de vidas e trajetórias. Os diálogos foram marcados pelos olhares, experiências, lugares de fala, militância, trajetória pessoal e acadêmica, vivências duras de preconceitos, racismo, sexismos, machismos e LGBT-QIA+fobia e pelas lutas, conquistas, vitórias, denúncias e propostas de transformação.

Um ponto comum atravessa e intersecciona nossas histórias e experiências: o processo de reeducação pelo qual todes passamos ao conhecermos o Movimento Negro. Um processo marcado por diferentes lugares e formas de interação política, pessoal, pedagógica e acadêmica. Das autoras, algumas tiveram a experiência de ter integrado a luta política de combate ao racismo de maneira mais orgânica, outras fazem parte da nova geração de intelectuais negras formada na academia e por esse movimento. E todas são aprendizes dos saberes construídos pela população negra brasileira ao longo dos séculos, sistematizados e socializados pelo Movimento Negro. Também somos profissionais que atuam nas ciências humanas e sociais, marcadas pela convivência em sala de aula e na gestão universitária com estudantes negras e negros, oriundos das ações afirmativas na modalidade cotas, na graduação e pós-graduação, que afirmam de maneira muito positiva e incisiva a sua identidade negra e têm impactado a universidade e as rígidas estruturas do conhecimento científico.

Foram, ao todo, 7 encontros, de setembro de 2021 a abril de 2022, às quintas-feiras, das 10:30h às 13:00h, no formato remoto, em decorrência da pandemia provocada pela Covid-19. Um momento de isolamento social, de afastamento da convivência humana presencial para muitas pessoas, de crescimento do desemprego, de ataques à cultura e às ciências, marcados por um desgoverno federal, pela violência, por milhares de mortes que poderiam ter sido evitadas se o Brasil tivesse adotado uma competente política sanitária, e não estivesse sob a condução errática do grupo autoritário e incompetente que ascendeu ao Poder Executivo federal nas eleições de 2018.

Durante o período de isolamento social em que tudo parecia ruir, nós, as autoras e o autor deste livro, fizemos parte de um dos movimentos de resistência ao caos e ao desamor capitaneados e espalhados pelo grupo político no poder executivo e seus apoiadores nas casas legislativas e nas ruas. Resistência democrática, movida por uma vigilância epistemológica que nos impele a não desistir do sonho de construir uma sociedade menos desigual, mais democrática e mais justa.

Foram momentos de troca e diálogos de saberes e de experiências de luta política e epistemológica desenvolvidos e desenhados por meio de um processo de elaboração e reelaboração da escrita dos artigos. Desde o compartilhamento coletivo das ideias iniciais por meio dos resumos até a produção final dos textos. Todos os artigos foram construídos a partir das experiências acadêmicas, políticas e pessoais do grupo, marcadas pela luta por uma sociedade e uma universidade mais democráticas e equânimes.

Como autora do livro *O Movimento Negro Educador*, a vivência de todo esse processo foi marcante. Quando o que escrevemos e produzimos é lido, compreendido, reinterpretado e ressignificado pelas leitoras e leitores é sinal de que o ciclo do processo educativo está em curso e seguindo um bom curso. E esse ciclo não para por aí. Para ser emancipatório e transformador ele deverá possibilitar outras leituras e ressignificações até que todas e todos nos sintamos autoras e autores coletivos de ideias e indagações fortes trazidas pela obra original e na produção de outras que as recriam e as inovam. Esse é o prazer sentido por mim pela oportunidade ímpar de ter participado desse processo coletivo.

As políticas de ações afirmativas e as transformações por elas geradas no meio acadêmico, na gestão, na inserção de sujeitos pertencentes aos coletivos sociais diversos e tratados como desiguais em nossa sociedade permearam as nossas análises durante os encontros virtuais, pois são parte da nossa experiência acadêmica e de vida. Quer seja como docente, discente, militante, pesquisadora/or houve uma concordância durante os encontros: a profusão de saberes com os quais as ciências humanas e sociais lidam atualmente é resultado da presença ativa, indagadora e insurgente dos sujeitos diversos, cujo direito de estar na universidade e em outros lugares hegemônicos da sociedade foi possibilitado pela implementação das ações afirmativas como política de Estado e, em especial, pela modalidade das cotas raciais e sociais.

Os saberes partilhados durante os encontros remotos foram além da proposta inicial de releitura do livro *O Movimento Negro Educador*. Coletivamente, as autoras e o autor refletiram e elaboraram um conjunto de outros saberes, para além daqueles já apontados na obra original. Esses saberes têm sido produzidos a partir de experiências, reflexões e memórias proporcionadas, de maneira especial, pelo contexto da implementação das cotas sociorraciais nas Instituições Federais de Ensino Superior, por meio da Lei 12.711/12, mais conhecida como Lei de Cotas. Novos aprendizados e tensões passaram a fazer parte das nossas trajetórias proporcionadas pelo encontro com os sujeitos e sujeitas que tiveram o seu direito ao ensino superior proporcionado por essa lei. São saberes produzidos, inclusive, pela experiência de algumas das jovens negras e autoras na sua vivência como estudantes cotistas da graduação e da pós-graduação.

A Lei de Cotas tem garantido a democratização do acesso ao ensino superior público em nosso país para estudantes de escola pública, de baixa-renda, negros, indígenas e com deficiência nas Instituições Federais do Ensino Superior. No ano de 2022, quando se completam 10 anos de sua implementação, o Projeto de Lei 3.422/21, apresentado à Câmara dos Deputados por um grupo de parlamentares do Partido dos Trabalhadores (PT), encontra-se em debate e em disputa com outro projeto reacionário que pretende alterá-la negativamente, retirando-lhe a raça como um dos critérios para a concretização da Lei. Escrevemos esse livro em um momento político em que a Lei de Cotas precisa defendida e fortalecida, pois sabemos os efeitos emancipatórios que ela trouxe para a democratização, a presença da diversidade e a justiça cognitiva nas Instituições Federais de Ensino Superior e para a sociedade brasileira.

É momento de reafirmarmos que o princípio das ações afirmativas é constitucional, como já foi decidido pelo Supremo Tribunal Federal (STF) em 2012 e, portanto, todas as suas modalidades de implementação, dentre elas, as cotas, são legítimas e válidas.

## Direito de existir: territórios e saberes

O direito de existir para negras e negros, no Brasil, faz parte da utopia de inventar outros mundos possíveis. É um sonho com um outro mundo e um outro tempo. É sonhar com um outro país.

Pode parecer estranha essa afirmação para alguém que vive em um país com 56% de população negra (pretos e pardos), segundo o IBGE[1], foi docente da universidade até se aposentar e ocupou lugares de expressão acadêmica e política. Mas, lamentavelmente, a existência do racismo em nosso país é uma marca que atravessa a trajetória de negras e negros quer façamos parte dos setores populares, quer integremos as camadas médias da população quando conseguimos algum tipo de mobilidade social, principalmente, via concurso público.

Costumo dizer que, nós, mulheres negras, podemos ser ex-reitoras, ex-ministras, ex-deputadas, ex-senadoras, mas nunca seremos ex-negras na sociedade. A raça nos atravessa e nos marca indelevelmente. Seja positivamente como parte de uma herança ancestral de luta, seja negativamente na experiência e vivência do racismo. Ou das duas maneiras.

Há tempos, uma repórter me perguntou por que o Movimento Negro insiste tanto em denunciar a violência racista? Por que esse movimento social não coloca o seu olhar nos avanços sociais das pessoas negras? Para além da minha estranheza diante de uma pergunta como essa, que denota pouco conhecimento sobre o lugar de denúncia e da conquista dos movimentos sociais emancipatórios, tentei explicar que não é o Movimento Negro que faz a escolha de sempre atuar com a pauta da denúncia. É a existência do racismo que temos que combater cotidianamente, nas instituições, na mídia, na política, na universidade, no mercado de trabalho, entre outros espaços, que não permite ao Movimento Negro colocar a denúncia em segundo plano. Não se pode dar trégua ao racismo e nem construir palanques para os racistas. A vigilância é constante. É o racismo que não permite que as pessoas negras vivam em paz em nossa sociedade.

---

1 Disponível em www.ibge.gov.br

O Movimento Negro atua como um farol a iluminar as vidas negras sobre os seus direitos. Como uma luz que brilha social e politicamente revelando desigualdades raciais, discriminações e preconceitos. Como uma escavadeira que perfura a sólida estrutura social classista, patriarcal e machista para mostrar quão profundos são esses fenômenos perversos que alimentam privilégios, poder, desigualdades e distanciamentos.

Se não fosse a denúncia contundente e costumaz desse movimento social, não teríamos, atualmente, parte das ciências humanas e sociais se dedicando ao estudo do racismo e suas consequências nefastas na vida de negras e negros e de toda a sociedade. Não teríamos intelectuais negras e negras que tematizam, abordam e desvelam o racismo e seus múltiplos desdobramentos no campo acadêmico. E não teríamos tido um ministério, a Secretaria de Políticas de Promoção da Igualdade Racial (Seppir) de 2003 a 2016, e uma série de políticas de igualdade racial em nosso país.

Como argumento no livro *O Movimento Negro Educador* (GOMES, 2017), articulados às práticas e às intervenções do Movimento Negro e sendo reeducados direta ou indiretamente por ele é possível encontrar, também no Brasil, vozes e corpos negros anônimos que atuaram e ainda atuam na superação do racismo e na afirmação da identidade, dos valores, do trabalho, da cultura e da vida da população negra, presentes no cotidiano da sociedade brasileira. São as negras e os negros em movimento: artistas, intelectuais, operários e operárias, educadoras e educadores, dentre outros, ou seja, cidadãs e cidadãos que possuem uma consciência racial afirmativa e lutam contra o racismo e pela democracia, mas não atuam necessariamente em uma entidade ou organização específica. Todos são, de alguma forma, herdeiros da sabedoria e dos ensinamentos do Movimento Negro.

Também enfatizo a compreensão do Movimento Negro como um importante ator político que constrói, sistematiza, articula saberes produzidos pela população negra ao longo da história social, política, cultural e educacional brasileira, assim como produz saberes emancipatórios educando e reeducando a sociedade e suas instituições. É nesse aspecto que reconheço o Movimento Negro como um educador. Reitero a força e a potência desse movimento social. "*O Movimento Negro é um educador. Minha trajetória como professora, minhas pesquisas, produções teóricas e ações políticas se pautam nesse reconhecimento*" (GOMES, 2017, p. 13).

É o Movimento Negro que fez e faz a tradução intercultural das teorias e das interpretações críticas realizadas sobre a temática racial no campo acadêmico para a população negra e pobre fora da universidade; que articula com intelectuais comprometidos com a superação do racismo encontros, palestras, publicações, minicursos, *workshops*, projeto de extensão, ciclos de debates, abertos à comunidade; que inspira, produz e ajuda a circular as mais variadas publicações, panfletos, *folders*, revistas, livros, *sites*, canais de YouTube, *blogs*, páginas do Facebook, álbuns, artes, literatura, poesia, abordando a temática racial em sintonia com a diáspora africana. É ele quem pressiona o Estado para adotar políticas de igualdade racial (GOMES, 2017, p. 17-18). No seu papel educativo, ele educa e reeduca a sociedade, o Estado e a si mesmo sobre as relações raciais, o racismo e a diáspora africana. E, se é um educador, ele constrói pedagogias. E, se constrói pedagogias, interfere nos processos educativos e nas políticas educacionais.

Se concordamos com o fato de que o Movimento Negro participa e desenvolve processos educativos, identitários, de lutas, transgressões e conflitos, também concordaremos com a afirmação de que ele possui a capacidade de indagar e desafiar as elites do poder, o Estado e suas políticas. E, dentre essas políticas, encontram-se as educacionais.

Vivemos o Movimento Negro do século XXI que se apresenta mais maduro na sua trajetória política, mais propositivo, mais articulador com outros movimentos sociais. Há uma nova compreensão do combate ao racismo da qual são partícipes várias organizações e formas de atuação desse movimento social, a qual enfatiza que a luta contra o racismo possui a sua especificidade, mas para ser vitoriosa, precisa se realizar de forma conjunta e articulada às lutas contra o capitalismo, o patriarcado, o machismo, a LGBTfobia e o epistemicídio[2]. Dessa forma, entendo por Movimento Negro:

---

2 De acordo com Boaventura de Sousa Santos (1995), "[...]o epistemicídio foi muito mais vasto do que o genocídio porque ocorreu sempre que se pretendeu subalternizar, subordinar, marginalizar, ou ilegalizar práticas e grupos sociais que podiam ameaçar a expansão capitalista ou, durante boa parte do nosso século, a expansão comunista (neste domínio tão moderno quanto a capitalista); e também porque ocorreu tanto no espaço periférico, extraeuropeu e extranorte-americano do sistema mundial, como no espaço central europeu e norte-americano, contra os trabalhadores, os índios, os negros, as mulheres e as minorias em geral (étnicas, religiosas, sexuais)" (p. 328). Segundo Sueli Carneiro (2005), "é importante lembrar que o conceito de epistemicídio, utilizado aqui, não é por nós extraído do aparato teórico de Michel Foucault. Fomos buscá-lo no pensamento de Boaventura Sousa Santos (1995), para quem o epistemicídio se constituiu e se constitui num dos instrumentos mais eficazes e duradouros da dominação étnica/racial, pela negação que empreende da legitimidade das formas de conhecimento, do conhecimento produzido pelos grupos dominados e, consequentemente, de seus membros enquanto sujeitos de conhecimento. [...] Para nós, porém, o epistemicídio é, para além da anulação e desqualificação do conhecimento dos povos subjugados, um processo persistente de produção da indigência cultural: pela negação ao acesso a educação, sobretudo de qualidade; pela produção da inferiorização intelectual; pelos diferentes mecanismos de deslegitimação do negro como portador e produtor de conhecimento e de rebaixamento da capacidade cognitiva pela carência material e/ou pelo comprometimento da autoestima pelos processos de discriminação correntes no processo educativo. Isto porque não é possível desqualificar as formas de conhecimento dos povos dominados sem desqualificá-los também, individual e coletivamente, como sujeitos cognoscentes. E, ao fazê-lo, destitui-lhe a razão, a condição para alcançar o conhecimento 'legítimo' ou legitimado. Por isso, o epistemicídio fere de morte a racionalidade do subjugado ou a sequestra, mutila a capacidade de aprender etc. É uma forma de sequestro da razão em duplo sentido: pela negação da racionalidade do Outro ou pela assimilação cultural que em outros casos lhe é imposta" (p. 96-97).

as mais diversas formas de organização e articulação das negras e dos negros politicamente posicionados na luta contra o racismo e que visam à superação desse perverso fenômeno na sociedade. Participam dessa definição os grupos políticos, acadêmicos, culturais, religiosos e artísticos com o *objetivo explícito* de superação do racismo e da discriminação racial, de valorização e afirmação da história e da cultura negras no Brasil, de rompimento com as barreiras racistas impostas aos negros e às negras na ocupação dos diferentes espaços e lugares na sociedade. Trata-se de um movimento que não se reporta de forma romântica à relação entre os negros brasileiros, a ancestralidade africana e o continente africano da atualidade, mas reconhece os vínculos históricos, políticos e culturais dessa relação, compreendendo-a como integrante da complexa diáspora africana. Portanto, não basta apenas valorizar a presença e a participação dos negros na história, na cultura e louvar a ancestralidade negra e africana para que um coletivo seja considerado como Movimento Negro. É preciso que nas ações desse coletivo *se faça presente e de forma explícita uma postura política de combate ao racismo*. Postura essa, que não nega os possíveis enfrentamentos no contexto de uma sociedade hierarquizada, patriarcal, capitalista, LGBTfóbica e racista (GOMES, 2017, p. 23-24).

O Movimento Negro é um ator político que tem construído, no Brasil, uma história de resistência, de luta coletiva e de propostas para aprimoramento da democracia. É também possível compreendê-lo, do ponto de vista analítico, como uma macro categoria, que congrega várias organizações autônomas cuja ação política central é o combate ao racismo e a construção da igualdade racial. Sendo assim, o movimento dos quilombolas, da juventude negra, afro LGBTQIA+, de mulheres negras, dos povos e comunidades tradicionais de matriz africana e de terreiros e o Movimento Negro de base acadêmica (RATTS, 2011), entre outros, podem ser compreendidos como integrantes dessa grande categoria. Cada um com a sua história, seus processos culturais, formas de constituição, de intervenção política e de luta.

São diversas as organizações políticas, culturais, artísticas e acadêmicas cujo protagonismo, lutas, ações, intervenções e proposições políticas atestam o seu pertencimento a macro categoria Movimento Negro. Cada uma possui especificidades, porém, são unânimes no reconhecimento do racismo como um fenômeno estrutural em nossa sociedade que atua de maneira interseccional com as desigualdades de classe e gênero.

A compreensão mais alargada do combate ao racismo e sua imbricação com o machismo e o patriarcado é uma das características centrais do Movimento de Mulheres Negras. As jovens mulheres negras e ativistas do século XXI atuam na pauta de combate ao racismo, ao machismo e a LGBTQIA+fobia e muitas se organizam na construção intelectual e política do feminismo negro. A Marcha das Mulheres Negras, em Brasília, no mês de novembro do ano de 2015, pode ser considerada como um exemplo desse novo entendimento, das novas formas de produção de conhecimento, de articulação com outras mulheres que também sofrem opressão, bem como de construção de ações e estratégias emancipatórias que visem a democracia, a justiça social e o bem viver.

No reconhecimento do Movimento Negro como ator político e educador, organizo o seu legado epistemológico intrínseco, como produtor de um tipo específico de conhecimento: o conhecimento nascido na luta. Um conhecimento que quanto mais se consolida, mais tem a capacidade de transformar a sua própria forma de ver, perceber e interpretar os problemas que motivam a sua luta. Um conhecimento que se organiza na forma de produção intelectual e de práticas políticas, sociais e pedagógicas.

A essa organização político-epistemológica denominei como saberes ou conhecimentos emancipatórios produzidos historicamente pela população negra, articulados e sistematizados pelo Movimento Negro. Reitero que esses saberes/conhecimentos têm provocado transformações na sociedade brasileira. É importante lembrar, retomar, analisar e enfatizar com orgulho esses saberes/conhecimentos, pois eles fazem parte da nossa história de luta contra o racismo e em prol da igualdade racial e da democracia. As negras e os negros que lutam contra o racismo, fazem parte dessa história e são produtores desses saberes/conhecimentos. São eles: os saberes identitários, políticos e estético-corpóreo.

Como já foi dito, durante o processo coletivo de elaboração do presente livro, outros saberes se destacaram. Alguns deles, inclusive, foram desenvolvidos pelas autoras nos seus artigos. Abordarei nesse capítulo/apresentação/reflexão dois outros saberes além daqueles já trabalhados no livro *O Movimento Negro Educador*: são os saberes interseccionais e os saberes indignação.

## A profusão de saberes produzidos pelo Movimento Negro

Há tempos venho refletindo sobre outros possíveis saberes construídos pela população negra e sistematizados pelo Movimento Negro no processo de educação e reeducação que ele tem implementado na sociedade brasileira.

Tenho participado de bancas de mestrado e doutorado nas quais, inspirados na leitura do meu livro *O Movimento Negro Educador*, jovens pesquisadoras e pesquisadores vêm construindo outras leituras sobre o meu trabalho, ressignificando-o, reinterpretando--o e produzindo novos conhecimentos sobre as relações raciais e a educação e, em especial, sobre o Movimento Negro e a produção de saberes emancipatórios. Nesse processo, elaboram conceitualmente outros saberes para além daqueles que desenvolvi no livro. Essa construção epistemológica e política pode ser vista na própria produção deste livro. Nele, as autoras Stephanie P. Lima (2022), Tayná Victória de Lima Mesquita (2022) e Regimeire Oliveira Maciel (2022), Luciana de Oliveira Dias (2022), Regina Facchini, Thiago Coacci e Gleicy Mailly da Silva (2022) nos brindam com novas elaborações teóricas sobre outros saberes produzidos pela população negra brasileira, sistematizados e socializados por coletivos de universitários negros, Movimento de Mulheres Negras, antropólogas e antropólogos negros e estudantes trans. Abordam a produção das epistemologias negras e falam do lugar de pesquisadora(e)s e docentes afetada(o)s, reeducada(o)s e que se viram de alguma maneira transformada(o)s em suas práticas e em seus olhares para a universidade e para a sociedade a partir da experiência acadêmica partilhada com sujeitos e sujeitas negros e trans.

Stephanie P. Lima (2022) analisa a produção dos saberes afetivos como forma de acolhimento, fortalecimento e emancipação de jovens negros e negras que atuam em coletivos negros nas universidades. Segundo a autora:

> [...] acredito que os saberes afetivos, gestados no interior desses coletivos negros nas universidades e possibilitados pelo crescimento desses corpos no interior desses espaços, possibilitam um aprofundamento de dimensões epistemológicas e políticas relacionadas não só à questão racial. Como Gomes (2017) nos apresenta, o Movimento Negro constrói saberes desde a chegada da primeira pessoa negra neste país. Contudo, ouso afirmar, que o aumento destes coletivos e destes jovens negros pensando e atuando politicamente coloca em campo o

afeto como um saber emancipatório, não só para o Movimento Negro, mas para outros movimentos que esses mesmos sujeitos circulam (p. 209).

Tayná Victória de Lima Mesquita (2022), ao analisar a práxis interseccional das lutas do Movimento de Mulheres Negras e o seu caráter não exclusivista, brinda-nos com a noção de que os "*saberes interseccionais* (aqui entendidos como um conjunto de sensibilidades teóricas e práticas implicados pelos usos e sentidos do conceito de *interseccionalidade*) interseccionalizam outros saberes – *identitários, estético-corpóreos, políticos*" (p. 239).

Regimeire Oliveira Maciel (2022) ao analisar a implementação das ações afirmativas nas Instituições Federais de Ensino Superior, em especial, nas universidades, e as mudanças advindas da adoção da modalidade das cotas sociais e raciais, reflete que essas instituições se tornam espaços privilegiados de produção dos saberes da disputa. "Essa ideia ajuda a pensar em um contramovimento ao indicar que a desigualdade de partida não pode se reproduzir nas várias dimensões da vida acadêmica" (p. 89). Ainda segundo a autora: "a ideia de saberes da disputa, nesse sentido, corresponde ao processo e ao produto que resulta da constante insistência pela alteração das condições de produção de conhecimento no interior das instituições universitárias" (p. 78).

Indo além da discussão específica sobre os saberes construídos pela população negra e sistematizados pelo Movimento Negro, Luciana de Oliveira Dias (2022) nos brinda com uma reflexão mais ampla sobre os desafios para o reconhecimento de uma epistemologia negra no Brasil a partir da sua vivência como mulher negra e os caminhos traçados pelas antropólogas e antropólogos negros na Associação Brasileira de Antropologia (ABA). De acordo com a autora:

> [...] Uma epistemologia negra apresenta uma investida por reconhecimento de um saber/fazer

extramuros e por escuta a vozes afro-diaspóricas produtoras e articuladoras de saberes que ecoam e que reivindicam interlocução horizontalizada, bem como reestruturação, reinvenção e reescrita do campo de produção do conhecimento. Uma interlocução assim sensibilizada inclusive por uma pedagogia dos movimentos sociais, pode colaborar com os anseios de reparação política e epistêmica, colaborando também com uma atualização e articulação de saberes. Empreendimentos que podem se dar por meio de uma epistemologia negra, que já conta com uma estabilidade semântica necessária para forçar os limites compreensivos, explicativos e de defesa e proteção dos direitos (p. 155s.).

Regina Facchini, Thiago Coacci e Gleicy Mailly da Silva (2022) afirmam o quanto o contato com os sujeitos e as sujeitas das ações afirmativas na universidade impactou suas vidas. Corpos negros e trans desafiam não só o campo epistemológico. Eles são posicionamentos afirmativos no campo político. As autoras e o autor reconhecem:

> [...] o seu lugar como pesquisadora(e)s e docentes que foram afetada(o)s, reeducada(o)s e se viram de algum modo transformada(o)s em suas práticas e em seus olhares para a universidade e para a sociedade que produzimos este texto. Em diálogo com Nilma Lino Gomes (2017), exploramos a forma como o Movimento Negro e o Movimento Trans, como sujeitos políticos e pedagógicos, afetam outros sujeitos políticos e mesmo atores que não os integram, de modo a incidir sobre processos de produção e transmissão do conhecimento.

Falamos, portanto, de saberes ancestrais adensados, acumulados, ressignificados ao longo dos séculos por negras e negros em movimento e pelo Movimento Negro que contribuem para que façamos a necessária ruptura epistemológica e política não só no campo acadêmico, mas na vida cotidiana, na cultura, na educação, nas mídias e na política. Esse processo tem a potência de educar e reeducar negros e não negros na luta contra o racismo, pela igualdade racial e pelos direitos humanos emancipatórios.

Essa ruptura permitirá nascer algo novo: novas epistemologias, políticas, práticas, relações, trocas e afetos, mesmo em uma sociedade tão desigual. Poderá ajudar a não perdermos o foco de lutar para que todas, todos e todes sejam respeitados nas suas diferenças e possam viver uma vida mais digna. Viver com dignidade é urgente em nosso país.

## Os saberes interseccionais

Tayná Vitória de Lima Mesquita (2022) apresenta-nos a reflexão sobre os saberes interseccionais construídos pela população negra, em especial, pelas mulheres negras organizadas na luta de combate ao racismo e ao machismo.

A formulação desses saberes emancipatórios, pela autora, advém da sua leitura sobre os conhecimentos produzidos pelas mulheres negras na sua luta por direitos, principalmente, a partir do momento em que o conceito de interseccionalidade se irrompe no cenário político e intelectual do feminismo negro norte-americano e brasileiro.

Cada vez mais, a interseccionalidade vem sendo acolhida como uma das chaves para a compreensão das múltiplas desigualdades sofridas pelas mulheres, em especial, as negras no contexto das relações de poder. Esse conceito tem sido considerado também um elemento importante para superar o reducionismo classista que aprisiona nossas ações e leituras políticas no campo da esquerda ao considerar que raça, gênero, orientação sexual são simplesmente epifenômenos da classe.

Reconhecendo a imensa heterogeneidade que caracteriza atualmente o entendimento e o uso do conceito de interseccionalidade, destaco que o meu entendimento caminha na perspectiva de Patricia Hill Collins e Silma Bilge (2021):

> Em determinada sociedade, em determinado período, as relações de poder que envolvem raça, classe, gênero, por exemplo, não se manifestam como entidades distintas e mutuamente excludentes. De fato, essas categorias se sobrepõem e funcionam de maneira unificada. Além disso, apesar de geralmente invisíveis, essas relações interseccionais de poder afetam todos os aspectos do convívio social (p. 16).

Ainda segundo as autoras, "a interseccionalidade é uma forma de entender e explicar a complexidade do mundo, das pessoas e das experiências humanas" (p. 16). Mas afinal, o que a interseccionalidade investiga? Collins e Silma Bilge (2021) respondem:

> A interseccionalidade investiga como as relações interseccionais de poder influenciam as relações sociais em sociedades marcadas pela diversidade, bem como as experiências individuais da vida cotidiana. Como ferramenta analítica, a interseccionalidade considera que as categorias de raça, classe, gênero, orientação sexual, nacionalidade, capacidade, etnia e faixa etária – entre outras – são inter-relacionadas e moldam-se mutuamente (COLLINS; BILGE, 2021, p. 15-16).

É longa a trajetória da construção e do uso do conceito de interseccionalidade no campo das ciências e nas práticas políticas. Caminharei com as reflexões de Tayná Mesquita (2022), nesse livro, a qual afirma que ainda que não se possa negar a relevância da jurista norte-americana Kimberlé Crenshaw (1989) na construção do conceito de interseccionalidade enquanto ferramenta analítica na academia, é preciso considerar a existência de um legado de produções – políticas e acadêmicas – que antecipam em seus conteúdos, as ideias centrais a que a interseccionalidade remonta. Esta é uma das críticas apresentadas por Patricia Hill Collins (2011) ao discutir as origens do conceito.

De acordo com Collins e Bilge (2021, p. 17), a interseccionalidade como ferramenta analítica não se circunscreve às nações da América do Norte e da Europa e nem é um fenômeno novo. No Sul global, ela é usada frequentemente como ferramenta analítica, mas nem sempre recebe essa denominação.

Mesquita (2022) retoma na história as primeiras mulheres negras, intelectuais e militantes que cunharam o termo interseccionalidade na produção do feminismo negro norte-americano, articulando a essa reflexão as intelectuais e ativistas negras brasileiras que também se organizaram teórica e politicamente em torno dessa discussão. Relembra-nos que nos anos de 1980 já existia no Brasil um tipo de abordagem política e intelectual, que alertava para a imbricação e articulação entre fenômenos perversos que se impunham com exclusividade sobre as mulheres negras. Essa análise trazia outros elementos para entender a complexidade do processo de violência e vitimização vividos pelas mulheres negras em nosso país e era feita em torno do conceito de *tríplice opressão* de raça, classe e gênero, discutido principalmente por Lélia González (1983).

A partir dos anos de 2000, a presença da interseccionalidade passa a figurar nas produções e a ação política das mulheres negras – em contextos acadêmicos e extra-acadêmicos, como a mídia de massa, e "[...] tem dinamizado as políticas de tradução, recepção e circulação transnacional das ideias, culminando no recrudescimento da visibilidade de produções literárias que assumem perspectivas interseccionais" (MESQUITA, 2022, p. 237).

É no contexto dessa reflexão, que a autora constrói a noção de saberes interseccionais, fruto de uma práxis interseccional das ações do Movimento de Mulheres Negras.

A práxis interseccional das lutas do Movimento de Mulheres Negras, seu caráter não exclusivista, implica que os *saberes interseccionais* (aqui entendidos como um conjunto de sensibilidades teóricas e práticas implicados pelos usos e sentidos do conceito de *interseccionalidade*) interseccionalizem outros saberes – *identitários, estético-corpóreos, políticos* (MESQUITA, 2022).

Concordo com a argumentação da autora e de Vinicius Zanoli (2019) ao identificarem outra nuance com relação aos usos e sentidos do conceito de *interseccionalidade*:

> *o enquadramento interseccional* tem evoluído para uma *master frame*, ou seja, um paradigma interpretativo que transbordou dos feminismos para dar sentido às práticas, valores e horizontes de mudança social de grupos cada vez mais amplos (ZANOLI, 2019, p. 38). A defesa do *"combate a todas as formas de opressão"* cada vez mais presente no repertório discursivo das ações coletivas, é um mote-síntese deste processo (MESQUITA, 2022).

E a partir do caminho trilhado por Tayná Mesquita (2022) também quero contribuir com a discussão dos saberes interseccionais construídos pela população negra brasileira, organizado, sistematizado e divulgado pelo Movimento de Mulheres Negras, desde os anos 80 do século XX, no Brasil. Dialogo com esse conceito, que vem trilhando um caminho de adensamento político e epistemológico, na produção teórica feminista negra internacional, regional e local e encontra espaço e ressonância na luta política e na produção intelectual do campo progressista brasileiro. O conceito de interseccionalidade tem sido remodelado e ampliado, expandindo-se para além do espaço da militância feminista negra e percorrendo o tempo desde o século XX até chegar ao terceiro milênio.

A universidade e a produção editorial brasileira têm, aos poucos, divulgado um corpo significativo de reflexões produzidas pelas mulheres negras do passado e do presente, algumas pouco conhecidas, bem como estimulado novas abordagens. Essa ação, fruto de uma pressão exercida pelas próprias mulheres negras e principalmente pela juventude negra universitária no contexto das políticas de cotas, no Brasil, tem contribuído para o conhecimento e propagação do conceito da interseccionalidade, produzido consensos e discordâncias.

Nesse contexto, temos assistido a retomada de leituras de autoras como Lélia González (1983) e a sua reflexão sobre a tríplice opressão de raça, classe e gênero que antecede a atual discussão sobre a interseccionalidade. É instigante refletir que o conceito de interseccionalidade adensa a ideia da tríplice opressão, pois possibilita-nos entender que a imbricação de violências, construída nas tensas relações de poder, não se esgota nessa tríade. Ela vai além, incorpora outros elementos e é ainda mais complexa, pois nos permite entender como a religião, a idade (faixa-etária), a orientação sexual, a nacionalidade e a localização geopolítica – entre outros – incidem sobre as vidas negras de forma interseccional, imbricada e cruelmente articuladas. Quanto mais forte for o histórico de violências e opressões dos coletivos sociais aos quais pertencemos, mais a ação interseccional de todos esses fenômenos opera. No caso das mulheres negras, vivemos essa realidade de maneira inquestionável.

Foi e tem sido a análise arguta das mulheres negras, produzida na militância negra, na produção intelectual, na prática educativa, sindical e partidária em relação ao peso das múltiplas opressões e violências sobre os destinos de meninas, adolescentes, jovens, adultas e velhas mulheres negras que tem movimentado a construção de conceitos teóricos e categorias analíticas que permitem melhor compreender a imbricação do racismo com o machismo, o capitalismo, a LGBTQIA+fobia, nas suas mais diversas formas e nuances. A ênfase na interseccionalidade tem influenciado, inclusive, a produção de dados e análises estatísticas sobre a especificidade da imbricação entre raça, classe, gênero, idade, orientação sexual, localização regional, ao analisarmos fenômenos como a violência contra a mulher negra e a urgência da construção de políticas públicas. Os dados disponibilizados pelo Atlas da Violência (2021) podem ser considerados como um exemplo[3].

Mas cabe destacar outro aspecto ao analisarmos a interseccionalidade na vida das mulheres negras brasileiras. Podemos observar, principalmente, entre as jovens negras que inserem conteúdos nas redes sociais como a dimensão da interseccionalidade comparece no seu uso das redes sociais por meio de blogs, Youtube, Instagram e sites não só para denunciar as opressões, mas, também, para destacar formas articuladas de emancipação. As suas intervenções e análises são acompanhadas de dois movimentos constituintes da trajetória política feminista negra desde o século XX e se intensificou no século XXI: a denúncia e anúncio.

O movimento de denúncia é a mais evidente dimensão da interseccionalidade vivida e tematizada pelas mulheres negras, dada as condições de racismo, patriarcado, machismo, opressão capitalista, adultocentrismo, desigualdade regional que incidem de maneira sobreposta sobre a população negra e pobre do nosso país. Desde os escritos de Carolina Maria de Jesus, passando pelas produções dos Cadernos Negros e de poetas e escritoras negras, tais como: Raquel Trindade, Geni Guimarães, Miriam Alves, Conceição Evaris-

---

3 Disponível em https://forumseguranca.org.br/atlas-da-violencia/

to, Cristiane Sobral, Carla Acotirene e de militantes e intelectuais negras como Beatriz Nascimento, Lélia González, Luiza Bairros, Thereza Santos, Petronilha Beatriz Gonçalves e Silva, Sueli Carneiro, Wilma Reis, Djamila Ribeiro, entre outras, temos o irremediável lugar da denúncia instaurado na militância, nas produções literárias e acadêmicas de mulheres negras. E não podemos cessar de fazê-lo, visto que todo esse sistema de opressão imbricado tem se acirrado nos últimos anos no Brasil e no mundo.

Mas a interseccionalidade traz também uma outra dimensão, produzida no contexto da luta política do Movimento de Mulheres Negras e nas mais novas formas de organização das jovens mulheres negras. Ela aponta para a necessária articulação entre as mulheres negras e não negras oprimidas na luta contra o racismo, o patriarcado e o machismo. É uma nova maneira de falar e analisar a complexidade em que vivemos. E traz consigo o anúncio.

O anúncio de que há pontos comuns na história das mulheres, no Brasil, que deveriam nos conduzir a uma ação política emancipatória conjunta para lutar contra as desigualdades e violências que assolam as nossas vidas e, ao mesmo tempo, construir pautas políticas articuladas que nos conduzam a apoiar as lutas específicas dos diferentes conjuntos de mulheres existente em nosso país. Por exemplo, a luta pelos direitos reprodutivos é pauta do Movimento Feminista e do Movimento de Mulheres Negras ao mesmo tempo, mas a esterilização em massa de mulheres negras é uma pauta de luta do Movimento de Mulheres negras que denuncia uma situação resultante da imbricação perversa gênero e raça. Se tal reivindicação ocupasse, também, as pautas do Movimento Feminista clássico, composto na sua maioria por mulheres brancas de classe medida, sem perder o protagonismo das mulheres negras, ela ganharia mais força.

Esse anúncio de articulação de forças poderia produzir pautas políticas conjuntas e emancipatórias em gênero e raça, transformando a imbricação perversa raça, classe e gênero em uma reivindicação política mais abrangente e mais complexa que exigiria respostas mais eficazes e menos simplistas do Estado e das instituições. Poderia, inclusive, anunciar maior compreensão e solidariedade mútua para lutarmos e vencermos juntas, sem medo de perder as nossas especificidades e identidades políticas.

Os saberes interseccionais entendido como parte dos saberes emancipatórios carregam essa força de articulação. Ao serem construídos no contexto das lutas por emancipação social, racial e de gênero sob o protagonismo das mulheres negras, eles têm a potência política e epistemológica desafiadora de produzir dois tipos de articulação: sororidade e ubuntu (GOMES, 2019) e o afeto emancipatório.

## Sororidade e ubuntu: uma articulação possível

De acordo com Suzana Beatriz Gamba (2007), a sororidade pode ser entendida como:

> [...] uma dimensão ética, política e prática do feminismo contemporâneo. É uma experiência subjetiva entre mulheres na busca por relações positivas e saudáveis, na construção de alianças existencial e política com outras mulheres, para contribuir com a eliminação social de todas as formas de opressão e ao apoio mútuo para alcançar o empoderamento vital de cada mulher (p. 623).

Evelyn Blaut Fernandes (2021) discute que sororidade é:

> Uma palavra recentemente incluída nos principais dicionários de língua portuguesa vem sendo entoada com veemência por mulheres que lutam pela igualdade de gênero. Disseminada na internet (principalmente através da recente expansão de correntes, como MeToo, Time's Up e NiUnaMe-

nos), o conceito de sororidade é inventado quando se toma consciência de que a noção de fraternidade tem como raiz *frater*, irmão. Nesse sentido, se o lema da Revolução Francesa – Liberdade, Igualdade, Fraternidade – indica etimologicamente que a ideia de união e harmonia é exclusiva aos irmãos (homens, portanto), a sororidade consiste numa resposta igualmente etimológica, já que é composta pelos termos latinos soror, -oris: irmã, -dade. [...] Embora esteja etimologicamente relacionada ao laço afetivo que idealmente deveria haver entre irmãs ou a uma rede de apoio presumivelmente cultivada por freiras nos conventos, a sororidade, numa dimensão ética e política, tornou-se um tema e uma prática do feminismo contemporâneo. Oriunda da Igreja, essa palavra pode ser definida pela relação de amizade criada com a intenção de se opor à (suposta) rivalidade existente entre mulheres, incentivada – e naturalizada – pelo sistema patriarcal. Contudo, a sororidade não é uma fraternidade ou simplesmente uma irmandade entre mulheres. Trata-se de um movimento que demanda uma voz própria. E não é estranho que, ao longo da História, só recentemente nós tenhamos começado a ouvir essa palavra, cujo sentido nem sempre é conhecido, já que, ao contrário de fraternal e fraternidade (*frater*), qualquer coisa que esteja ligada à ideia de feminino é sistematicamente apagada. Genericamente, a sororidade pode ser explicada como uma solidariedade feminina – que não é recente, como nos mostra, por exemplo, o movimento sufragista – numa organização que se forma pela reciprocidade e amizade entre mulheres que nem sequer precisam ser amigas, mas que compartilham o mesmo ideal e trabalham para alcançar o mesmo objetivo (p. 2).

Para Renato Noguera (2012), ubuntu é um sistema "[...] afroperspectivista de resistência e configuração dos valores humanos [caracterizado por] uma possibilidade de existir junto com outras pessoas de forma não egoísta" (p. 147).

Ainda de acordo com Noguera (2012):

> [...] como epistemologia, ubuntu é uma filosofia de libertação e resistência ao discurso ocidental que nega o aporte dos povos da África ao saber e à civilização. Ele está na raiz do ser e dos sistemas de pensamento e crenças que refletem a experiência vivida dos africanos, bem como sua compreensão da realidade, extremamente sofisticada em termos sociais e políticos (p. 180-181).

Antonio Oliveira DJU e Darcísio Natal Muraro (2022) argumentam que ubuntu também pode ser entendido como um modo de vida africano baseado na interdependência, interconstituição, interconexão e inter-humanização. É um conceito que expressa a filosofia de vida africana, originário *dos povos Bantu* (p. 242)[4].

Os autores também afirmam que:

> No ubuntu como modo de vida, não há como a comunidade política desrespeitar os direitos básicos dos indivíduos, pois sua ética normativa tende à humanização de todos. Todavia, o indivíduo, pela liberdade, pode optar por não ter ubuntu, se fizer uso dos outros meios para sua realização egoísta, isto é, se desumanizar os outros para poder ser. Numa democracia, os interesses individuais não se anulam. As subjetividades indivi-

---

4 Ubuntu se tornou foco de estudo de várias ciências, incluindo a educação, desde a década de 1990, justamente por ele ter sido acionado pelos sul-africanos no resgate da humanização diante da política de *apartheid* (aplicada na África do Sul de 1948 a 1994). E há quem acredite que o desenvolvimento político-social na África do Sul se deve a esse acionamento do ubuntu (DJU; MURARO, 2022, p. 240).

duais não são superiores e nem inferiores, mas são consideradas em relação com as dos outros (intersubjetividade), perante a fidelidade à causa comum. Ubuntu possibilita aos seres humanos viverem democraticamente, dialogando de forma honesta e tolerante. Com o ubuntu, as diferentes ideologias, culturas e visão do mundo se interconectam e enxergam o ser humano como fim em si mesmo. É isso que Tutu afirma, na sua conceituação do ubuntu: "[...] uma pessoa se torna pessoa através de outras pessoas. Desumanizar uma pessoa inexoravelmente significa desumanizar a si mesmo" (TUTU, 2000, p. 31) (p. 261).

Se nos atentarmos para potência política e epistemológica dos saberes interseccionais podemos compreender que, ao trazerem em si a convocação e o anúncio de articulação e união entre sujeitos e sujeitas cujas histórias são marcadas por violências e opressões imbricadas e interseccionalizadas, deles podem emergir a articulação sororidade e ubuntu que muitos podem julgar quase improvável devido aos contextos distintos nos quais surgiram.

No entanto, mais do que focar na diferença de contextos históricos, políticos e culturais nos quais esses dois conceitos emergiram, quero me ater aos seus possíveis pontos de aproximação ao trazerem em si o apelo de transformação, da vivência com dignidade, não rivalidade, interconexão entre sujeitas e sujeitos que vivem em contextos de exploração e dominação.

Sororidade e ubuntu, ao serem trabalhadas de forma articulada, podem contribuir no entendimento sobre como as mulheres negras conduzem a sua vida em meio a tanta luta contra as opressões, bem como as particularidades dessa vivência quando comparada com as mulheres não negras. Como as mães negras com história de sofrimento e desigualdades econômicas encontram forças para educar seus filhos e filhas e lhes transmitir valores como: respeito aos meus velhos, responsabilidade, honestidade. Mesmo vivendo em contextos ameaçados pelo tráfico, pela violência policial e pela pobreza, essas mulheres negras agem como o esteio e a autoridade da família. E para elas convergem as mais diversas formas de reconhecimento dos familiares, da comunidade periférica, dos jovens e das jovens negras. Há uma ética de empoderamento familiar e coletivo presente na ação dessas mulheres que atua junto com a sua capacidade de resistência ancestral.

São as mulheres negras que apoiam umas às outras no que se refere às práticas alternativas e comunitárias de cuidado de si, já que não temos políticas que garantam os direitos das mulheres, principalmente, os reprodutivos, um tema ainda permeado de preconceito e tabu. São muitas vezes, mulheres negras mais velhas que dominam o cuidado com as ervas e os chás na contramão da hegemonia da cultura alopática que sempre deposita nos remédios industrializados a solução para qualquer doença. São as mulheres de terreiro, as benzedeiras, as parteiras que prestam socorro imediato às comunidades pobres, nas quais os postos de saúde têm atendimento precário devido à ausência de uma política de saúde pública que fortaleça o Sistema Único de Saúde (SUS). São essas mulheres negras nas vilas, favelas, lugares pobres que deixam de comer para dividir o pouco que têm com sua família. E são as mulheres negras, com todo esse histórico de lutas contra as desigualdades que produzem saberes repletos de interseccionalidade em decorrência da sua condição de classe, raça, gênero, religião e geração. Saberes que emancipam outras mulheres, mesmo em situação de pobreza avassaladora.

Tudo isso é muito mais do que uma relação de irmandade entre mulheres. Vai além da busca das mulheres pela sua própria voz em uma sociedade machista. Significa gritarmos juntas, formando um conjunto de vozes pronunciadas em diferentes línguas, com diversos sotaques, timbres, ritmos e altura, com capacidade de denúncia e anúncio de um outro mundo possível, mais justo e menos desigual.

Os saberes construídos a partir das práticas e vivências das mulheres negras só poderiam ser interseccionais. Eles revelam que a imbricação presente na noção de interseccionalidade não precisa ser apenas dos fenômenos perversos. Ela pode ser também de lutas, de sabedoria, de partilha, de sonhos, de construção, de emancipação e de reconstrução das vidas martirizadas pela forma perversa como raça, classe, gênero, orientação sexual, geração operam conjuntamente no contexto das desigualdades e opressões. São várias possibilidades de interseccionalidade emancipatória. São múltiplos cruzamentos.

Esse conjunto de saberes revelam que o conhecimento das mulheres negras construído nas lutas pela superação das violências e das opressões raciais, de classe e de gênero e de orientação sexual enriquece os conhecimentos produzidos pelas mulheres não negras nas lutas feministas e anticapitalistas. E, ao invés de acirrarmos a discussão e as disputas teóricas e políticas entre o feminismo branco de caráter ocidental e o feminismo negro produzido nas lutas das mulheres afro-latino-americanas e caribenhas, poderíamos criativamente construir uma ação política que emancipe a todas, considerando nossa diversidade, nossos pontos comuns, nossos lugares sociais e de fala.

Não se trata, aqui, de tentar esvaziar a potência individual e operativa dos conceitos políticos e filosóficos sororidade e ubuntu. Proponho que avancemos na ressignificação desses conceitos, em terras brasileiras e afrodiaspóricas, considerando o quanto o entendimento da possível articulação entre ambos poderá nos ajudar a traçar novas formas de ação política e outros entendimentos. Um movimento de maior aproximação entre as diferentes mulheres e suas lutas organizadas contra as opressões de raça, classe, gênero e orientação sexual. Certamente, as experiências da comunidade LGBTQIA+ e as culturas indígenas devem ter outros conceitos que falam de aproximação, empoderamento, intersubjetivação, trato comunitário e resistência, os quais enriquecerão ainda mais a proposta de articulação entre as diferentes mulheres que trago nessa reflexão.

Vistos nessa perspectiva, os saberes interseccionais podem contribuir para práticas mais horizontais, inclusivas e decisões menos hierarquizadas, não autoritárias e produtoras de vida que contribuam para a libertação das mentes e das práticas políticas. Eles nos alertam para o fato de que a chave da nossa mudança está na interseccionalidade de ações emancipatórias que superem a interseccionalidade de violências e opressões construídas nas relações de poder. Assim, poderemos usufruir juntas, mulheres negras, não negras, indígenas, trans, com deficiência, de conquistas mútuas. E reconhecer como poderemos trabalhar de forma mais articulada sem perder nossas identidades e nem tampouco confundir ou menosprezar bandeiras de lutas específicas.

Entende-se que as estratégias de luta contra o capitalismo, o racismo, o patriarcado, o machismo, a LGBTQIA+fobia possuem especificidade quando construídas por mulheres negras. Os lugares peculiares por elas ocupados na sociedade, o histórico colonial e escravocrata e a forma como as desigualdades incidem de forma diferenciada sobre as meninas, adolescentes, jovens, adultas e idosas mulheres negras faz muita diferença. Porém, alerto de que essa realidade é também do conhecimento das forças opressoras, a ponto de construírem formas diferenciadas de violências sobre nós. É tudo muito perverso. Por isso, precisamos avançar na articulação com outras mulheres e não na disputa.

Os tempos antidemocráticos em que vivemos exigem de nós sabedoria. É nesse ponto que a articulação e ressignificação dos conceitos ubuntu e sororidade podem emergir como uma nova reorientação política que faça dialogar diferentes tradições e diversos coletivos étnicos, raciais, de gênero e orientação sexual.

O desafio é construir um diálogo que desencadeie e ações emancipatórias entre sujeitas e sujeitos com diferentes vivências étnico-raciais, de gênero, orientação sexual, idade e atuação na sociedade. Nesse complexo contexto é importante entender algumas diferenças entre ubuntu e sororidade, bem como encontrar os seus pontos de aproximação. Enquanto ubuntu dialoga com o poder da ancestralidade africana, a intersubjetividade e a existência coletiva, a sororidade se insere em um contexto contemporâneo ocidental e trabalha com a ideia de não rivalidade entre as mulheres e de empoderamento vital de cada mulher.

Mesmo que a noção de empoderamento presente na concepção de sororidade signifique um avanço na luta pelos direitos das mulheres, ela geralmente está mais associada à emancipação da mulher circunscrita ao sistema de opressão estrutural classe/gênero e mais presente no discurso do feminismo clássico, branco e ocidental.

É justamente o reconhecimento do potencial e, ao mesmo tempo, dos limites da sororidade para pensar as diferentes mulheres existentes em nossa sociedade, bem como os seus desafios e as suas conquistas que o conceito de ubuntu articulado aos ensinamentos do feminismo negro pode inovar, renovar e ir além. A ressignificação afrodiaspórica do conceito de ubuntu possibilita a análise crítica de que a sororidade, mesmo que fale da irmandade entre todas as mulheres na luta contra as opressões, não aprofunda a dimensão estrutural raça/classe/gênero presente na vida das mulheres negras e indígenas. E nem se aproxima do tipo de empoderamento presente no universo popular e feminista negro.

Em contextos repletos de violência colonial, patriarcal e com ranços escravocratas, nos quais as mulheres negras, em especial, as pobres, são subalternizadas, oprimidas e desvalorizadas pelo racismo, pelo capitalismo e pelo machismo é necessário que a força, a interdependência, a interconstituição, a interconexão e inter-humanização do ubuntu se articule com a sororidade e seu objetivo de empoderamento vital de cada mulher, superando a tendência de um entendimento genérico sobre a emancipação da mulher e suas formas de resistência às desiguais relações de poder.

É importante compreender que as mulheres são diversas e vivem situações diferenciadas de desigualdade e violência que incidem sobre elas de acordo com a classe, a raça, a orientação sexual, a idade. Ou seja, há um refinamento da opressão que recai com mais força sobre determinadas mulheres. As mulheres negras e indígenas pobres podem ser consideradas como exemplos de coletivos étnico-raciais e de gênero que sofrem um acúmulo de opressões, diferentemente das mulheres brancas de classe média. Por isso, precisamos transformar a noção individualizada e ocidentalizada de empoderamento em uma ação conjunta, coletiva.

Como afirma Berth (2019):

> Vale dizer que há a importância de se empoderar no âmbito individual, porém é preciso que também haja um processo conjunto no âmbito coletivo. Quando falamos em empoderamento estamos falando de um trabalho essencialmente político, ainda que perpasse todas as áreas da formação de um indivíduo e todas as nuances que envolvem a coletividade. Do mesmo modo, quando questionamos o modelo de poder que envolve esses processos, entendemos que não é possível empoderar alguém. Empoderamos a nós mesmos e amparamos outros indivíduos em seus processos, conscientes de que a conclusão só se dará pela simbiose do processo individual com o coletivo (p. 153).

Ao trazer ubuntu para indagar e adensar a reflexão sobre sororidade deparamo-nos com outra concepção de empoderamento trazida pelo feminismo negro. Nesse ponto, Joice Berth (2019) ao se inspirar em Paulo Freire, bell hooks, Patricia Hill Collins, Angela Davis, Sueli Carneiro, Srilatha Batliwala traz novos elementos para a compreensão do empoderamento na perspectiva das lutas contra o racismo e o machismo, construída pelas mulheres negras:

> [...] Partimos de quem entende que os oprimidos devem empoderar-se entre si e o que muitos e muitas podem fazer para contribuir é semear o terreno para tornar o empoderamento fértil, tendo consciência, desde já, que, ao fazê-lo, entramos no terreno do inimaginável: o empoderamento tem a contestação e o novo no seu âmago, revelando, quando presente, uma realidade sequer antes imaginada. É, sem dúvidas, uma verdadeira ponte para o futuro (p. 153).

Ou seja, não basta empoderar somente uma mulher ou um grupo de mulheres. Não basta apelarmos para a irmandade como uma forma de se contrapor à rivalidade entre mulheres imposta pelo sistema patriarcal. O empoderamento tem que ir além. Ele precisa ser para todas, atendendo às nossas formas específicas de ser mulher. O caminho do empoderamento tem que visar uma interseccionalidade emancipatória de raça, classe, gênero, orientação sexual, deficiência e idade. Não pode ser pensado e trilhado apenas pelas e para as mulheres brancas, urbanas e de classe média. Tem que abarcar as mulheres negras, as indígenas, as quilombolas, as trans, as mulheres com deficiência, as meninas, jovens, adultas e idosas, entre outras. Será que já pensamos quão emancipatório seria a construção desse tipo de prática e concepção política?

Se não superarmos as disputas e desejos de carreira-solo, valores tão comuns ao universo masculino e adultocêntrico, os quais criticamos, mas contraditoriamente muitas vezes praticamos entre nós, mulheres organizadas nas lutas contra o poder, não conseguiremos implementar a proposta política que articule ubuntu e sororidade. Essa proposta poderia ser assim resumida: se uma de nós consegue romper barreiras e se empodera, então, todas empoderamos. Essa que se empoderou primeiro tem o dever político e ético, sempre apoiada coletivamente pelas outras, de lutar para abrir portas para que outras e diferentes mulheres também se empoderem. Ela atuará como um farol iluminando os espaços políticos, intelectuais, culturais e econômicos explicitando que muitas outras mulheres deveriam ter o direito, às condições e a oportunidade de estar também nos lugares de poder e decisão. Se uma de nós é vitoriosa, então, o sucesso é coletivo. Se a sociedade machista e racista abre as portas das oportunidades primeiramente para as mulheres brancas, então, agora será a vez das mulheres brancas se organizarem politicamente para colocarem as mulheres negras, indígenas, quilombolas e trans em destaque.

Tudo isso não se trata apenas de um receituário sobre como agir na política. Diz respeito a operacionalidade concreta dos saberes interseccionais emancipatórios. E, com certeza tem uma dimensão de sonho possível, de projeto, de educação e reeducação entendidas politicamente como ação política e práticas utópicas. A dureza das desigualdades e das violências não pode roubar a nossa capacidade de sonhar e projetar um mundo possível de se viver dignamente. Não pode nublar a nossa capacidade de propor uma ação política mais articulada entre as forças progressistas. Entre as diferentes mulheres na luta política.

Relembro o que disse Paulo Freire:

> O sonho possível exige de mim pensar diariamente a minha prática; exige de mim a descoberta constante dos limites da minha própria prática,

o que significa perceber e demarcar a existência do que eu chamo espaços livres a serem preenchidos. O sonho possível tem a ver com os limites destes espaços e estes limites são históricos. Por exemplo, os limites de espaços que a minha geração teve não são limites que a geração de agora está tendo e de que eu vim participar. São outros os limites, como são outros os sonhos, alguns deles são os mesmos, na medida em que alguns problemas de ontem são os mesmos de hoje, no Brasil (FREIRE, 1986, p. 100).

Aprendi muito jovem como professora, em sala de aula da Educação Básica e posteriormente do Ensino Superior, bem como no contato com o Movimento Negro e de Mulheres Negras o que significa sonhar o sonho possível, como nos diz Paulo Freire. Mais ainda, meu aprendizado tem a ver com a força ancestral das mulheres africanas escravizadas que lutaram pela sua libertação e do povo negro e me permitiram estar aqui, hoje. Essa resistência criativa e o projeto de emancipação aqui propostos fazem parte da minha história ancestral, individual e coletiva, e se inscrevem nas minhas vivências como uma mulher negra, cisgênero, na/da diáspora africana.

## O afeto emancipatório

Não há dúvida de que vivemos um mundo em constante transformação. O individualismo exacerbado, os processos de exclusão, o aumento do preconceito, do racismo, da xenofobia, do machismo, o desenraizamento pessoal e coletivo, as modificações econômico-sociais provocadas pela globalização e pelo recrudescimento do modelo neoliberal, bem como, a crescente radicalização e polarização política no mundo atual, passou a fazer parte das nossas vidas nos mais diversos lugares do mundo. Somos inundados por [...] afetos intraduzíveis ou mesmo de sentimentos e emoções, que parecem caminhar para além do modelo tradicional da teoria de angústia freudiana (cf. PENNA, 2017, p. 15).

Carla Penna (2017) alerta:

> Procurando ampliar as inter-relações entre psíquico e social, as Ciências Sociais e a Ciência Política vêm se dedicando **ao estudo dos afetos, das emoções e dos sentimentos na determinação de processos político-sociais através do que tem sido denominado de "vertente afetiva"** (HOGGETT, 2009; HOGGETT; THOMPSON, 2012). **A influência dos afetos e, especialmente, dos processos inconscientes foram negligenciados, por décadas, nesses campos do conhecimento**, contudo, a partir da influência dos estudos sobre linguagem, da filosofia e da psicanálise tem sido possível compreender, nas ciências sociais e políticas, a força dos determinantes psicológicos (HOGGETT; THOMPSON, 2012). No mundo globalizado fica difícil negar a presença, em grandes grupos do ódio, do terror, do pânico, da suspeita paranoide. **Entretanto, é também notória a influência da alegria, da compaixão e da esperança observados nos movimentos comunitário-solidários** (p. 19; grifos nossos).

Vladimir Safatle (2015) discute sobre a importância dos afetos na organização do corpo social. O autor chama a atenção para uma gramática afetiva específica, que parece determinar formas de vida e adesão ao social. Compreende as sociedades como circuito de afetos, ressaltando, na atualidade, a preponderância do medo e do desamparo na produção de significantes sociais.

É nesse campo de reflexão que apresento a segunda articulação produzida pelos saberes interseccionais emancipatórios e que, se cuidada de forma atenta, poderá produzir novos caminhos na luta por emancipação social, racial, de gênero e orientação sexual envolvendo mulheres negras e não negras: o afeto. E não é qualquer afeto. É o afeto emancipatório.

O afeto emancipatório poderá nos reorientar na luta contra o racismo, o machismo, o capitalismo, a LGBTQIA+fobia e o capacitismo retirando-nos da velha forma de fazer política. Pode nos ajudar a inovar, mesmo que ainda vivamos dentro dessa estrutura rígida, antiga, conservadora e competitiva que é a forma como, lamentavelmente, a maioria de nós aprendeu a fazer política.

O que o afeto emancipatório traz de inovador? Ele retira o essencialismo muito comum na nossa forma de interpretar o afeto como algo irracional e o traz para o campo da política, para a dimensão do humano desmesurado.

E o que é o humano desmesurado? É uma compreensão do humano que não cabe na medida ocidental na qual fomos socialmente formados. Significa resgatar a humanidade para as pessoas negras e para as mulheres, pois o racismo e o machismo nos desumanizam. Não creio que possamos abdicar da ideia de humanidade. Isso nos colocaria, inclusive, em desvantagem nos diálogos internacionais e nacionais das políticas dos direitos humanos, as quais precisam ser transversalizadas pelas políticas de igualdade racial, de gênero e de diversidade sexual. Significa ressignificar a ideia de humanidade e de humano a partir de outras referências não ocidentais, não urbanas, não cristãs, implodindo a linha divisória que as relações de poder construíram para classificar quem é humano e não humano. Resgatar o humano não somente naquilo que temos de aparentemente comum, mas principalmente, nas diferenças, singularidades, complexidades, diversidade e potencialidades das quais todas, todos e todes participamos. Esse é o desafio.

Quanto mais sagacidade tivermos para implodir a visão ocidental de humanidade, a qual no limite é branca, hétero, masculina, adulta, capacitista, urbana, mais chances teremos de deixar fluir os saberes que vem do afeto e mais emancipação buscaremos. Muito mais entenderemos a força dos saberes interseccionais.

O afeto emancipatório ao problematizar as concepções ocidentalizadas de humano e de afeto aponta-nos quão desumana tem sido a imbricação de violências que recaem sobre aquelas e aqueles que não estão no topo do poder e cujas histórias foram construídas em processos coloniais, escravocratas e patriarcais como é o caso da população negra nos mais diversos lugares do mundo e, em especial, as mulheres negras.

Os saberes interseccionais nos possibilitam vislumbrar que é possível trabalhar politicamente com o afeto, como estratégia de emancipação, que não se deixa dobrar pela dureza do racismo, do capitalismo, do patriarcado, do capacitismo, da LGBTQIA+fobia, da globalização da miséria. Não é fácil, mas é possível. Eles ajudam a encontrar outras formas de viver as lutas sociais, de suportarmos juntas, umas às outras, aos ataques das forças conservadoras e reacionárias, de criar elos entre aquelas e aqueles que lutam por uma democracia radical do encontro e não apostam na ditadura dos desencontros.

Os saberes interseccionais ao mobilizarem o afeto emancipatório buscam construir elos entre as sujeitas e os sujeitos que vivem a interseccionalidade de desigualdades de raça, classe, gênero, orientação sexual, idade, religião no contexto das relações de poder. Esses elos podem funcionar como ponto de aproximação das fronteiras, construindo passagens entre as cercas ideológicas e de poder, muitas vezes erguidas pelo próprio campo progressista nas suas disputas políticas.

Compreendo a existência dos espaços fronteiriços. Seria ilusão pensar que, na atual conjuntura, o campo progressista estaria disposto a derrubar as suas cercas. Talvez algumas, mas aquelas que guardam o topo de hierarquia de poder e decisão sequer são negociáveis. Há muito trabalho pela frente até conseguirmos chegar a esse ponto de reflexão e articulação. As disputas persistem, mesmo que tentemos encontrar caminhos mais avançados nas lutas por emancipação.

Os elos produzidos pelo afeto emancipatório como uma articulação possível entre as sujeitas e sujeitos produtores dos saberes interseccionais, não chegam com a proposta de derrubada das cercas, mas de construção de passagens entre elas. Caminhos para o novo. Esse novo pode ser constituído de outras narrativas e outros discursos sobre o ser mulher negra e não negra na sociedade, ser antirracista; ser feminista negra; ser militante LGBTQIA+ e negra; ser militante LGBTQIA+ e não negra; ser mulher negra e não negra com deficiência; ser mulher negra e não negra trans e o que isso significa nas nossas vidas, na política, na luta por direitos, na educação e nas conquistas já construídas.

Os saberes interseccionais ao mobilizarem o afeto emancipatório, em tempos tão desumanos, têm a capacidade de reumanizar desmesuradamente a política. E precisamos disso, pois estamos em tempos de projetos políticos de ódio que contaminam o próprio campo progressista.

O afeto emancipatório encontra guarida política e epistemológica no pensamento de bell hooks sobre o amor, entendido como uma ação e não apenas um sentimento. Não existe amor sem justiça, como nos ensinou bell hooks (2020). Logo, para que tudo o que tem sido discutido nesse capítulo se concretize é preciso agir com justiça, com respeito, com compromisso, honestidade, confiança, partilha, comunicação aberta, ingredientes presentes na análise dessa autora sobre o amor.

Portanto, o afeto emancipatório pode ser a grande chave dos saberes interseccionais, pois com ódio, distanciamento, humilhação, subserviência, subalternização nenhuma ação libertadora acontecerá no campo progressista e nem entre as mulheres negras e não negras organizadas na luta política contra as opressões e violências que transversalizam as nossas vidas.

Nesse sentido, o Movimento das Mulheres Negras traz um outro componente à luta contra o capitalismo, o racismo, o machismo, a LGBTQIA+fobia e o capacitismo: o afeto emancipatório e interseccional, que tem como eixo o amor como ação política e como prática de liberdade, nos dizeres de bell hooks (2020).

Sem amor não há afeto. Sem amor e afeto não há mudança de valores que nos levem à emancipação dentro do próprio campo progressista. Como nos adverte bell hooks (2021):

> Sem **uma ética do amor moldando a direção de nossa visão política e nossas aspirações radicais, muitas vezes somos seduzidas/os, de uma maneira ou de outra, para dentro de sistemas de dominação – imperialismo, sexismo, racismo, classismo.** Sempre me intrigou que mulheres e homens que passam uma vida trabalhando para resistir e se opor a uma forma de dominação possam apoiar sistematicamente outras. Fiquei intrigada com poderosos líderes negros visionários que podem falar e agir apaixonadamente em resistência à dominação racial e aceitar e abraçar a dominação sexista das mulheres; com feministas brancas que trabalham diariamente para erradicar o sexismo, mas que têm grandes pontos cegos quando se trata de reconhecer e resistir ao racismo e à dominação por parte da supremacia branca do planeta. Examinando criticamente esses pontos cegos, concluo que muitas/os de nós estão motivadas/os a mover-se contra a dominação unicamente quando sentimos nossos interesses próprios diretamente ameaçados. **Muitas vezes,**

então, o anseio não é para uma transformação coletiva de sociedade, para um fim da política de dominação; mas simplesmente para o fim do que sentimos que nos machuca. É por isso que precisamos desesperadamente de uma ética do amor para intervir em nosso desejo autocentrado por mudança. **Fundamentalmente, se estamos comprometidas/os apenas com a melhoria daquela política de dominação que sentimos conduzir diretamente para nossa exploração ou opressão individual, não apenas permaneceremos ligados ao status quo, mas agimos em cumplicidade com ele, nutrindo e conservando esses mesmos sistemas de dominação.** Até todas/os nós sermos capazes de aceitar a natureza interconectada e interdependente dos sistemas de dominação e reconhecermos as formas específicas de manutenção de cada sistema, continuaremos a agir de forma a minar nossa busca individual por liberdade e nossa luta por libertação coletiva (p. 278; grifos nossos).

Concordando ainda com bell hooks (2021), a ausência de um discurso poderoso sobre o amor no campo da esquerda é resultado de um fracasso coletivo no reconhecimento das necessidades do espírito. Temos dado demasiada ênfase nas preocupações materiais. Por isso, em momentos de ataques democráticos e de ascensão de forças de extrema direita, de veiculação da cultura do ódio, muitos de nós nos encontramos desabrigados/as, desesperançosos/as.

O campo emancipatório depositou confiança desmedida na promessa de que a emancipação viria com a melhora das condições econômicas da população, por meio do acesso ao consumo e à moradia, trabalho, emprego e renda e educação, dentre outras, os quais são importantes para a garantia dos direitos e para a construção de uma vida digna, porém, não são suficientes. Quando observamos uma sociedade que foi considerada como uma potência emergente internacional, como é o caso do Brasil, dividida entre projetos e políticas de morte e de vida, podemos refletir o quanto nos faltou um enfoque sustentado pelo amor como possibilidade de construção de elos de libertação. Como escuta atenta ao sofrimento humano. Falta-nos ainda sabedoria para compreender a natureza interligada, interseccional e interdependente dos sistemas de dominação, reconhecendo as formas específicas como cada sistema é mantido, como nos diz bell hooks (2021, p. 278), e construirmos estratégias interligadas, interseccionais e interdependentes nas quais a emancipação social, racial, étnica, de gênero, orientação sexual, idade seja mantida por dois elos: o amor como ação política renovadora e o afeto que emancipa.

## Os saberes indignação

Cada vez mais, o Movimento Negro, na sua configuração complexa e dinâmica, é desafiado a produzir novos conhecimentos e fronteiras de resistência em tempos de incertezas e de ataques à democracia.

Reflito sobre mais um conjunto de saberes construídos pela comunidade negra, sistematizados e socializados pelo Movimento Negro como narrativa e demanda política: os saberes indignação (GOMES, 2020). Os saberes indignação são inconformados, antirracistas, antipatriarcais, anticapitalistas, antiLGBTQIA+fóbicos e construídos pela dignidade daqueles e daquelas que lutam contra a opressão[5].

Embora construídos na luta contra as desigualdades, os saberes indignação não se confundem com a Pedagogia do Oprimido formu-

---

5 A discussão sobre os saberes indignação é um aprimoramento de ideias já publicadas em artigo de minha autoria e que consta das referências.

lada por Paulo Freire, pois são forjados não somente na luta contra a superação das desigualdades sociais e econômicas. Reconhecendo o peso que tais desigualdades assumem na vida da população negra, o foco desses saberes vai além: eles visibilizam e têm como eixo central a luta contra a opressão, discriminação e a desigualdade raciais.

A opressão, a discriminação e as desigualdades raciais se dão intrinsecamente articuladas com a opressão econômica, mas a atravessam e atingem todos os corpos negros e a herança ancestral africana inscrita na pele, na cultura, na corporeidade das pessoas negras, independentemente da classe social a que pertençam. A forma como essa tríade opera resulta num acúmulo de perversidades que incidem sobre a trajetória de negras e negros em nosso país.

Os saberes indignação se articulam e se expressam por meio do par dignidade/indignação. Quanto mais indignas forem as situações, as condições e a forma do racismo se impor aos negros e às negras, mais a dignidade dessas pessoas é atingida. Muitas vezes, isso resulta em atitudes de isolamento, mas, em outras, pode resultar em um renascer político-identitário. E, dessa forma, os saberes indignação contribuem para a produção de novos enfrentamentos e uma maneira corajosa de lutar pela recuperação da dignidade roubada e de combater o racismo.

Produzidos historicamente pela população negra, no Brasil, na sua trajetória de sofrimento e de resistência, os saberes indignação se afirmam por meio de gestos, memórias, reconhecimento de personalidades negras omitidas pela história, afirmação da religiosidade afro-brasileira, dos ensinamentos da capoeira, das artimanhas quilombolas para sobreviver e lutar contra a opressão ruralista, da valorização da infância negra, da luta do Movimento Negro LGBTQIA+, na força das mulheres negras, nas lutas da juventude negra.

Eles se fazem presentes nas ações coletivas dos estudantes negros secundaristas e universitários que demandam a inclusão de intelectuais negros e negras nos currículos, nas ocupações urbanas, na tensão provocada por ativistas negras e negros nos partidos de esquerda reivindicando representatividade nos cargos de poder e decisão, na produção de sites, páginas do Facebook e Instagram por lideranças negras de diferentes gerações. Também podem ser vistos na atuação das youtubers negras e negros, nas novas articulações do Movimento Negro construindo fóruns interentidades, no *Hip Hop*, no *slam*, nas revoltas da população atingida pela violência policial, nas passeatas, atos e marchas denunciando o racismo, o machismo e a violência.

Os saberes indignação transbordam quando vemos as mulheres enlutadas, a maioria formada por mães negras e pobres, denunciarem, por exemplo, os "Crimes de Maio de 2006", os quais, de acordo com a imprensa, resultaram em pelo menos 493 mortos pela PM paulista em revide aos ataques de supostos membros do Primeiro Comando da Capital (PCC) após o achaque de presidiários por integrantes da corporação[6].

Familiares das vítimas criaram o Movimento Mães de Maio, que, desde então, denuncia a violência estatal, o encarceramento em massa e o genocídio da população preta, pobre e periférica e mantém viva a memória dos mortos no período. Lutam por memória, verdade, justiça e reparação. Uma das frases mais fortes que já li, ao acompanhar as notícias sobre a luta das Mães de Maio traduz os saberes indignação produzidos nessa luta das mulheres negras e da periferia e seus familiares direcionada à injusta justiça que vivemos: "*o banho de sangue promovido por agentes públicos continua nas que-*

---

6 MP paulista admite omissão nas investigações de 493 assassinatos cometidos por policiais e que seguem sem elucidação, mas o procurador-geral desconversa sobre reabertura dos casos (https://periferiaemmovimento.com.br/crimes-de-maio-de--2006-seguem-impunes-e-perpetuam-banho-de-sangue-nas-periferias/ – Acesso em 15/05/2022).

*bradas.*" Também vi na imprensa fotos dos atos públicos e passeatas promovidos pela população da periferia e pelos movimentos sociais repletos de indignação diante da morosidade da justiça e impunidade dos culpados diante do caso. As pessoas empunhavam cartazes nos quais estavam escritas frases, tais como: "*nossos mortos têm voz*".

Cada uma dessas frases, compreendida no contexto que as gerou, possibilita-nos refletir sobre a interseccionalidade perversa entre pobreza, racismo, adultocentrismo e insegurança pública. Uma reflexão que provoca e produz saberes indignação.

São os saberes indignação que estão presentes no clamor por justiça, não deixam morrer a memória das vítimas e nem deixam o Estado dormir em paz. Mesmo com a morosidade, a não responsabilização dos reais culpados, as vidas roubadas pelas mortes injustas, as vozes indignadas continuam a ecoar na sociedade brasileira através da ação das mulheres/mães e de suas famílias, angariando adeptos à sua causa. Tais adeptos, vão compreendendo e aprendendo o que é ser negro, pobre, periférico e viver no limite em nossa sociedade. Por isso, precisamos de todas, todos e todes para lutar contra o racismo e a violência do Estado. Os saberes indignação nos reeducam a entender o que significa viver em uma sociedade que considera as pessoas negras como não humanas. É uma sociedade doente. E essa doença atinge a todos nós, negros e não negros.

Os saberes indignação acompanham a trajetória negra desde a chegada dos primeiros africanos e africanas escravizados até hoje. Eles têm sido produzidos junto com a luta por liberdade, resistência e justiça. São eles que não nos deixam esmorecer diante de tantas violências, pois nos ajudam a analisar a situação e buscar saídas, parcerias, novos estudos, construção de atos políticos, pressão sobre o Estado, formulação de novas denúncias, proposição de políticas.

Esse conjunto de saberes transforma a denúncia do racismo em uma efervescente articulação nacional e internacional. Podem ser vistos na presença de negras e negros com consciência racial na política institucional, na atuação do feminismo negro, e no Mulherismo Africana[7].

No momento atual cabe-nos a pergunta: como o Movimento Negro tem articulado e sistematizado esses saberes indignação? Como ele tem sido reeducado por esses saberes em tempos de incertezas e de ataques ao Estado de Direito? O Movimento Negro tem mobilizado a sua capacidade de ampliar a sua intervenção na sociedade e nas relações de poder e transformado esses saberes em estratégias de enfrentamento ao racismo exacerbado em tempos de neofascismo?

Traduzir em ação política a dignidade que atravessa a história de resistência do povo negro é a chave para que o Movimento Negro saiba sistematizar, articular e transformar em estratégia de luta os saberes indignação, principalmente, em tempos de ataques à democracia.

Mobilizar os sentimentos de dignidade e de indignação transformando-os em uma ação política que se contraponha ao racismo, ao machismo, ao neoliberalismo, ao fundamentalismo religioso, ao patriarcado, a LGBTQIA+fobia, ao capacitismo e ao neofascismo significa lidar com emoções que se manifestam ora de forma mais

---

7 De acordo com Ribeiro (2019), Mulherismo Africana é uma preposição política emancipatória pensada pela Dra. Clenora Hudson, que ao pesquisar o lugar participativo das mulheres africanas na história, identificando nelas o lugar de poder, sabedoria, ensinamentos e luta, encontrou um lugar de quem sempre esteve à frente da agência de seu povo, de matriarca, de geradora de potências. Mulherismo Africana é uma perspectiva emancipatória da população preta pensada por mulheres pretas e suas dores frente ao racismo, e não uma ação política de liberdade de um determinado segmento. Pensar apenas pela via do gênero não dá conta da desintegração ontológica das mulheres pretas e de seu povo. A proposta do Mulherismo passa por pensar o lugar das mulheres pretas a partir de nós e não nos nutrir de ideologias embrionariamente não direcionadas às mulheres pretas [Disponível em https://almapreta.com/editorias/o-quilombo/mulher-preta-mulherismo-africana-e-outras-perspectivas-de-dialogo – Acesso em 28/03/2022].

agressiva e contundente, ora mais negociada e pacífica diante da perversidade do humano.

O resultado social e político da imbricação dignidade/indignação presente nos saberes indignação é um dos desafios do novo ciclo do Movimento Negro do Século XXI. É um ciclo em que se faz necessária a articulação entre os saberes identitários, políticos, estético--corpóreos, interseccionais e da indignação e os novos aprendizados políticos diante da adesão de muitos setores da população brasileira, inclusive negros, aos setores reacionários que atacam a democracia e os direitos construídos na nossa história social e política.

Essa situação provoca o Movimento Negro da atualidade a encontrar novas formas de diálogo e novas estratégias para articular e sistematizar os saberes indignação e junto com outras forças progressistas, se contrapor às forças reacionárias, fascistas e racistas. Diferentemente dos outros saberes emancipatórios – identitários, políticos, estético-corpóreos e interseccionais – sistematizados pelo Movimento Negro do século XX (GOMES, 2017) e que foram capazes de reeducar o Estado, a sociedade, a universidade, os saberes indignação advertem para o quanto um Estado autoritário não é reeducável. Antes, ele precisa ser combatido e derrotado, pois somente um Estado Democrático e de Direito possibilita aprendizagens emancipatórias mútuas, direitos, equidade e justiça social.

## Concluindo

Compreender a profusão de saberes emancipatórios produzidos pela população negra e, em especial, pelas mulheres negras nas suas formas de ação e organização política poderá nos ajudar na formulação de novas reflexões teóricas sobre as práticas políticas.

Considerar as várias dimensões dos saberes interseccionais e indignação aqui apontadas poderá ser uma estratégia de sobrevivência em tempos de individualismo, dissensões e negação da solidariedade como temos vivido. O trato político desses saberes poderá auxiliar na construção da sabedoria necessária para agir coletivamente diante das mudanças tão urgentes que precisamos fazer para fortalecer a democracia.

Precisamos reconstruir a democracia com muito mais laços e elos retirando a poeira dos velhos rótulos sobre como combater as desigualdades e entender como reconstruir uma democracia emancipatória, no século XXI. É importante considerar que essa reconstrução precisa ser operacionalizada de forma interseccional e emancipatória pelos diferentes sujeitos e coletivos sociais do campo progressista. Ou seja, uma proposta de interseccionalidade que afirma as nossas diferenças e identidades e ao mesmo tempo procura conhecer os nossos pontos comuns para construirmos algo novo, juntas, juntos e juntes.

Insisto que as lutas emancipatórias e democráticas podem se interseccionalizar para que reordenamos a vida social com mais elos entre as fronteiras e menos distanciamentos. Essas interseccionalidade precisa caminhar na medida certa do afeto emancipatório entre aquelas e aqueles que estão na luta social. Ela precisa ser repleta de indignação contra toda forma de opressão, discriminação, racismo e violências.

Os saberes interseccionais e da indignação são produzidos nas experiências de vida social e política da população negra brasileira. Porém, é na vivência das mulheres negras e no Movimento de Mulheres Negras que a maior parte dessa sabedoria emerge. Tenho certeza de que essa emersão pode emancipar o Movimento Feminista clássico, o Movimento de Mulheres Negras e as demais expressões do Movimento Negro, bem como as nossas práticas políticas e a nossa produção intelectual. Os saberes construídos pela população negra e sistematizados pelo Movimento Negro, a saber, identitários, políticos, estético-corpóreos, interseccionais e da indignação, podem ser o caminho para o nosso não endurecimento diante de tempos tão antidemocráticos, nos quais se levantam coletivos reacionários e fascistas, tão eivados de ódio.

Dessa forma, os saberes interseccionais e da indignação aqui discutidos têm o potencial e a capacidade de se interseccionalizar com outros saberes construídos pela população negra nas suas diversas formas de organização diante das injustiças e do combate ao racismo. Compreendendo essa riqueza e agindo de forma articulada e coletiva, poderemos construir novas estratégias políticas no enfrentamento das históricas relações de poder. E nos libertar cada vez mais das amarras do racismo, do machismo e da LGBTQUIA+fobia.

## Referências

BERTH, J. **Empoderamento**. São Paulo: Sueli Carneiro/Pólen, 2019.

CARNEIRO, A.S. **A construção do Outro como Não Ser como fundamento do Ser**. São Paulo: Faculdade de Educação/USP, 2005 [Tese de doutorado; Área Filosofia da Educação].

CERQUEIRA, D.; FERREIRA, H.; BUENO, S. (coords.). **Atlas da violência**. Brasília: FBSP, 2021.

COLLINS, P.H. Piecing Together a Genealogical Puzzle: Intersectionality and American Pragmatism. **European Journal of Pragmatism and American Philosophy**, v. 1, n. 3 (2), p. 1-28, 2011.

COLLINS, P.H.; BILGE, S. **Interseccionalidade**. São Paulo: Boitempo, 2021.

CRENSHAW, K. Demarginalizing the Intersection of Race and Sex: A Black Feminist Critique of Anti-Discrimination Doctrine, Feminist Theory and Anti-Racist Politics. **University of Chicago Legal Forum**, n. 1, p. 139-167, 1989.

DIAS, L.O. Negritando esperanças nas encruzilhadas dos saberes – Pelo reconhecimento de uma epistemologia negra no espaço acadêmico. In: GOMES, N.L. (org.). **Saberes das lutas do Movimento Negro Educador**. Petrópolis: Vozes, 2022, p. 133s.

DJU, A.O.; MURARO, D.N. Ubuntu como modo de vida: contribuição da filosofia africana para pensar a democracia. **Trans/Form/Ação**, Marília, v. 45, p. 239-264, 2022 [Ed. esp.].

FACCHINI, R.; COACCI, T.; SILVA, G.M. Construindo cumplicidades – Ações afirmativas, disputas epistêmicas e processos político-pedagógico-afetivos. In: GOMES, N.L. (org.). **Saberes das lutas do Movimento Negro Educador**. Petrópolis: Vozes, 2022, p. 93s.

FERNANDES, E.B. Morte ao patriarcado: fraternidade, irmandade, sororidade. **Cadernos Pagu**, 63 (20), p. 1-10.

FREIRE, P. Educação: o sonho possível. In: BRANDÃO, C.R. et al. **O educador: vida e morte**. Rio de Janeiro: Graal, 1986, p. 89-101.

GAMBA, S.B. (coord.). **Diccionario de Estudios de Género y Feminismos**. Buenos Aires: Biblos, 2007.

GOMES, N.L. **O Movimento Negro Educador: saberes construídos nas lutas por emancipação**. Petrópolis: Vozes, 2017.

GOMES, N.L. Libertando-se das amarras: reflexões sobre gênero, raça e poder. **Currículo sem Fronteiras**, v. 19, n. 2, p. 609-627, mai.-ago./2019.

GOMES, N.L. A força educativa e emancipatória do Movimento Negro em tempos de fragilidade democrática. **Revista Teias**, v. 21, n. 62, p. 360-371, jul.-set./2020.

GONZÁLEZ, L. Racismo e sexismo na cultura brasileira. In: SILVA, L.A.M. et al. Movimentos sociais urbanos, minorias étnicas e outros estudos. **Ciências sociais hoje**, Brasília, n. 2, p. 223-244, 1983.

hooks, bell. **Tudo sobre o amor: novas perspectivas**. São Paulo: Elefante, 2020.

hooks, bell. O amor como prática da liberdade. **Anãnsi – Revista de Filosofia**, Salvador, v. 2, n. 2, 2021.

LIMA, S.P. A construção dos saberes afetivos na ação política de jovens negros universitários. In: GOMES, N.L. (org.). **Saberes das lutas do Movimento Negro Educador.** Petrópolis: Vozes, 2022, p. 161s.

MACIEL, R.O. Racismo e ações afirmativas – A universidade como lugar dos saberes da disputa. In: GOMES, N.L. (org.). **Saberes das lutas do Movimento Negro Educador.** Petrópolis: Vozes, 2022, p. 71s.

MESQUITA, T.V.L. Movimento de Mulheres Negras no Brasil – Saberes interseccionais e políticos. In: GOMES, N.L. (org.). **Saberes das lutas do Movimento Negro Educador.** Petrópolis: Vozes, 2022, p. 215s.

PENNA, C. O campo dos afetos: fontes de sofrimento, fontes de reconhecimento – Dimensões pessoais e coletivas. **Cadernos de Psicanálise**, Rio de Janeiro, v. 39, n. 37, p. 11-27, jul.-dez. 2017.

RATTS, A. Corpos negros educados – Notas acerca do Movimento Negro de base acadêmica. **NGUZU – Revista do Núcleo de Estudos Afro-asiáticos**, Londrina, v. 1, p. 28-39, 2011.

RIBEIRO, K. **Mulher preta, mulherismo africana e outras perspectivas de diálogo** [Disponível em https://almapreta.com/editorias/o-quilombo/ – Acesso em 28/03/2020].

SAFATLE, V. **O circuito dos afetos: corpos políticos, desamparo e o fim do indivíduo.** São Paulo: Autêntica, 2015.

SANTOS, B.S. **Pela mão de Alice.** São Paulo: Cortez, 1995.

TUTU, D. **No Future Without Forgiveness.** Nova York: Doubleday, 2000.

ZANOLI, V. **"Bradando contra todas as opressões!": uma etnografia sobre teias e trocas entre ativismos LGBT, negros, populares e periféricos.** Campinas: Instituto de Filosofia e Ciências Humanas/Unicamp, 2019 [Tese de doutorado em Ciências Sociais].

# Racismo e ações afirmativas

*A universidade como lugar dos saberes da disputa*

*Regimeire Oliveira Maciel*

## 1 Introdução

As universidades brasileiras têm mudado nas últimas décadas, e parte dessa mudança está relacionada a uma maior presença de novos sujeitos sociais. Este texto lidará, sobretudo, com as mudanças provocadas a partir da diversificação do corpo estudantil. Entretanto, preciso demarcar, antecipadamente, quem aqui fala. Eu sou uma professora negra que também ingressa na universidade como docente a partir de um processo recente de ampliação dessa esfera. Essa experiência, portanto, está diretamente atrelada à discussão feita neste texto. Para os objetivos deste texto, dela tiro as inquietações trazidas pelo lugar de excepcionalidade, já que somos minoria nas instituições Brasil afora, e o reconhecimento de que estou onde estou por conta da árdua luta do Movimento Negro para que as instituições sociais brasileiras representem a diversidade étnico-racial encontrada no país.

Feita essa demarcação, voltemos à ideia geral de que as universidades brasileiras estão transformadas. Nosso ponto de partida é o reconhecimento de que tais mudanças decorrem da implementação das políticas de ação afirmativa, e além da ampliação da presença negra em espaços em que predominavam corpos brancos, vemos emergir disputas de diversas ordens, inclusive epistemológica, o que fortalece a longa relação do Movimento Negro brasileiro com a questão educacional.

O livro *Saberes e lutas do Movimento Negro Educador*, de Nilma Lino Gomes, convida-nos a olhar as contribuições desse movimento – a partir dos processos educativos e saberes produzidos nas lutas por emancipação social – para práticas pedagógico-curriculares e para as condições de produção de conhecimento de pessoas negras nas universidades. Para a autora, o que o Movimento Negro faz é construir referências teóricas e políticas para pensar o Brasil a partir da raça, ou seja, a partir da experiência de uma existência racializada. Na sua leitura, os saberes produzidos pelo Movimento Negro são saberes emancipatórios e consistem em:

> [...] uma forma de conhecer o mundo, da produção de uma racionalidade marcada pela vivência da raça numa sociedade racializada desde o início da sua formação social. Significa a intervenção social, cultural e política de forma intencional e direcionada dos negros e negras ao longo da história, na vida em sociedade, nos processos de produção e reprodução da existência (GOMES, 2017, p. 67).

Esta é a perspectiva inspiradora de onde partimos. A partir dela, e tomando como base o reconhecimento de que as ações afirmativas são demanda e ação do Movimento Negro, este capítulo objetiva discutir como essas políticas mudaram as interpretações sobre o racismo brasileiro e, consequentemente, impuseram às universidades "novas leituras" sobre essa questão e sobre as próprias formas de produzir conhecimento. Trata-se da construção de uma releitura do racismo e o que nos permitirá discutir isso são as mudanças traduzidas por ações no campo do ensino e ilustradas pela formulação de novas disciplinas e, consequentemente, pela incorporação de novas autorias e metodologias. Toma-se, aqui, o caso da Universidade Federal do ABC, e para a construção da análise, considera-se a articulação entre dois aspectos[8].

Primeiro, destaca-se a denúncia do racismo feita pelo Movimento Negro como marca central das nossas relações sociais. A intenção é considerar o modo como as políticas em questão provocam uma redefinição das leituras sobre o lugar do racismo na organização da sociedade brasileira. Para um país que historicamente negou a sua condição étnica e racial, marginalizando de todas formas possíveis as matrizes negra e indígena, os debates promovidos em torno dessas políticas, ao enfatizar alguns indicadores sociais, por exemplo, revelaram muito sobre o enraizamento e a perversidade do racismo brasileiro. Do ponto de vista da interpretação dessa realidade, pode-se dizer que essas políticas deram um *nó* em algumas perspectivas intelectuais que já lidava com a temática racial no país, visto que a questão não era apenas ser favorável ou contrário a principal modalidade dessa política, as cotas raciais. Tratava-se de ter disposição para ampliar direitos, como o acesso à universidade. Era preciso reconhecer que o racismo produz danos severos para pessoas não brancas e que a universidade espelhava as desigualdades raciais existentes no Brasil e pouco tinha feito para mudar isso.

O segundo aspecto se relaciona às demandas político-institucionais colocadas pelas ações afirmativas sobre as universidades. As cotas sem-

---

8 A institucionalização da questão racial na Ufabc foi discutida por mim em outro texto. Nele, a criação da disciplina Estudos Étnico-Raciais foi tratada articulada à realização de concurso para especialistas em relações étnico-raciais na mesma instituição: A questão racial na Universidade Federal do ABC: um debate apoiado nos concursos docentes. Contemporânea. **Revista de Sociologia da UFSCar**, v. 10, n. 3, p. 1.325-135, set.-dez./2020. As interlocuções produzidas para o texto mencionado também subsidiam parte do debate aqui feito.

pre trouxeram consigo uma exigência para que se discutisse os aspectos fundantes desse espaço: sujeitos e grupos sociais que integram esse espaço, matrizes de conhecimentos que são aceitas e valorizadas internamente enquanto outras são negligenciadas etc. Ou seja, ao olhar para os impactos no ensino superior, o que temos é o debate sobre as potencialidades contidas na origem e nos objetivos iniciais das ações afirmativas e, de modo geral, nas demandas do ativismo negro. Há muito tempo esse movimento luta para que os espaços educacionais sejam reorientandos do ponto de vista dos pressupostos e das visões de mundo das quais partem. Além de demandar a inserção de pessoas negras no espaço de escolarização formal, o Movimento Negro sempre entendeu que era preciso elaborar críticas às formas de conhecimentos estabelecidas tanto quanto criar referências e narrativas mais condizentes com a realidade histórico-social do Brasil.

Com as ações afirmativas, e com as cotas, particularmente, está colocada a possibilidade de se ter interpretações e experiências mais diversas no interior das instituições universitárias. Em linhas gerais, o que se tem são outros corpos que saem dos lugares que socialmente lhes foram destinados, que passam a questionar "ausências" diversas no interior dessas instituições, indicando, assim, que alguns aspectos estruturais dentro delas precisam mudar. Essa ideia está bem sistematizada no pensamento de Gomes (2017, p. 115) quando a autora diz que "[...] o fato de esses jovens passarem a frequentar os espaços acadêmicos traz uma outra corporeidade acompanhada de uma produção de outras experiências e significados". A universidade antes das cotas raciais já não existe. Ela é, hoje, um espaço marcado por uma disputa originada nas mudanças das formas de acesso.

## 2 Raça e racismo no contexto das ações afirmativas

Meados da década de 1990 é o momento em que o Movimento Negro, a partir das suas diversas organizações, sintetiza diversos aspectos da sua luta enquanto movimento político. A Marcha Zumbi dos Palmares contra o Racismo, pela Cidadania e pela Vida[9] tem sido muitas vezes lembrada como o marco dessa síntese. Ao demandar do Estado brasileiro mais uma vez o reconhecimento institucional da abrangência do racismo, o ativismo negro traz para o debate público a negligência, a ação e a omissão das instituições sociais brasileiras no tocante ao tratamento desigual dispensado historicamente à população negra.

Em 2006, intelectuais e ativistas publicizaram o *Manifesto em favor da lei de cotas e do estatuto da igualdade racial*[10]. O ponto de partida do documento é o reconhecimento da insuficiência dos instrumentos formais da sociedade brasileira no que toca ao reconhecimento do racismo. O argumento parte da menção à Constituição de 1891, como sendo uma referência importante para a instauração de condições efetivamente iguais para a população negra, considerando o acesso à terra, ao mercado de trabalho e à educação. Nessa leitura, as ações afirmativas são vistas como instrumentos necessários ao combate às desigualdades vivenciadas por essa população. Os argumentos mobilizados ao longo do manifesto constatam essa desigualdade inclusive apontando alguns indicadores da pouca presença de discentes e docentes negras(os) nas instituições de ensino superior e sinalizando que a mobilização seria também pelo atendimento de normas internacionais das quais o Brasil é signatário, como a Convenção da ONU para a Eliminação de Todas as Formas de Discriminação Racial (Cerd), de 1969, e os compromissos decorrentes da III Conferência Mundial de Combate ao Racismo, Dis-

---

9 A marcha ocorreu em novembro de 1995, em Brasília, por ocasião do tricentenário da morte de Zumbi dos Palmares.

10 O manifesto foi direcionado aos/as deputados/as e senadores/as do Congresso Brasileiro e contou com a assinatura de 390 pessoas [Disponível em https://www.geledes.org.br/confira-a-integra-do-manifesto-a-favor-das-cotas/ – Acesso em 15/02/2022].

criminação Racial, Xenofobia e Intolerância Correlata, ocorrida em Durban, na África do Sul, em 2001, além da expectativa construída em torno das singularidades raciais brasileiras:

> Existe uma forte expectativa internacional de que o Estado brasileiro finalmente implemente políticas consistentes de ações afirmativas, inclusive porque o país conta com a segunda maior população negra do planeta e deve reparar as assimetrias promovidas pela intervenção do Estado da Primeira República com leis que outorgaram benefícios especiais aos europeus recém-chegados, negando explicitamente os mesmos benefícios à população afro-brasileira[11].

O manifesto em questão traduz, de modo geral, os fundamentos, justificativas e potencialidades das ações afirmativas, mas, sobretudo, exemplifica a centralidade da noção de raça na atuação política do ativismo antirracista. Foi a partir dessa categoria que esse ativismo sempre pensou as bases da sociedade brasileira. Portanto, as reivindicações por políticas de ações afirmativas exemplificam essa retomada da raça como categoria explicativa da realidade nacional. O que esse ativismo faz, dessa forma, é reforçar a ideia de que, ao contrário do que apregoavam os setores contrários às ações afirmativas, essas políticas "não ressuscitam a crença em raças humanas, mas apenas passam a lidar com a necessidade de entender ou ressaltar o funcionamento do racismo no sentido de encontrar estratégias para o seu enfrentamento"[12].

---

[11] Disponível em https://www.geledes.org.br/confira-a-integra-do-manifesto-a--favor-das-cotas/ – Acesso em 15/02/2022.

[12] No raciocínio desses setores no começo dos anos de 2000, a nomeação racial dos brasileiros não fazia sentido, pois "[...] o contínuo de cor que caracteriza a população nacional impediria a visualização de marcas acentuadas para definição de grupos raciais". A oposição estabelecida no uso de categorias como branco e negro

Essa compreensão sobre raça não é novidade na atuação do Movimento Negro brasileiro, pois o racismo brasileiro é entendido a partir da noção de raça e, nesses termos, é ele que deve orientar a adoção de políticas como as ações afirmativas. De modo específico, no contexto acadêmico, no que diz respeito à importância das cotas raciais, o recado sempre foi bem direto: é o racismo que não permite a chegada de estudantes negros a essas instituições. Isso está expresso em Passos (2015, p. 157) na medida em que a autora afirma que:

> O enfrentamento sistemático do racismo e das desigualdades raciais pelo Movimento Negro, sem dúvida, constitui o principal elemento propulsor na construção de agenda pública voltada para a superação das desigualdades raciais na sociedade brasileira, entre elas, as políticas de ações afirmativas no ensino.

Se a forma de entender o racismo sempre partiu do uso social da noção de raça, o que há de novidade no contexto de reivindicação das políticas de ação afirmativa? Nesse contexto, a raça, mais do que indicar as desigualdades enfrentadas pela população negra em diversos espaços, indica os caminhos para enfrentá-las. De acordo com Gomes (2017), ao mencionar as experiências dos últimos anos, a raça torna-se mesmo um critério para tal desafio ao orientar a construção de políticas públicas institucionalizadas por meio de leis, como o Estatuto da Igualdade Racial (Lei 12.288/2010), a Lei de cotas nas instituições federais de ensino superior (Lei 12.711/2012) e a Lei de cotas nos concursos públicos federais (Lei 12.990/2014).

---

serviria, assim, para justificar "a insuficiência, e a não necessidade da classificação racial adotada no Brasil" (MACIEL, 2014, p. 78).

# 3 Universidade, ações afirmativas e os saberes da disputa

A disputa em torno das ações afirmativas, de modo geral, e das cotas, de modo particular, é também ponto de partida para pensarmos as experiências concretas dessas políticas. A universidade brasileira é, assim, um espaço essencial para se pensar os desdobramentos das ações afirmativas enquanto política de combate ao racismo. As cotas raciais, principal modalidade de ação afirmativa adotada no país, promoveram nas instituições de ensino superior, e de modo especial, nas universidades, uma verdadeira revolução, e é a dimensão qualitativa desse debate que nos interessa.

Nessa discussão, faremos um recorte e nomearemos parte do debate como *saberes da disputa*. Nosso interesse específico reside na necessidade de entendimento sobre a forma como as universidades públicas têm lidado, do ponto de vista da produção de conhecimento, com os novos sujeitos que passam a integrá-las a partir das políticas de ação afirmativa. O ponto de partida é o reconhecimento de que as instituições universitárias, tal qual outras realidades dentro das sociedades hierarquizadas racialmente, sustentam-se em construções científicas pouco diversificadas considerando a realidade de alguns segmentos sociais. Alguns corpos sociais não podem, nesse entendimento, ser sujeitos do conhecimento. Podem até inspirar reflexões, mas não assumir o lugar de uma existência capaz de protagonizar saberes a serem reconhecidos e valorizados nos espaços acadêmicos. A ideia de *saberes da disputa*, nesse sentido, corresponde ao processo e ao produto que resulta da constante insistência pela alteração das condições de produção de conhecimento no interior das instituições universitárias.

No princípio das discussões sobre ações afirmativas já se indicava que elas, potencialmente, colocariam em xeque alguns aspectos estruturais do funcionamento das instituições onde fossem instaladas. Além dos objetivos diretos dessas políticas, as suas justificativas e os resultados sempre dialogaram com essa dimensão, principalmente porque estavam inscritas em um debate mais amplo sobre a relação entre educação e população negra como articulação essencial para o combate ao racismo. De acordo com Cunha Júnior (1996, p. 154), ao destacar a presença negra no espaço acadêmico, destaca:

> A produção universitária dos afrodescendentes, no campo da educação, tem contribuições teóricas e práticas relevantes para a orientação das modificações necessárias ao combate aos racismos e sexismos na educação brasileira. Abre horizontes para um novo pensar nacional. A produção realizada constitui uma significativa estratégia de combate ao racismo e oferece caminhos que orientam as mudanças.

O percurso proposto pelas ações afirmativas acentua essas potencialidades já estabelecidas nas leituras gerais sobre a importância da participação negra em espaços de escolarização formal. Com elas, inclusive, reforça-se o papel central das universidades nesse sentido: "[...] a universidade no Brasil está sendo chamada a participar da correção dos erros de 500 anos de colonialismo, escravidão, extermínio físico, psicológico, simbólico de povos indígenas, bem como dos negros africanos e de seus descendentes" (SILVA, 2003, p. 46). Aqui temos a defesa mais ampla desse processo de transformação. Uma dimensão específica pode ser vista quando se percebe como isso se transforma no âmbito da produção de conhecimento, por exemplo. Gomes (2010, p. 494) chama atenção para essa mudança tomando como referência já a década de 1990:

> Aos poucos, pesquisadores e pesquisadoras oriundos de diferentes grupos sociais e étnico-raciais e/ou comprometidos com esses setores sociais começam a se inserir de maneira mais significativa nas diferentes universidades do país,

sobretudo as públicas, e desencadeiam um outro tipo de produção de conhecimento. Um conhecimento realizado 'por' esses sujeitos que, ao desenvolverem suas pesquisas, privilegiam a parceria 'com' os movimentos sociais e extrapolam a tendência ainda hegemônica no campo das ciências humanas e sociais de produzir conhecimento 'sobre' os movimentos e os seus sujeitos.

Assim, quando pensamos diretamente no cenário pós-cotas raciais, passa-se a entender que o ingresso de pessoas negras por si só já altera a vida acadêmica. Isso é dito textualmente por Passos (2015, p. 165) ao discutir a experiência da Universidade Federal de Santa Catarina (UFSC): "a presença de estudantes negros nas universidades brasileiras não só materializa fisicamente, a partir dos corpos negros, a diversidade étnico-racial como expõe a complexidade das relações raciais no Brasil, tensionando a cultura acadêmica." É essa tensão que abre espaço para a disputa por um modo de produzir conhecimento mais democrático.

O pano de fundo da movimentação produzida pela chegada de pessoas negras nas universidades é o que Carvalho (2006, p. 102), no momento inicial dessa discussão, chamou de "crise de representação". Para o autor,

> Essa crise de representação indica que enfrentaremos a partir de agora configurações que apontam para uma incomensurabilidade discursiva. Por exemplo, os acadêmicos brancos não aceitam racializar o seu campo discursivo, mesmo quando transitam sozinhos por esse espaço segregado. Essa negação da racialização é inaceitável para os negros que argumentam que a segregação vivida pelos brancos é o resultado mais visível de uma sociedade profundamente racializada. Os negros se veem como negros e veem os brancos

como brancos; os brancos não se dizem brancos (muito menos se veem falando como brancos) e evitam classificar os não brancos de negros – a não ser que os não brancos sejam índios. A partir de agora, ninguém poderá pretender falar por "nós", brasileiros, sobre a situação racial do país sem se colocar como parte de um campo marcado racialmente.

O ponto central na análise do autor é a constante dissimulação no que diz respeito às características da dinâmica social brasileira, bem como a sua relação com as próprias visões sobre ela elaboradas. Com as cotas raciais, a negação da racialização da sociedade brasileira e, consequentemente, das relações racializadas que se processam no interior da universidade é colocada em xeque.

Nesse sentido, um modo concreto de ilustrar essas transformações e disputas nas universidades a partir do surgimento das cotas é observando a criação de disciplinas voltadas ao estudo das relações étnico-raciais. A experiência da Universidade Federal do ABC (Ufabc), ao criar uma disciplina com esse propósito, nos ajuda a entender o debate aqui estabelecido. Em 2014, a Ufabc criou a disciplina Estudos Étnico-Raciais, no Bacharelado em Ciências e Humanidades (BCH). A disciplina é formatada a partir da constatação de que a chamada questão racial era apenas lateralmente contemplada nos conteúdos obrigatórios já existentes. Essa compreensão é derivada dos diálogos com os docentes articuladores da disciplina, e a questão é que o texto do projeto pedagógico da Ufabc já expressava apoio institucional à inserção de elementos relativos à questão étnico-racial. Todavia, isso não se traduziu automaticamente em processos como a reformulação de projetos pedagógicos dos cursos. Foi necessário a instauração de um debate interno sobre a importância de inserção de conteúdos sobre a temática racial de modo efetivo.

Eu o Paris [Paris Yeros] resolvemos fazer um abaixo-assinado pela contratação de professores e professoras negras e pela inclusão da temática étnico-racial no currículo do BCH. Então esse documento foi assinado por cerca de trinta professores da casa e já levantava as duas questões; e foi o abaixo-assinado que de fato começou esse movimento maior; começou a botar para frente essa temática aqui dentro [...]. E após isso, nós aproveitamos o momento de reformulação do projeto do BCH para colocar a questão do porque não criar uma disciplina sobre estudos étnico-raciais [...][13].

No relato do Professor Paris Yeros[14], outro docente que atuou no processo relatado, a criação da disciplina Estudos Étnico-raciais não enfrentou resistência formal no momento de reformulação do projeto pedagógico, mas, de acordo com ele, "não havia previsão na universidade de contratar professores e professoras para essa matéria". A nossa leitura é que esse exemplo apresenta uma característica que, em outra ocasião, denominamos de *institucionalização parcial* pelo fato de vivermos um contexto em que se ampliou a demanda por medidas semelhantes, o que, em tese, diminui a resistência à sua proposição e encaminhamento, mas tendem a ficar de fora, medidas mais consistentes que garantiriam a sua efetivação (MACIEL, 2020)[15].

---

13 Muryatan Santana Barbosa, professor do Curso de Relações Internacionais da Ufabc. Entrevista realizada em 21 de agosto de 2018.

14 Paris Yeros, professor do Curso de Relações Internacionais da Ufabc. Entrevista realizada em 22 de agosto de 2018.

15 Em 2017, Estudos Étnicos-raciais também se tornou disciplina obrigatória na Licenciatura em Matemática. Este curso também aprovou no mesmo ano uma disciplina chamada Seminários de Modalidades Diversas em Educação Matemática, a fim de atender à demanda pelo estudo de questões relacionadas à Etnomatemática.

A ementa final da disciplina aprovada nos ajuda a pensar também essa questão, pois essa lida, em todos os sentidos, com muitas ausências. Nela, por exemplo, consta o seguinte objetivo:

> [...] oferecer aos discentes uma síntese do conhecimento atual sobre os estudos étnico-raciais, visando atender as Leis 10.639/03 e 11.645/08[16], assim como as demais diretrizes posteriores do MEC, que versam sobre a necessidade de cursos específicos que discutam a questão étnico-racial no Brasil. Em particular, em relação à importância da história e cultura afro-brasileira e indígena[17].

A intenção expressa na apresentação dos objetivos, na descrição dos conteúdos e na bibliografia recomendada para a disciplina não deixa dúvidas quanto à necessidade de se dar outro tratamento à produção acadêmica que lida com a chamada questão racial brasileira, destacando-se também a contribuição da intelectualidade negra para essas interpretações. Além disso, demanda-se, de forma direta, a contratação de especialistas para trabalharem temas como o racismo e a formação do mundo atlântico; o escravismo brasileiro; o mito da democracia racial no Brasil; as desigualdades raciais no

---

Em 2019, com a criação das Licenciaturas em Ciências e Humanidades e em Ciências Naturais e Exatas, cursos de ingresso da Ufabc, a disciplina Estudos Étnico-raciais também foi aprovada como obrigatória na grade desses dois cursos.

16 A Lei 10.639/2003, alterada pela Lei 11.645/2008, obriga as redes pública e privada de educação básica a incluírem o ensino de história e cultura africana, afro-brasileira e indígena nos seus currículos. O processo de regulamentação da lei, com a formatação das Diretrizes Curriculares Nacionais para a Educação das Relações Étnico-raciais, recomenda que as instituições de ensino superior adotem as mesmas alterações exigidas pela lei (CNE/CP, Parecer 3/2004; CNE/CP, Resolução 1/2004).

17 Ementa da disciplina Estudos Étnico-raciais do Bacharelado em Ciências e Humanidades/Ufabc [Disponível em http://prograd.ufabc.edu.br/doc/ppedagogico_2015_bch_apartado_ementario_obrigatorias.pdf – Acesso em 14/09/2018].

Brasil; o Movimento Negro; o Movimento Indígena; o Pan-africanismo e as relações Brasil-África etc.[18] (MACIEL, 2020).

O exemplo trazido acima mostra-se, portanto, como expressão de uma construção pelo combate ao racismo e pela democratização do ensino superior. A proposição e a implantação de cotas raciais trazem consigo muitas implicações, e o pano de fundo do qual partem essas medidas é vasto. Trata-se de medidas construídas para enfrentar as desigualdades de cunho racial, e os seus desdobramentos são potencialmente ambiciosos: a democratização de instituições públicas de educação superior, cujas históricas são amplamente atravessadas por essas mesmas desigualdades.

Do ponto de vista analítico, essa movimentação dentro das universidades a partir da instauração de políticas de ação afirmativa pode ser lida a partir de algumas chaves. Uma reflexão que ajuda no debate aqui estabelecido por nós está em torno da noção de *escrevivência*, de Conceição Evaristo. Esta intelectual tem produzido análises extremamente necessárias ao entendimento dos avanços e desafios no tocante às vivências de pessoas negras do nosso tempo. A noção de escrevivência nos ajuda a caracterizar o que nesta seção foi nomeado como *saberes da disputa*. Ao discutir as implicações das ações afirmativas, especialmente das cotas, nas universidades, e tomando como eixo a questão do conhecimento, nosso argumento é que os saberes que podem ser lidos a partir dessa realidade são extremamente marcados por um processo de disputa que atravessa desde a trajetória inicial dos sujeitos que chegam nesse espaço até as suas experiências mais cotidianas no contexto da sua permanência nele. É por conta disso que a ideia de

---

18 Temas que integram a ementa da disciplina, que contempla autores/as como Kabengele Munanga, Sueli Carneiro, Manuela Carneiro da Cunha, Nei Lopes.

escrevivência torna-se essencial. Para Evaristo (2021)[19], "a experiência do sujeito, do corpo, da vivência é o que fundamenta o que hoje chamamos de *Escrevivência*". Ora, analisando a realidade em questão, estamos falando de pessoas negras cujas existências dão-se no contexto de uma sociedade racista. Assim, o ponto de partida da vida universitária dessas pessoas, inevitavelmente, serão experiências extremamente marcadas pela raça. Evaristo (2021) ainda nos diz que "a Escrevivência permite partir da prática para a teoria. Primeiro, você vive, depois elabora sobre o que viveu". Nessa leitura, não se descarta aquilo que possivelmente não faria parte das condições objetivas de produção de conhecimento. Ao contrário, usa-se o acúmulo de uma existência para fundamentar o que deve se consolidar como conhecimento acadêmico.

Essa discussão nos aproxima também de uma leitura muito cara a algumas feministas que, de diferentes formas, falaram do conhecimento situado, da teoria do ponto de vista (HARDING 1993; COLLINS, 2016). Os chamados estudos decoloniais também entram nesse debate, conforme vimos nos elementos trazidos por Grosfoguel (2008, p. 119):

> [...] todo o conhecimento se situa, epistemicamente, ou no lado dominante, ou no lado subalterno das relações de poder, e isto tem a ver com a geopolítica e a corpo-política do conhecimento. A neutralidade e a objetividade desinserida e não situada da egopolítica do conhecimento é um mito ocidental.

O debate, nesse sentido, é sobre experiência, é sobre o lugar social ocupado por cada corpo que produz conhecimento. O que

---

[19] Entrevista concedida a Constância Lima Duarte, Macaé Evaristo, Nilma Lino Gomes, Valter Silvério, Carlos Henrique Árabe e Rose Spina. **Revista Teoria e Debate**, 214, 12/11/2021.

se produz não pode ser apartado da existência de quem produz. A presença de novos corpos nas universidades brasileiras reinsere essa problemática. Luta-se, mais uma vez, pela quebra da hegemonia em torno da produção do conhecimento acadêmico e retoma-se a premissa de que toda pesquisa é "interessada". O que temos visto, via criação de disciplinas e promoção de debates diversos sobre temáticas ligadas às dimensões de raça, gênero, sexualidades etc. no interior das universidades, reforça a perspectiva de que não existe sujeito do conhecimento invisível ou neutro. Mais do que isso, chama-se também atenção para o fato de que ao se cair nessa leitura da separação entre sujeito do conhecimento e existência, reforça-se a oposição das relações geopolíticas que nos constituem e que, por consequência, espelha a forma hierárquica como valoramos os diversos conhecimentos. É isso que nos diz Figueiredo (2017a, p. 93), ao afirmar que:

> Por meio do encobrimento da localização particular do sujeito de enunciação, foi possível, para a expansão e a dominação coloniais europeias/euro-norte-americanas e para o poder das elites euro-latino-americanas, construir uma hierarquia do conhecimento superior *versus* conhecimento inferior e, portanto, de seres superiores *versus* seres inferiores no mundo.

Os desafios que estão colocados, hoje, para a universidade brasileira dizem respeito à desconstrução dessa lógica. É necessário, de partida, reconhecer a validade das leituras que têm insistido nessa compreensão e, por conseguinte, admitir que a ampliação da presença de determinados segmentos sociais deu concretude a esse debate. Assim, é preciso repensar o que temos feito. Não descartar, mas talvez reconstruir à luz do que há muito tem sido dito pelos movimentos e grupos subalternizados. Para isso, é preciso que sejam feitas algumas indagações, tal qual nos coloca Curiel (2011) ao falar da pesquisa feminista,

> ¿Quiénes son los sujetos y quiénes son los objetos de nuestras investigaciones? Una de las características de la colonialidad del saber, como señalábamos, es asumir que la otredad y la diferencia colonial, son generalmente los objetos de las investigaciones: mujeres, negras, pobres, indígenas, migrantes, del Tercer Mundo, como si solo a partir de asumirlas como materia prima se hiciera investigación feminista.

Quando olhamos para o contexto construído a partir das transformações recentes nas universidades públicas brasileiras, vimos diretamente o questionamento dessa ordem. Quem tem garantido aquilo que mais amplamente podemos chamar de democratização do espaço acadêmico não quer estar mais nesse lugar de objeto. Evaristo nos diz que a *Escrevivência* traz em si uma ideia de convocação. Sob essa perspectiva, a ordem é questionar, gerar desconforto, desestabilizar o que está posto. Falando de si, a autora diz: "que bom que a minha escrita tem essa capacidade de convocação. É consciente, não quero escrever só por prazer ou por diletantismo. Eu quero realmente causar esse incômodo"[20]. Temos, nesse sentido, dois eixos articulados nessa reflexão: a experiência que não é apenas ponto de partida, mas que também se lança para o passado e se propõe a estabelecer um diálogo que extrapola as vivências particulares e tenta compensar as lacunas relacionadas às experiências coletivas: "eu penso também na escrita como vingança. Acho que tudo que as mulheres que nos antecederam não puderam falar, nós estamos falando. Forçamos caminhos para falar" (EVARISTO, 2021)[21].

---

20 Ibid.
21 Ibid.

Portanto, na perspectiva da escrevivência, os *saberes da disputa*, dessa forma, representam a disputa pelas condições e formas de conhecer academicamente estabelecidas, incentivando uma produção que toma a experiência como mote e que contenha também a fala de quem, em outros contextos, não pode falar. O Movimento Negro, tal qual nos diz Gomes (2017), ao longo da sua história, tem ensinado muito a sociedade brasileira sobre racismo e sobre as formas de enfrentá-lo. Ao demandar ações afirmativas no ensino superior, questionando a suposta neutralidade acadêmica diante do racismo, sobretudo no contexto da produção de conhecimento, esse movimento alargou consideravelmente essa missão.

## 4 Considerações finais

Ao tentar fechar o presente texto, não se pode deixar de reafirmar que as ações afirmativas não deram uma guinada apenas no debate geral sobre o lugar do racismo na sociedade brasileira, de modo geral, mas também impuseram novas posturas às instituições universitárias. Se estas, historicamente, produziram apenas ações tímidas na tentativa de serem mais representativas, a partir dos anos de 2000, tem-se um incontornável movimento iniciado com a atuação do Movimento Negro diante das desigualdades raciais que dizia, por meio da defesa de políticas públicas focalizadas, que o racismo não podia mais ser negligenciado. O duplo movimento, que ao mesmo tempo não reconhecia as insuficiências de abordagens, conteúdos e metodologias tidas, muitas vezes, como universais e, com isso, também não se dispunha a criar condições para inserção e valorização de outras visões, é diretamente confrontado.

As questões de fundo estão relacionadas aos debates já estabelecidos dentro do ativismo antirracista sobre como o racismo, e outras discriminações estruturais, impede questionamentos e mudanças em torno das formas como se produz conhecimento. Nesse sentido, as universidades, na linha do que apresentamos aqui, a partir das cotas raciais, são os espaços privilegiados de produção dos *saberes da disputa*, pois essa ideia nos ajuda a pensar em um contramovimento ao indicar que a desigualdade de partida não pode se reproduzir nas várias dimensões da vida acadêmica. O caso usado para ilustrar a nossa discussão evidencia que há disposição, dentro das instituições, para reformular perspectivas e preencher lacunas considerando o que deve integrar os currículos universitários. Assim, as políticas em questão produzem novas dinâmicas institucionais para lidar com uma faceta importante do racismo, aquela que impede uma produção científica mais condizente com a diversidade de perspectivas e sujeitos que compõem a sociedade brasileira.

Por fim, todo o processo que envolve a luta pelas ações afirmativas pode ser lido a partir da perspectiva de Gomes (2017) quando a mesma reafirma o papel educador do Movimento Negro brasileiro. A mobilização por essas políticas tem, inegavelmente, uma dimensão pedagógica. Tal qual a autora nos diz, ao reivindicá-las, esse movimento está, mais uma vez, ensinando a sociedade brasileira sobre qual é o lugar do racismo e chamando atenção para a necessidade de seu enfrentamento em todas as esferas da sociedade, inclusive em um lugar de acentuado exercício de poder como o espaço acadêmico.

# Referências

CARVALHO, J.J. **Inclusão étnica e racial no Brasil – A questão das cotas**. São Paulo: Altar, 2006.

CUNHA JÚNIOR, H. As estratégias de combate ao racismo – Movimentos negros na escola, na universidade e no pensamento brasileiro. In: MUNANGA, K. (org.). **Estratégias e políticas de combate à discriminação racial**. São Paulo: Edusp/Estação ciência, 1996.

CURIEL, O. **Rumo à construção de um feminismo descolonizado**, 2011 [Disponível em https://mujeresixchel.wordpress.com/2011/10/12/hacia-la-construccion-de-un-feminismo-descolonizado/ – Acesso em 03/02/2022].

EVARISTO, C. Entrevista concedida a Constância Lima Duarte, Macaé Evaristo, Nilma Lino Gomes, Valter Silvério, Carlos Henrique Árabe e Rose Spina. **Revista Teoria e Debate**, 214, 12/11/2021 [Disponível em https://teoriaedebate.org.br/2021/11/12/se-avancamos-foi-dando-murro-em-ponta-de-faca/]

FIGUEIREDO, A. Descolonização do conhecimento no século XX. In: SANTIAGO, A.R. et al. (orgs.). **Descolonização do conhecimento no contexto afro-brasileiro**. Cruz das Almas: UFRB, p. 79-106, 2017.

GOMES, N.L. Intelectuais negros e produção do conhecimento: algumas reflexões sobre a realidade brasileira. In: SANTOS, B.S.; MENESES, M.P. (orgs.). **Epistemologias do Sul**. São Paulo: Cortez, 2010.

GOMES, N.L. **Movimento Negro Educador: saberes construídos nas lutas por emancipação**. Petrópolis: Vozes, 2017.

GROSFOGUEL, R. Para descolonizar os estudos de economia política e os estudos pós-coloniais: transmodernidade, pensamento de fronteira e colonialidade global. **Revista Crítica de Ciências Sociais**, 80, 2008 [*On line*].

HARDING, S. "Rethinking standpoint epistemology: what is 'strong objectivity'"? In: ALCOFF, L.; POTTER, E. (eds.). **Feminist Epistemologies**. Nova York/Londres: Routledge, 1993, p. 49-82.

MACIEL, R.O. A questão racial na Universidade Federal do ABC: um debate apoiado nos concursos docentes. **Contemporânea – Revista de Sociologia da UFSCar**, v. 10, n. 3, p. 1.325-1.350, set.-dez./2020.

PASSOS, J.C. Relações raciais, cultura acadêmica e tensionamentos após as ações afirmativas. **Educação em Revista**, Belo Horizonte, v. 31, n. 02, p. 155-182, abr.-jun./2015.

SILVA, P.B.G. Negros na universidade e produção do conhecimento. In: SILVA, P.B.G.; SILVÉRIO, V.R. (orgs.). **Educação e ações afirmativas: entre a injustiça simbólica e a injustiça econômica**. Brasília: Instituto Nacional de Estudos e Pesquisas Educacionais Anísio Teixeira, 2003.

# Construindo cumplicidades

## Ações afirmativas, disputas epistêmicas e processos político-pedagógico-afetivos

*Regina Facchini*
*Thiago Coacci*
*Gleicy Mailly da Silva*

Este capítulo tem por objetivo refletir sobre o processo de diversificação dos corpos discentes na universidade, derivado das políticas de ação afirmativas e de legislação que estabelece reserva de vagas racialmente orientadas, bem como as transformações produzidas no cotidiano e na produção de conhecimento decorrentes dessa diversificação. Para tanto, toma como ponto de partida nossas experiências[22] e nossos lugares como docentes e/ou pesquisadores atuantes em salas de aula e/ou propostas de divulgação científica, e

---

22 A noção de experiência é aqui mobilizada no sentido que lhe atribui Avtar Brah (2006, p. 360): "a experiência não reflete de maneira transparente uma realidade pré-determinada [...], é um processo de significação que é a condição mesma para a constituição daquilo a que chamamos 'realidade'. Donde a necessidade de reenfatizar uma noção de experiência não como diretriz imediata para a 'verdade', mas como uma prática de atribuir sentido, tanto simbólica como narrativamente; como uma luta sobre condições materiais e significado. Contra a ideia de um 'sujeito da experiência' já plenamente constituído a quem as 'experiências acontecem', a experiência é o lugar da formação do sujeito".

do compartilhamento de algumas cenas do cotidiano de nossa atuação na relação com colegas e com estudantes.

É do lugar de pesquisadora(e)s e docentes que foram afetada(o)s, reeducada(o)s e se viram de algum modo transformada(o)s em suas práticas e em seus olhares para a universidade e para a sociedade que produzimos este texto[23]. Em diálogo com Nilma Lino Gomes (2017) exploramos a forma como o Movimento Negro e o Movimento Trans, como sujeitos políticos e pedagógicos, afetam outros sujeitos políticos e mesmo atores que não os integram, de modo a incidir sobre processos de produção e transmissão do conhecimento.

Nosso encontro com o projeto de construção deste livro se deu a partir da participação de dois dos autores, Regina Facchini e Thiago Coacci, na idealização e realização de uma das atividades de divulgação científica que desenvolveram em parceria. Regina Facchini coordena o Projeto Gênero & Desigualdades, então produzido pelo Núcleo de Estudos de Gênero Pagu da Universidade Estadual de Campinas (Unicamp) e pelo Núcleo de Estudos sobre Marcadores Sociais da Diferença (Numas) do Departamento de Antropologia da Universidade de São Paulo, que iniciou suas atividades em maio de 2020. Thiago Coacci é o criador e host do Larvas Incendiadas, podcast de divulgação científica em estudos de gênero e sexualidade, que iniciou suas atividades em 2018. Um dos trabalhos em parceria desses dois projetos é a divulgação de pesquisas clássicas produzidas por pesquisadoras/es brasileiras/os. Tomando em consideração a maior presença de estudantes negra(o)s nas universidades, e sua

---

23 Agradecemos o convite da querida Nilma Lino Gomes, que muito nos honrou, e ao que pudemos aprender com seu modo de trabalhar e de conduzir o processo de produção deste livro. Também agradecemos a Nilma Lino Gomes, Luciana Dias, Regimeire Maciel, Stephanie Lima e Tayná Mesquita por todo o processo de construção coletiva e pelas trocas que temos feito desde 2020, com o evento *on-line* sobre *O Movimento Negro Educador*", e à Anelise Fróes da Silva, que revisou este texto e discutiu algumas de suas ideias.

demanda e desejo de ver suas experiências refletidas na bibliografia mobilizada na formação, as/os organizadores consensuaram produzir a programação paritariamente entre autora(e)s branca(o)s e negra(o)s e sempre possibilitando a presença de vozes de diferentes gerações de pesquisadora(e)s cujo trabalho tenha sido marcado por determinada(o) autor(a) ou obra.

Foi assim que, após a produção de episódios sobre a obra de autoras como Lélia Gonzalez e Beatriz Nascimento, os quais foram posteriormente incluídos na bibliografia de programas de ensino em universidades brasileiras, surgiu a ideia de produzir um episódio a partir do livro *O Movimento Negro Educador: saberes construídos nas lutas por emancipação*, de Nilma Lino Gomes.

*O Movimento Negro Educador* é uma obra muito influente na reflexão sobre a relação entre movimentos sociais e produção de conhecimento, ao descrever o modo como o Movimento Negro, muito mais do que um espaço educativo e produtor de pedagogias, do lugar de sujeitos organizados em movimento, produz, sistematiza e dissemina saberes, expressando-os como demandas políticas concretas, produzindo intervenções na sociedade e, nesse processo, educa e reeduca a sociedade e a si mesmo. Este diálogo, impulsionado pelo reconhecimento das necessidades geradas pela ampliação do acesso de estudantes negra(o)s à universidade, não só veio ao encontro de nossos interesses de pesquisa a respeito da relação entre movimentos sociais e produção de conhecimento, como nos permitiu o encontro e o início de uma reflexão coletiva que se amplia nas páginas deste livro.

Provocados a elaborar o que têm vivido no âmbito da universidade e da divulgação científica, estenderam o convite a Gleicy Mailly da Silva, que colaborou na produção de diversos episódios sobre clássicos, coproduziu e mediou vários encontros sobre os processos de mudança envolvendo a ampliação do acesso de estudantes negra(o)s à universidade, um deles retomado ao longo deste texto. Além disso, a partir de suas leituras como pesquisadora das relações entre raça e gênero, Gleicy criou condições para a organização e oferta de duas disciplinas, a primeira em 2019, aberta a estudantes de graduação e de pós-graduação, e a segunda a estudantes de pós-graduação[24].

A Unicamp, então, passava por um processo tão intenso quanto recente. Após intensa pressão do Movimento Negro universitário e de outros atores que foram se agregando ao longo do processo, a Unicamp, que havia sido uma das primeiras universidades brasileiras a adotar ações afirmativas pela via de acréscimo de pontuação no vestibular convencional e que, por anos, resistiu à adoção de ações afirmativas na modalidade de reserva de vagas, finalmente viu seus primeiros programas de pós-graduação adotando cotas raciais a partir de 2016 – como parte do processo de luta pela adoção de cotas raciais na graduação – e, posteriormente, em 2017 aprovou no Conselho Superior o princípio das cotas raciais e o Vestibular Indígena para ingresso em 2019 (MEDEIROS, 2016; INADA, 2018; LIMA, 2021; MESQUITA, 2021).

As páginas que seguem se organizam a partir de diferentes eixos de reflexão e momentos dessas experiências partilhadas, e são narradas pelos olhares e pelas mãos de cada um(a) da(o)s autora(e)s[25]. Na primeira parte, a reflexão sobre a relação entre movimento

---

24 Todas essas atividades foram desenvolvidas em parceria com Regina Facchini no âmbito da passagem de Gleicy como pós-doutoranda no Núcleo de Estudos de Gênero Pagu da Unicamp e docente-colaboradora nos Programas de Pós-Graduação em Antropologia Social e em Ciências Sociais da mesma universidade. As atividades de Gleicy Mailly da Silva foram apoiadas pela Fapesp. As atividades de Regina Facchini têm contado com o apoio do CNPq.

25 Este texto foi construído coletivamente a seis mãos. Após o desenho coletivo do argumento, cada uma das narrativas foi assumida por um(a) da(o)s autora(e)s. Thiago Coacci escreveu sobre a inserção de pessoas trans e as lutas epistêmicas

social e produção de conhecimento é tematizada a partir de pesquisas relacionadas a outro movimento e ator social, que até pouco tempo esteve presente na pesquisa acadêmica do lugar de objeto do conhecimento e, dada a enorme carga de preconceito e de violência, era referido como tendo grandes dificuldades para acessar o processo de escolarização formal: as pessoas trans e o movimento de travestis, mulheres transexuais e homens trans. Olhamos aí para o processo de luta por reconhecimento das identidades trans aliado às disputas por legitimidade de conhecimentos e como sofre mudanças a partir da emergência de novos saberes elaborados/sistematizados por pessoas trans que acessam o ensino superior.

Na segunda parte nos voltamos para a mudança operada nas formas de experimentar o cotidiano da universidade por parte de estudantes negras/os. Nosso ponto de partida é o diálogo entre as experiências de duas gerações de estudantes negras/os, separadas por 10 anos de distância. O diálogo se desenrola a partir do encontro de duas pesquisadoras negras que se debruçaram sobre o cotidiano de estudantes da Unicamp em diferentes momentos, e têm seu diálogo mediado por um conto e pelas reflexões de um professor negro, que foi estudante de graduação e de pós-graduação na mesma universidade.

O terceiro momento tem relação com os desafios e potencialidades para a produção do conhecimento quando alunos racialmente diversos se encontram, em quantidades mais proporcionais no contexto de sala de aula, para dialogar sobre desigualdades e diferenças

---

que têm travado; Gleicy Mailly da Silva compartilhou seu olhar sobre o rico diálogo produzido no debate sobre estudantes negros na universidade; Regina Facchini, em diálogo com Gleicy Silva, partilhou a experiência de preparação e construção cotidiana de duas disciplinas sobre gênero e raça, ofertadas por ambas na Unicamp, em 2019 e 2021. Embora a construção do argumento, do percurso e das considerações finais tenha sido coletiva, optamos por manter os diferentes olhares e estilos de escrita presentes em cada uma das partes do texto.

sociais, incluindo as relações raciais, e o modo como tais processos mobilizam duas das docentes das turmas, uma negra e outra branca.

## Saberes pajubás

Era a tarde do dia 24 de novembro de 2021 e, como já tinha se tornado corriqueiro na pandemia, daríamos início a mais uma atividade *on-line* do Projeto Gênero & Desigualdades. O debate da vez era acerca do conceito de cisgeneridade, com a participação de Beatriz Pagliarini Bagagli e Brume Dezembro Iazzetti, cada uma de sua casa, participando remotamente e transmitindo ao vivo para as diversas plataformas vinculadas ao projeto. Ao longo de quase duas horas, Beatriz e Brume explicaram as origens desse conceito, suas definições, usos e disputas. Essa cena, que hoje felizmente se torna cada vez mais comum, era bastante improvável até alguns anos atrás. Dificilmente encontraríamos duas pessoas trans, com pós-graduação, apresentando pesquisas e definições conceituais em um evento acadêmico de uma das mais reconhecidas universidades públicas brasileiras.

O acesso à educação por pessoas trans no Brasil é muito limitado. Frequentemente as escolas não são espaços seguros, funcionando como lugares de (re)produção das normas de gênero e sexualidade que marginalizam e excluem pessoas trans. Desse modo, configura-se o fenômeno que tem sido chamado na literatura de expulsão (BENTO, 2011) ou evasão involuntária (ANDRADE, 2012) de pessoas trans, que veem seu vínculo educacional rompido pela violência sofrida. Segundo mapeamento realizado em Belo Horizonte, mais de 25% das travestis e transexuais entrevistadas interromperam seus estudos até a 8ª série do Ensino Fundamental; 91,3% não passaram do Ensino Médio; apenas 8,7% ingressaram no Ensino Superior, sendo que apenas 2,2% concluíram e 6,5% não conseguiram concluir por algum motivo (NUH, 2016).

A entrada de pessoas trans na universidade, como um fenômeno coletivo, é recente e está relacionado com um processo, ocorrido a partir do final dos anos de 2000, de disputas e conquistas de políticas afirmativas para esse público nesses espaços, tais como a possibilidade de uso do nome social nas universidades e posteriormente no Enem (IAZZETTI, 2021). Tal processo de disputa ocorreu, em muitas dessas instituições, pelo ativismo que algumas pessoas trans pioneiras nesse acesso, com proximidade (ou participação efetiva) com movimentos sociais organizados, tiveram naquelas instituições. O caso da Unicamp ilustra bem esse processo.

Embora as normativas sobre o uso do nome social no estado de São Paulo datem de 2010[26], sua implementação naquela universidade se dá de modo ainda precário a partir da demanda de estudantes, como é o caso, em 2013, da pesquisadora e ativista transfeminista Beatriz Bagagli[27]. Tal direito só foi implementado de forma mais adequada à realidade universitária a partir de uma resolução interna da universidade, em 2020[28], construída a partir de ação da Comissão Assessora de Gênero e Sexualidade da Diretoria Executiva de Direitos Humanos da Unicamp[29], que contou com apoio de estudantes e ativistas trans, de professores e pesquisadores dessa universidade e de docentes que haviam atuado na elaboração de normativas em outras universidades.

---

26 O decreto 55.588, de 17/03/2010, dispõe sobre o tratamento nominal das pessoas transexuais e travestis nos órgãos públicos do Estado de São Paulo e dá providências correlatas.

27 Para mais informações, cf. https://transfeminismo.com/denuncia-acerca-do-nome-social-entregue-a-ouvidoria-da-unicamp/

28 A Resolução GR-005/2020, de 13/01/2020, estabelece normas que dispõem sobre o uso do nome social no âmbito da Universidade Estadual de Campinas [Disponível em https://www.pg.unicamp.br /mostra_norma].

29 Cf. http://www.direitoshumanos.unicamp.br/genero-e-sexualidade/quem-somos/

Mesmo com normas que garantem o respeito ao nome, a circulação de corpos trans no ambiente acadêmico frequentemente gerou outras tensões e violências. Na Unicamp, banheiros receberam pichações transfóbicas feitas por feministas radicais que alegavam que a presença de travestis e mulheres transexuais em banheiros femininos era uma ameaça às mulheres cisgêneras (CARVALHO; CARRARA, 2015). Na UFMG, durante a realização do 7º Encontro Sudeste de Travestis e Transexuais, em 2014, os cartazes do evento foram rasgados e alguns tiveram uma suástica pichada sobre eles, colocando em dúvida a própria segurança física das participantes do evento. Essas violências funcionam como uma tentativa de delimitar fronteiras no espaço físico e no gênero, sinalizando lugares que as pessoas trans estariam supostamente invadindo: os banheiros, as universidades e também os gêneros.

A maior presença de pessoas trans circulando em espaços acadêmicos produziu também conflitos no plano das ideias e dos conceitos. O contato das pessoas trans com a produção de conhecimento científico não é nenhuma novidade, mas a presença maior dessas pessoas na universidade intensificou isso e forneceu oportunidades para a disputa de legitimidade sobre determinados saberes. No início dos anos de 2010, uma iniciativa que se estrutura e atua a partir dessa tensão é o Coletivo Transfeminismo, fundado por jovens trans no Facebook e que tinha por principal ação a discussão e produção de textos sobre transgeneridades[30]. Muitas dessas pessoas estavam em processo de formação universitária, liam a literatura existente à época, frequentavam eventos de estudos de gênero e sexualidade e elaboraram, a partir disso, tanto uma avaliação sobre o estado da arte dos saberes produzidos sobre si quanto novos saberes sobre suas identidades e corpos.

---

30 O site do coletivo permanece no ar e sendo atualizado com textos novos até a data de fechamento deste capítulo: www.transfeminismo.com

Essas ativistas percebiam a pluralidade de saberes produzidos por pessoas cis sobre as transgeneridades, com diversas tentativas de interpretação, explicação e até mesmo indicações terapêuticas e jurídicas que derivavam desses (BARBOSA, 2015; LEITE JR., 2011). Elas também reconheciam o valor em muitos desses, e que as pesquisas teriam sido importantes na conquista do acesso a cuidados em saúde e avanços jurídicos como as primeiras ações para a retificação do nome e gênero juridicamente. No entanto, as ativistas percebiam também determinadas precariedades nesses conhecimentos (COACCI, 2018), como o fato de colocar os corpos e gêneros cis em uma posição de naturalidade; de serem produzidos de forma pouco horizontal, sem considerar as pessoas trans como interlocutoras efetivas, dentre outras precariedades que geravam consequências negativas para as vidas das próprias pessoas trans.

Dessa maneira, uma das primeiras tarefas desse coletivo ao elaborar a sua perspectiva transfeminista foi a construção/tradução da ideia de cisgeneridade: "porque o termo cisgênero foi cunhado antes dos anos de 2000, tinha um tempo já e a militância usava lá [nos Estados Unidos] com mais frequência do que a gente usava aqui. Era mais conhecido lá do que aqui. Aí eu peguei e comecei a traduzir alguns textos explicando o termo cisgênero" (KAAS, 2016). Não se tratava de uma ausência completa, o termo cisgênero já tinha sido utilizado no Brasil por Aline Freitas (2005), mas Hailey Kaas e suas parceiras do transfeminismo avaliavam que até aquele momento o conceito não estava adequadamente elaborado e difundido por aqui.

Esse termo se contrapunha especificamente ao uso da fórmula *mulheres e homens biológicos* para nomear as pessoas que não são trans. Na interpretação do Coletivo, utilizar os termos biológico ou não trans reforçava o biopoder e as lógicas patologizantes ao colocar a transexualidade como algo não natural. É importante perceber que o termo cisgênero aparece junto a um pacote de outros termos, também oriundos do ativismo transfeminista internacional, como cissexismo, bem como uma lista exemplificativa das formas que configurariam esse tipo de discriminação. Isso demonstra que, mais do que buscar um termo para nomear esse outro inominado, que eram as pessoas cisgêneras, o que estava se operando era a tradução/construção de uma linguagem que permitiria a reelaboração da experiência das pessoas trans de maneira distinta da que era feita até agora; estava em processo a produção de um conhecimento contrapúblico, conhecimento esse produzido, articulado e sistematizado na luta do movimento social.

A proposta do coletivo não foi bem recebida em seu início e acabou por instaurar diversos conflitos nos campos feminista, LGBT e trans, seja nos setores mais próximos do ativismo digital, da produção de conhecimento acadêmico ou do ativismo organizado tradicional. Foi comum ler textos em blogs e nas redes sociais que questionavam o uso desses saberes, acusando-os de criar novos binarismos de gênero, de ser pouco acadêmicos ou até de ser uma estratégia agressiva de pessoas que almejavam cargos universitários. As ativistas, no entanto, continuaram a produzir textos para blogs, artigos científicos, a frequentar eventos acadêmicos e a construir alianças e trocas com pesquisadoras mais estabelecidas, o que pouco a pouco ampliou o uso e a compreensão em torno do conceito de cisgeneridade[31].

Retornando à *live* do Gênero & Desigualdades, ficou explícito em diversos momentos, nas falas das apresentadoras e nas intervenções de quem assistia, que o debate sobre o conceito de cisgeneridade ainda se situa em uma trama de disputas sobre as fronteiras da ciência e dos saberes legítimos para falar sobre os nossos corpos e gêneros. Apesar disso, o cenário atual é bastante distinto daque-

---

31 Em outro trabalho, Coacci (2018) descreve detalhadamente as estratégias mobilizadas para a construção do reconhecimento acadêmico em torno do conceito.

le do início dos anos de 2010. O conceito se difundiu e passou a contar com reconhecimento, em parte graças ao trabalho incansável dessas ativistas. São diversas teses, dissertações e artigos científicos publicados em revistas nacionais que utilizam o conceito de cisgeneridade, mesmo entre aqueles que não aderem a uma perspectiva analítica transfeminista.

Como Nilma Lino Gomes (2017) argumenta, os movimentos sociais não apenas produzem conceitos, mas eles são educadores, no sentido de que, ao socializarem esses saberes, produzem mudanças no plano institucional e social, podendo alterar inclusive os limites da compreensão social sobre determinado tema. Isso efetivamente vem ocorrendo, como citamos no caso do Movimento Trans e o conceito de cisgeneridade, que já extrapolou as fronteiras do mundo acadêmico e ativista, e vem nos educando sobre uma nova forma de compreender os corpos e o gênero, não apenas em relação às pessoas trans, mas também aos corpos e subjetividades de pessoas cisgênero.

No plano institucional, identificamos essa influência a partir do uso do conceito de cisgeneridade nos votos de ministros do Supremo Tribunal Federal para justificar a possibilidade jurídica de pessoas trans alterarem seus nomes e gêneros diretamente em cartório. No plano da cultura de massa, podemos observar como a perspectiva transfeminista e a ideia de cisgeneridade entrou em diversas casas do país a partir do debate midiático instaurado com a participação da cantora e atriz Linn da Quebrada no Big Brother Brasil 22. Diversos portais jornalísticos, programas de televisão e outras mídias dedicaram espaço para explicar por que Linn insiste em se identificar como uma travesti, explicando também sobre o que seria a cisgeneridade[32]. Um dos competidores do programa, inclusive,

---

32 Para um exemplo, cf. BBB 22: *Linn da Quebrada se afirma traves*ti – Afinal, qual a diferença entre trans e travesti? Disponível em https://glamour.globo.com/entre-

explicou para outro o que seria uma mulher cis[33], utilizando explicitamente o termo, para que o outro pudesse contar uma história e diferenciar mulheres cis e trans, sem utilizar de categorias como "mulheres biológica" ou "mulher normal".

## Experiências e epistemologias negras

> *O sonho de ser doutor. O primeiro doutor da família. O primeiro doutor negro. O primeiro da família na faculdade. O túnel engole. "Próxima estação... Paraíso". O sacrifício. [...] "Estude, estude, estude! Acorde estudando, almoce estudando, estude estudando, durma estudando" [....]* **Não nos decepcione**, *gritam as almas do Beco dos Aflitos, no bairro da Liberdade.*
>
> Medeiros, 2019, p. 76-78.

A epígrafe que abre este tópico pertence ao conto "Menino a caminho", do livro *Gosto de amora*, publicado por Mário Medeiros (2019), escritor e professor de Sociologia da Universidade Estadual de Campinas. Foi com a leitura de trechos selecionados deste trabalho, recitado pelo próprio autor, que iniciamos a aula aberta intitulada "Negra(o)s nas universidades: subjetividades e transformações recentes", no dia 20 de julho de 2020.

---

tenimento/celebridades/noticia/2022/01/bbb-22-linn-da-quebrada-se-afirma-travesti-afinal-qual-a-diferenca-entre-trans-e-travesti.ghtml – Acesso em 20/03/2022.

33 Sobre travestis, Eliezer indaga: "Errado falar 'aquele cara que é mulher?'" Disponível em https://www.uol.com.br/splash/noticias/2022/01/21/bbb-22-luciano-explica-mulher-cis.htm – Acesso em 20/03/2022.

Parte integrante do circuito de atividades promovidas pelo projeto de extensão Gênero & Desigualdades, esta aula *on-line*, exibida ao vivo pelas plataformas Youtube e Facebook, tinha como proposta promover um debate sobre as transformações recentes pelas quais têm passado as universidades brasileiras com a entrada expressiva de estudantes negra(o)s nos cursos de graduação e de pós-graduação. Com a ênfase nas mudanças ocorridas nas duas últimas décadas, para o nosso bate-papo convidamos duas pesquisadoras negras, cujos trabalhos realizados na área de antropologia social, na Universidade Estadual de Campinas, haviam sido defendidos em distintos momentos. Em 2006, Fabiana Mendes de Souza defendia a dissertação de mestrado intitulada "Anônimos e Invisíveis: os alunos negros da Unicamp" (SOUZA, 2006). Em 2020, Stephanie Lima defendia a tese de doutorado intitulada "'A gente não é só negro!': Interseccionalidade, experiência e afetos na ação política de negros universitários" (LIMA 2021).

Com um recorte temporal de catorze anos, tais pesquisas nos permitem tematizar as inúmeras mudanças político-econômicas no país, entre as quais cabe destacar a conquista de políticas de ação afirmativa racialmente orientadas para acesso ao ensino superior, e a Lei 12.711 de 2012, conhecida popularmente como a Lei de Cotas, que modificaram as experiências de estudantes negra(o)s em todo o território nacional. Problematizar estas transformações implica refletir a respeito das condições de entrada e de permanência dessa(e)s estudantes, mas, também, acerca de seus processos de produção de conhecimento.

Os trechos do conto recitado por Mário, que abrem nosso bate-papo, descrevem o trajeto de um jovem negro que, em uma manhã cinzenta de um dia qualquer, entre corpos cansados espremidos em um vagão de metrô, retraça suas memórias e recompõe seus sonhos, tendo como companhia Chet Baker em seus fones de ouvido, enquanto atravessa a cidade de São Paulo para ganhar a vida. Ao longo do percurso, persiste a lembrança do sacrifício dos pais para que ele tivesse oportunidades melhores, a prioridade dos estudos acima de qualquer coisa, a certeza de ser o primeiro, "o primeiro doutor, o nosso primeiro doutor negro, nosso primeiro sujeito importante que todos param para ouvir ao abrir a boca em público, ao lecionar na universidade". Em meio às conquistas reavivadas a cada visita ao túmulo da mãe, a saudade, o testemunho do pai, a solidão compartilhada, e o desejo de *forjar outros Um em Cem, em Mil, em Milhão* (MEDEIROS, 2019, p. 79).

Tomando a sério o ditado que diz que quem conta um conto aumenta um ponto, a fala de abertura de Mário Medeiros nos acerta em cheio, dando contornos para a amplitude de nossas inquietações, ao mesmo tempo em que abre as margens que nos permitem imaginar mundos possíveis. Para as famílias brasileiras de classes populares, a entrada de um(a) jovem negro(a) na universidade representa a primeira grande conquista que marca a passagem para a vida adulta e o início de uma longa jornada por uma vida melhor. Vivenciado, portanto, como um projeto familiar, com desmedido orgulho e carregado de expectativas, esse período é também caracterizado pelo enfrentamento cotidiano de experiências de discriminação racial bastante particulares que perpassam as nossas instituições públicas universitárias desde sua constituição.

Mário Medeiros nos conta que foi colega de pós-graduação de Fabiana Mendes durante o mestrado, e pôde acompanhar seus desafios para a realização da pesquisa, conduzida no início dos anos de 2000. Naquele momento, conforme relata a pesquisadora em nossa aula *on-line*, a ausência de dados quantitativos a respeito do perfil dos alunos em termos de raça/cor revelava não só uma falta importante que nos ajudaria a entender a composição discente daquela universidade, mas, acima de tudo, uma resistência à classificação racial. Resistência identificada não só nos dados oficiais da instituição, mas igualmente nos processos ainda tímidos de autoafirmação do(a)s estudantes negro(a)s.

Desse modo, conforme relata, a primeira barreira enfrentada pela pesquisa foi sentida no acesso aos dados quantitativos, tendo em vista que o número de alunos negros e alunas negras era perceptivelmente escasso. A pesquisa qualitativa, enfocando suas trajetórias, seria a alternativa mais viável à investigação, apresentando, contudo, um novo desafio: encontrar pessoas que se dispusessem a relatar suas experiências naquela instituição. As poucas que aceitavam conversar traziam ricos relatos de luta pelo acesso e permanência na universidade, quase sempre atravessados por dois aspectos conjugados: a excepcionalidade e a invisibilidade.

Embora parte desse(a)s estudantes pertencesse à classe média e contasse com o apoio financeiro da família, outra parcela necessitava de recursos econômicos próprios para se manterem, sendo a procura de trabalho na própria instituição, por meio de bolsas temporárias para atividades na biblioteca, por exemplo, alternativas frequentes para conciliarem tempo de estudo e sustento material. Independentemente de quais atividades fossem exercidas, o fato é que transitar pelas inúmeras dependências da universidade significava ser invariavelmente confundido(a) com funcionário(a), em vez de estudante. Estar na universidade na posição de estudante, logo, significava tensionar as estruturas sociais que não previam suas presenças. Não previam e não enxergavam. Fosse pela origem social, fosse por serem minoria no corpo discente, a excepcionalidade de suas presenças era acompanhada por um sentimento de profunda invisibilidade e solidão.

Fabiana Mendes nos conta, então, que se em um primeiro momento houve grande dificuldade para conseguir as entrevistas a respeito de suas presenças nesses espaços, um segundo momento foi marcado por um movimento de retorno de algumas pessoas já entrevistadas que, agora, traziam reflexões adensadas, suscitadas nesses encontros, e que as permitiam reavaliar e nomear experiências dolorosas de discriminação racial. Desse modo, podemos dizer que o contexto de desenvolvimento da pesquisa naquele momento propiciou a elaboração reflexiva de experiências de racialização e de racismo vivenciadas nos espaços materiais e simbólicos da universidade, assunto permeado de constrangimentos, os quais vinham acompanhados de pedidos de anonimato no trabalho publicado.

Enquanto a pesquisa de Fabiana Mendes havia se deparado com um contexto de luta pelo acesso à universidade, ainda sem a adoção de políticas de ação afirmativa na Unicamp, no qual o principal desafio era se manter na instituição em meio ao anonimato e à invisibilidade, a pesquisa de Stephanie Lima, realizada quase quinze anos depois, como mencionamos anteriormente, nos oferece um outro cenário. Localizando um contexto histórico bastante diferente, com a ampliação das políticas de ação afirmativa e das cotas raciais em todo o cenário nacional, ainda que permeadas de dificuldades e particularidades em suas formas de implementação, a pesquisadora se depara tanto com a diversidade de perfis de estudantes negros e negras quanto com uma mudança expressiva no modo como esta presença se faz notar no cotidiano da comunidade universitária.

Com ênfase em estratégias coletivas, o cenário nacional das universidades públicas vivenciado por Stephanie é resultante de quase 20 anos de ações e políticas derivadas da luta dos movimentos sociais pela democratização do acesso ao Ensino Superior. Ainda que as políticas estruturadas em torno deste objetivo se deem de maneira desigual nas diferentes regiões do país, é salutar a dinâmica de articulação de coletivos de estudantes negro(a)s por meio da organização de encontros nacionais, regionais e locais com enfoque nas múltiplas dimensões de desigualdades que alicerçam as estruturas universitárias em sua dimensão material, mas também em sua dimensão simbólica. Nesse bojo, a reflexão acerca das dimensões das desigualdades de gênero e de sexualidade tornam-se centrais à compreensão das formas de opressão vivenciadas pelo corpo estudantil. Tais estudantes seguem, então, fortemente inspirado(a)s nas estratégias de organização coletiva de grupos de estudos, pesquisa e na realização de encontros regionais e nacionais, que configuram a marca da militância dos movimentos negros nas universidades desde a década de 1980, cujos desdobramentos estruturam a criação da Associação Brasileira de Pesquisadores/as Negros/as (ABPN) e do Consórcio Nacional de Núcleos de Estudos Afro-Brasileiros (Conneabs). Para além dos desafios da incessante luta pela garantia da entrada e da permanência de estudantes no ensino superior público, o investimento da atuação política da(o)s estudantes negro(a)s passa agora a tensionar com maior pressão os processos de produção e de transmissão de conhecimento que enlaçam ensino, pesquisa e extensão como elementos centrais na constituição da universidade enquanto comunidade.

Em nível local, esse cenário é acompanhado por um conjunto de mudanças expressivas visibilizadas pelo aumento no número de estudantes autodeclarado(a)s negro(a)s que intensificam a percepção de sua atuação no cotidiano. Mudanças que alteram sobremaneira as dinâmicas da invisibilidade e do anonimato relatadas a Fabiana Mendes, em 2006. Um outro contexto se apresenta dando novos moldes à presença dessa(e)s estudantes, a qual se coloca, então, como incontornável para a universidade. É com esse contexto dinâmico que Stephanie se depara e se engaja quando, em 2016, inicia sua pesquisa de doutorado na Unicamp.

Uma das indagações centrais de sua reflexão, portanto, é compreender de que modos as experiências de entrada na universidade por meio das políticas de cotas raciais modificam os processos de autodefinição da(o)s estudantes e seus modos de se relacionarem com a comunidade. Uma das primeiras constatações de sua pesquisa foi a de que optar pela entrada na universidade através de cotas raciais configura em si um processo de autoafirmação determinante para sujeitos que, uma vez na universidade, para sustentarem seus corpos políticos, irão em busca de acolhimento e de coalizão. Desse modo, coletivos negros e grupos de estudos tornam-se expressões dinâmicas dessas iniciativas, as quais a(o)s posicionam em relação à comunidade universitária, ao mesmo tempo, enquanto estudantes e enquanto educadores/as.

Impossível deixar de reconhecer como esse contexto é favorecido pelas transformações tecnológicas recentes. Em decorrência da ampliação das formas de comunicação e do uso das mídias sociais, esses estudantes passam a usufruir de uma circulação muito mais volumosa da produção textual da(o)s intelectuais negra(o)s que, até então, circulavam mais frequentemente por meio de cópias físicas em xérox. Agora, essa produção integra acervos *on-line*, construídos de maneira coletiva e informal, com grande capacidade de armazenamento, repletos de trabalhos de distintas áreas disciplinares das ciências humanas, contendo até mesmo livros que já não podem ser encontrados em livrarias ou mesmo em bibliotecas.

Se a circulação mais ampla destes trabalhos decorre, em parte, do aumento no número de pessoas integrando grupos de estudos, notadamente nas áreas de ciências humanas, dedicados à leitura do(a)s intelectuais negro(a)s brasileiro(a)s, é devedora também do investimento de inúmeros/as pesquisadora(e)s na produção de teses e dissertações dedicadas ao pensamento negro brasileiro e aos seus esforços em duas frentes de trabalho: a produção de materiais biográficos e a organização de compilados de textos de intelectuais, cujas produções haviam sido invisibilizadas pela academia.

Esse é o caso de Lélia Gonzalez e de Beatriz Nascimento, intelectuais negras brasileiras cujas produções, que atravessam as décadas de 1970 e 1990, têm sido cuidadosamente recuperadas e publicadas em coletâneas recentes, organizadas por intelectuais e professora(e)s universitária(o)s e associações negras. Tendo em vista os esforços do Movimento Negro para, como bem pontua Nilma Lino Gomes "socializar os saberes construídos pela comunidade negra" (2017, p 121), entre estes trabalhos, cabe mencionar o projeto biográfico Coleção Retratos do Brasil Negro, coordenado por Vera Lúcia Benedito, bem como a União dos Coletivos Pan-Africanistas, atuante na publicação de coletâneas recentes de autora(e)s negra(o)s, entre as quais estão as autoras já acima referidas.

Em meio a esses esforços de produção editorial, que enunciam demandas tão específicas quanto amplas, sobretudo a tradução das obras de autora(e)s clássica(o)s das relações raciais e do pensamento feminista negro – entre a(o)s quais estão, por exemplo, W.E.B. du Bois, Frantz Fanon, Zora Neale Hurston, Angela Davis, entre outra(o)s – assistimos à ampliação desse trabalho de publicação pelo mercado mais amplo que, prevendo o aumento da demanda de um consumidor até então completamente ignorado pelas grandes editoras, passa também a apostar nesse filão.

As transformações acessadas pela pesquisa de Stephanie logo enunciam um contexto no qual os/as estudantes que entram na universidade encontram um ambiente mais propício à construção de vínculos e solidariedades políticas, os quais estimulam fortemente processos de autodefinição e autoafirmação. Assim, tais estudantes tornam-se, concomitantemente, agentes políticos e pedagógicos centrais para a produção de espaços de subjetivação no cotidiano universitário. Diante desses intensos processos de ressignificação e afirmação de identidades, duas categorias ganham ênfase na análise de Stephanie: experiência e epistemicídio.

Pensar a partir das pesquisas de Stephanie Lima e de Fabiana Mendes, realizadas em períodos diferentes dessa conjuntura de transformações políticas, portanto, permite-nos atentar para aspectos significativos desses contextos universitários, cujos desafios se apresentam na própria elaboração metodológica das pesquisas, no grau de acesso às interlocutoras e aos interlocutores, nos conjuntos de preocupações elencadas pelas pesquisas de campo e pelas entrevistas, e, também, nas escolhas teóricas para lidarem com os desafios trazidos por esses mapeamentos.

Nesse sentido, ainda que não seja nosso objetivo apresentar em detalhes os trabalhos aqui mencionados, as pesquisas de Stephanie Lima e de Fabiana Mendes, quando pensadas não enquanto modelos teóricos rígidos, mas como testemunhos das mudanças pelas quais têm passado as universidades, no caso, a Unicamp, nos permitem perceber, acima de tudo, um movimento de elaboração de fazeres políticos que vão pouco a pouco se ampliando, alterando as trajetórias e as experiências estudantis. Experiências essas que passam a incidir de maneira transformadora, tanto nas demandas teóricas relacionadas ao conteúdo programático dos cursos, tanto em sala de aula quanto em suas próprias elaborações epistêmicas ao longo da pós-graduação.

É sobre este movimento profundamente transformador, porque desestabilizador, de saberes em disputa e que se dão, desde a sala de aula, que refletiremos na última parte deste capítulo.

## Deixar-se afetar e as infinitas recomposições de um caleidoscópio

As experiências em sala de aula que deram origem aos encontros anteriormente mencionados ao longo deste capítulo foram tecidas em dois momentos: um primeiro no segundo semestre de 2019, ano da chegada dos primeiros estudantes ingressantes por cotas raciais e pelo Vestibular Indígena na Unicamp e terceiro ano da implementação de cotas em vários programas de pós-graduação na universidade; um segundo, no primeiro semestre de 2021, ao longo do período no qual houve passagem das aulas para o ensino remoto para obedecer ao afastamento social exigido pela pandemia de Covid-19, mas também ano seguinte àquele em que a Unicamp se juntara a outras 26 instituições de ensino superior públicas com programas ou iniciativas de reserva de vagas para pessoas trans, a partir da criação de vagas complementares para pessoas trans e travestis no Programa de Pós-Graduação em Antropologia Social.

Stephanie Lima havia chegado em 2016, sendo a primeira ingressante a optar pela modalidade de cotas na Linha de Estudos de Gênero do Programa de Pós-Graduação na Unicamp. Convidada a apresentar e a debater um artigo seu em uma das aulas da disciplina oferecida em 2019, contou que, ao chegar à Unicamp, além de um ambiente majoritariamente composto por corpos brancos – que contrastava com sua experiência anterior na Uerj, uma das primeiras universidades brasileiras a adotar cotas e a primeira a adotar ensino noturno –, encontrou uma expectativa de que "soubesse tudo" sobre raça e relações raciais. Semanas depois do início das aulas, a coordenação chamava uma reunião com a(o)s" estudantes cotistas".

Mas era isso mesmo que deveria acontecer? O que significava convidar para uma reunião a(o)s estudantes que, no processo seletivo, se declararam "optantes" por cotas? Pesquisas recentes na mesma universidade vão aos poucos mostrando os sentidos que as cotas e a categoria "cotista(s)" vêm ganhando no contexto universitário. Ainda recentemente a categoria tem operado em tom pejorativo e até acusatório em discursos que partem de uma dicotomia persistente entre "cotas" *versus* "mérito", e que ignoram sólidos e consistentes resultados de pesquisa em contrário (LIMA; CAMPOS, 2020). Concomitantemente, tem sido reapropriada por coletivos universitários negros, que fazem de "cotista" uma categoria para delimitar encontros e possibilidades de acolhimento e de aquilombamento (ROSA,

2022). Contudo, nos primeiros momentos, mesmo entre as pessoas que apoiaram e comemoraram a conquista das cotas, branca(o)s e negra(o)s, muitas vezes nos sentimos lançada(o)s em um lugar de imprevisto.

Esse era o lugar em que nos encontrávamos, Gleicy e Regina, quando, celebrando a maior presença de pessoas negras na universidade, propusemos uma disciplina sobre Gênero, raça, diferença e subjetivação[34]. Ao mesmo tempo em que havia apreensão pela capacidade de acolhimento dos mais diversos atores universitários, estávamos atentas às demandas por se ver e compreender suas experiências a partir das salas de aula[35]. Assim, reunimos as leituras que Gleicy havia tecido ao longo de seu doutorado e pós-doutorado e as que Regina passou a fazer depois de começar a receber estudantes ingressantes por cotas na pós-graduação, consultamos programas de colegas que haviam oferecido recentemente disciplinas sobre gênero e raça na Unicamp e em outras universidades, e a programação de leituras do Grupo de Estudos Feminismos Negros, e montamos o programa.

Ficamos ansiosas pela chegada da lista de inscrita(o)s. Uma turma grande para os padrões da pós, que se abriu também para estudantes de graduação que quisessem acompanhar o percurso, e

---

[34] Programa disponível em https://www.ifch.unicamp.br/ifch/pf-ifch/public-files/graduacao/ementas/56857/hz267a.pdf

[35] Àquela altura procurávamos aprender com os processos de subjetivação da(o)s estudantes de pós-graduação. Com Stephanie Lima, que responderá à interpelação produzida pelas situações narradas anteriormente somando forças para construir o Grupo de Estudos Feminismos Negros e para a organização de um seminário, Raça, gênero e diáspora, realizado entre 21 e 28 de junho de 2017 no IFCH da Unicamp. Em postagem na página na rede social Facebook, datada de julho de 2016, o grupo aparece como proposta de um grupo de estudantes: Stephanie Lima, Silvia Castro, Letícia Pavarina, Vanessa Sander e Nathanael Araújo, majoritária, mas não exclusivamente composto por negras(os). Ainda ao longo da graduação, Brume Iazzetti, que iniciava seus estudos sobre pessoas trans na universidade, passa a integrar o grupo.

composta por pessoas de várias unidades da universidade. Da engenharia de alimentos, passando pelas artes, ciências sociais, educação, ciências da saúde, geografia, letras, linguística, história, política científica e tecnológica. A lista de inscrita(o)s prometia uma turma grande e diversa.

No primeiro dia de aula nos deparamos, pela primeira vez naquele instituto, em que ambas havíamos feito nossos mestrados[36], com uma turma na qual mais de 50% da(o)s discentes eram negra(o)s. Éramos uma professora negra e uma professora branca, com um programa inteiramente atravessado por questões raciais e estávamos frente à turma mais racialmente diversa que já havíamos presenciado ali. Queríamos produzir um espaço de encontros e de diálogo, mas sabíamos que, inescapavelmente, seria também um espaço atravessado pelo conflito.

As disciplinas oferecidas na Linha Estudos de Gênero costumam ser referência para estudantes de toda a universidade, mas, apesar disso, nas primeiras semanas, uma pequena parte da turma, ao acessar o programa detalhado da disciplina, optou por não prosseguir. Esse conjunto de estudantes talvez esperasse um programa menos focado nas relações entre gênero e raça, em estudos pós-coloniais, decoloniais e no feminismo negro. O período de retificação de matrícula existe exatamente para permitir a adequação de necessidades e expectativas.

Nesse mesmo período também surgiram as primeiras tensões entre a(o)s estudantes, que permaneceriam até o final do percurso. Entre as estudantes negras, uma das mais participativas e que fazia falas contundentes, endereçara comentários críticos à apresentação de uma colega que talvez identificasse como branca. Na semana seguinte, um sinal de alerta soou entre as docentes: a estudante que

---

36 Regina havia cursado o mestrado entre 1997 e 2002, e Gleicy entre 2007 e 2010, ambas no Programa de Pós-Graduação em Antropologia Social da Unicamp.

fora criticada não estava na sala. Passamos, então, a dedicar boa parte do tempo a escutar e observar as interações e a trocar impressões entre nós. Nas aulas seguintes, parte da turma dava sinais de cansaço frente às falas reiteradas e contundentes da primeira estudante. Enquanto isso, tematizávamos nas aulas representações sobre personagens negras da história, estereótipos, essencialismo estratégico e espaço de enunciação.

Ao longo do tempo, fomos entendendo que, mais do que docentes, estávamos ali no lugar de facilitar uma possibilidade de diálogo, o que não significava atenuar ou escamotear conflitos, mas criar condições para que encontrassem caminhos de explicitação. A possibilidade de diálogo implicava, contudo, que fossem postos em palavras e acompanhados por um esforço de escuta, do outro, mas também de si mesma(o). Nesse processo, as viagens de ida e volta São Paulo-Barão Geraldo, feitas em caronas compartilhadas, a partir da mediação de aplicativos, e os almoços, se tornaram momentos de compartilhar impressões, refletir e planejar minuciosamente a dinâmica da aula.

Sentimo-nos vivendo uma experiência de encontro intimamente perpassada pelo conflito. Mas, também, por demandas surpreendentes, por quebras de estereótipos e por certa imprevisibilidade. Um encontro marcado por múltiplos atravessamentos sociais e subjetivos que escapavam e mesmo nos impediam de tentar ocupar posições de controle. Tratava-se de experimentar, escutar, suportar incômodos e de aprender no e com o processo de estar ali semana a semana propondo diálogos em torno de um conjunto de textos.

Uma África mítica era eventualmente evocada, até que uma das estudantes, nascida no Senegal, pediu a palavra e falou sobre como era difícil lidar com representações de brasileiros sobre seu continente de origem, que passavam por pensá-lo a partir de uma homogeneidade com um pressuposto valorativo inferiorizante e profundamente idealizado, sobre como era lidar com o estigma e a discriminação relacionada à cor, mas também à origem nacional, e como, mesmo entre a(o)s negra(o)s, havia uma África inventada, muito distante da diversidade interna de um continente, com diferentes processos de colonização, lutas por libertação, mudanças e permanências. Pudemos conversar sobre o lugar dessas reinvenções de um continente mítico, sobre seu lugar entre negra(o)s em diáspora, e sobre como isso ressoava no processo de estar em uma universidade brasileira, majoritariamente branca, para uma pós-graduanda negra e africana.

Na articulação que aos poucos se tecia entre experiência e teoria, interseccionalidade deixava de ser um conceito com uma data de aparecimento em um texto para se tornar um processo coletivo e multissituado de produção de conhecimento, tecido por muitas mãos em diversos países. bell hooks, Angela Davis e Patricia Hill Collins nos davam notícias de reflexões que também aconteciam entre Sueli Carneiro, Lélia Gonzalez, Luiza Bairros e Matilde Ribeiro. O modo como a categoria interseccionalidade aparece enunciada por Kimberlé Crenshaw (1991) vinha acompanhada por comentários que a contextualizavam como uma síntese de um longo processo reflexivo coletivo e inegavelmente orientada para a incidência política em âmbito internacional.

Matilde Ribeiro (2008) nos dava notícias de Durban[37] e da base em que se assentara o processo de construção de políticas públicas

---

37 Promovida pela ONU em 2001, a *Conferência Mundial das Nações Unidas contra o Racismo, a Discriminação Racial, a Xenofobia e a Intolerância* teve lugar em Durban, África do Sul, entre 31 de agosto e 8 de setembro daquele ano. Desta conferência saiu um dos mais importantes documentos de caráter global a respeito da temática do racismo e outras formas de discriminação entre os povos. A *Declaração de Durban* reitera legislações e propostas da própria ONU e outros organismos internacionais em relação à eliminação de todas as formas de racismo, e compromete os países participantes a atuarem localmente para promover a equidade racial, a

e mecanismos de gestão de políticas para mulheres, igualdade racial e direitos humanos no Brasil na década seguinte. Diferentes olhares sobre as marcas desses processos nos feminismos e, em especial, no feminismo negro, nos foram trazidos pelos textos de Sonia Alvarez (2014), de Flavia Rios e Regimeire Maciel (2018) e de Angela Figueiredo (2018). Assim como experiência e teoria tornaram-se indissociáveis, conflito social e política passaram a habitar os processos de elaboração sobre a trajetória da produção intelectual e dos conceitos. Perspectivas teóricas, assim contextualizadas, informavam o olhar para atrizes/atores e processos políticos.

Aos poucos, gênero ou raça não podiam mais ser lidos senão a partir de uma perspectiva interseccional bastante complexa, que articulava outras diferenças, e estereótipos foram sendo quebrados. Em uma aula que enfocava processos de ascensão social de negra(o)s no contexto brasileiro a partir de Virgínia Bicudo (2010) e Neusa Souza (2021[1983]), uma estudante trouxe para o debate a articulação complexa entre sua origem de classe – tratava-se de uma jovem nascida em uma família de classe média –, sua nacionalidade e estereótipos acionados em relação a ela no Brasil: por ser oriunda de um país africano, era vista frequentemente como alguém que teria migrado para escapar de uma situação de pobreza.

Ao final da mesma aula, uma das estudantes procurou Gleicy para dizer que estava arrependida por ter comentado os textos, mencionando o contraste das análises com sua experiência: havia nascido em uma família negra de classe média, com pais universitários. Anos antes, talvez a realidade universitária lhe permitisse encontrar, com mais facilidade, entre a(o)s pouca(o)s estudantes negra(o)s,

---

nacionalidade, a religiosidade, o acesso à saúde e a combaterem eficazmente os atos racistas e xenófobos. A Conferência de Durban teve, entre seus principais efeitos no Brasil, a aceleração dos processos de adoção de ações afirmativas e cotas racialmente orientadas no *Ensino Superior* público.

pessoas com uma trajetória semelhante. Mas, naquele contexto, sentiu-se, mais uma vez, sozinha e diferente. Gleicy lhe disse que o espaço que procurávamos produzir ali era justamente para que pudéssemos ser acolhidas na nossa diferença e não para que necessariamente nos sentíssemos pertencentes por nossas similaridades. Para as docentes, estas e outras situações evidenciavam múltiplas formas – sociológicas, mas também subjetivas – de experimentar o lugar racial e suas intersecções. Foi tomando forma uma aula que funcionou como um ponto de inflexão: traríamos para a cena a relação entre diferença, experiência e subjetividade, para depois entrar na reflexão sobre produção de conhecimento, com os saberes localizados (HARAWAY, 1995) e o lugar da estrangeira de dentro (COLLINS, 2016).

Iniciamos com o curta *O dia de Jerusa*[38], um vídeo muito sensível cujas cenas mais longas focalizam o encontro entre duas mulheres negras: uma jovem, que tenta aplicar uma pesquisa de mercado a domicílio enquanto espera, ansiosa, o resultado do vestibular em uma prestigiosa universidade pública, e uma senhora, que havia se preparado para comemorar sozinha seu aniversário. Frente a uma turma silenciada pela emoção, dois textos para debate vieram em socorro: *Vivendo de Amor*, um pequeno texto de bell hooks (2010), em tradução publicada pelo Geledés, e a narrativa em primeira pessoa de uma jovem estudante canadense que se propõe refletir sobre os lugares sociais que habita e as relações que estabelece com sua família de origem, pobre e interracial, e com a universidade pública na qual chegou com um projeto de ascensão social (LEE, 2012).

A estudante que expunha o texto de bell hooks formulou sua própria experiência como a de habitar um "duplo lugar", em referência a expectativas e valores familiares e ao que vivia na universidade.

---

38 Filme *O dia de Jerusa*. Direção de Viviane Ferreira. Brasil, 2014, 20min) [Disponível em https://www.youtube.com/watch?v=0RY3pkRcPiQ – Acesso em 05/04/2022].

A leitura de bell hooks – sobre o modo como a violência experimentada ao longo de gerações por mulheres e homens negra(o)s descendentes de escravizada(o)s produzia marcas na subjetividade – e as inquietações da jovem canadense M. Lee encontravam ressonância e produziam experiência, elaboração sobre o vivido, naquela jovem estudante negra. A mesma que sempre se valia de Beatriz Nascimento (2018) para significar a favela, onde viveu, e ainda vivem seus familiares, como quilombo. O estudante que facilitava o texto de M. Lee também remetia às relações familiares e ao seu próprio processo psicanalítico como elaboração sobre seu lugar nas relações de classe, raça, gênero e sexualidade.

A intensidade com a qual tais temas atravessavam processos subjetivos de toda a turma inundou a sala. O caleidoscópio girara mais uma vez e recomposições inesperadas ganhavam lugar. O "duplo lugar", o "dentro" e o "fora" da universidade que constituía aqueles sujeitos, suas histórias familiares e processos subjetivos se articulavam a vários pertencimentos e lugares sociais. Nosso passo seguinte era refletir sobre o fazer científico e sobre o(s) lugar(es) a partir do(s) qual(is) produzimos conhecimento.

Se já podíamos colocar em palavras os incômodos e éramos capazes de procurar ouvir, agora era possível praticar a escuta de uma outra maneira. Tratava-se, a partir daquele momento, de sujeitos com histórias familiares, infâncias, afetos, dores e sonhos. Foram estes os sujeitos que se encontraram com a reflexão sobre epistemologia. A partir dali, experiência, subjetividade e afetos compareciam às aulas de modo articulado e indissociado em relação à teoria. A cada aula emergiam filha(o)s de policiais, famílias interraciais, pais e mães de cores diferentes, conflitos familiares. Cenas vividas na família, na escola, no trabalho ou na vizinhança povoavam a sala de aula e atravessavam e corporificavam a teoria.

Em mais uma passagem pela disciplina, bell hooks (2014) nos conduziu para as cozinhas de casa, para os processos coletivos de cuidado dos cabelos, para as tensões envolvendo a aparência e o aparecimento. Naquela tarde, os alisamentos, o deixar crespo, as dores e processos de afirmação se mesclaram com relatos sobre o parecer-se com o pai ou com a mãe negro(a) ou mais escuro(a). Por um momento, além das múltiplas formas de habitar o lugar racial socialmente marcado, observávamos um outro deslocamento experiencial, afetivo e reflexivo: a dicotomia entre brancos e negros entrava parcialmente em suspensão, dando lugar a vários lugares afetivos, corporais e subjetivos na relação com a raça e com o racismo e à explicitação de que vária(o)s da(o)s estudantes que habitavam corpos lidos como branca(o)s vinham de famílias interraciais.

A essa altura, a estudante que criticou a fala da colega na primeira aula e a colega que fora criticada e faltou na aula seguinte já se sentavam lado a lado e se tornaram amigas próximas. A origem familiar interracial da segunda fora trazida em aula e atravessaria seu trabalho final. A rígida distinção "nós"/"eles" da primeira havia se matizado. E, em nenhum momento, tratava-se de ignorar estruturas racistas, sexistas, classistas e cis-heteronormativas. Tratava-se de – uma vez que estávamos "dentro" e junta(o)s – elaborar subjetiva e teoricamente sobre como cada uma(um) poderia habitar esse "dentro" e as potencialidades e limites que daí derivassem. Aos poucos um processo de busca ancestral e de significação desses lugares sociais foi emergindo. Lamentamos não ter conseguido fazer caber no programa textos sobre branquitude, mas mencionamos referências, e falamos sobre porque teria sido importante. O limite imposto pela carga horária não nos impediu, porém, de abrir uma pasta de indicação de leituras, em que toda(o)s que desejassem podiam compartilhar referências que nos ocorressem.

Ao final, tínhamos, docentes e discentes, a certeza de ter experimentado em conjunto um encontro do qual saíamos modificada(o)s. Como disse um estudante de graduação, além do conhecimento produzido a partir dos textos, havíamos toda(o)s aprendido coisas para a vida. O conflito e a imprevisibilidade não desapareceram, mas talvez tenha sido possível, com muito esforço coletivo, compreender que raça nos atravessa a toda(o)s e nos constitui corporal e afetivamente, sem perder de vista os múltiplos atravessamentos que constituem lugares sociais de poder e de privilégio. Tiramos muitas fotos em grupo, a turma propôs uma despedida antecipada com muitas guloseimas, que comemos junta(o)s em sala no intervalo e enquanto seguíamos nos textos, para que a proximidade das férias de final de ano não impedisse de estarmos toda(o)s junta(o)s para celebrar o encontro.

Um ano e meio depois, em meio à pandemia, repetimos parcialmente a disciplina, inserindo conteúdos sobre sexualidade, trazendo gênero e raça como eixos transversais na composição de cada aula e bloco temático, e trazendo uma aula sobre branquitude. Agregou-se ao grupo de docentes Carla Gomes, então também pós-doutoranda no Pagu. Com o advento do ensino remoto, tivemos uma turma ainda maior e ainda mais internamente diversa: não aceitamos alunos especiais, o que tornaria o processo de avaliação inviável, mas aceitamos ouvintes e tivemos uma turma com estudantes de várias outras universidades brasileiras.

Durante a pandemia, os coletivos universitários negros haviam se multiplicado em diferentes cursos na Unicamp. Do Núcleo de Consciência Negra e Frente Pró-Cotas, que provocaram o processo que levou à adoção das cotas raciais no vestibular e à criação do Vestibular Indígena na Unicamp, somavam-se cerca de uma dezena de coletivos. Estudantes de universidades federais que se somaram à turma como ouvintes traziam experiências atravessadas pela adoção anterior de cotas em suas universidades e isso se refletia em termos de postura nos debates, mas também de reflexão e conhecimentos. Muitos textos propostos não eram novos para parte da(o)s discentes. Mas não se tratava apenas de conhecer textos.

Ao longo da disciplina emergiu o reconhecimento de um outro modo de produzir conhecimento e escrita, aquele que traz de forma indissociável afeto, experiência e saber científico. Um modo de produzir conhecimento que dialoga com uma experiência geracional que atravessava boa parte da turma. Ao lermos e debatermos os textos de Flavia Rios e Regimeire Maciel (2018), de Angela Figueiredo (2018) e de Regina Facchini, Íris Nery do Carmo e Stephanie Lima (2020), em diálogo com as autoras, foi se construindo um processo de elaboração sobre o próprio lugar em relação aos ativismos e à produção de conhecimento.

Nesse processo reflexivo, reconheciam-se como parte da terceira geração do feminismo negro no Brasil (RIOS; MACIEL, 2018) ou como afetada(o)s por esse momento do movimento. Enxergavam a si mesma(o)s no interior de uma relação na qual movimentos atuam como coprodutores de conhecimento, e entendiam que a ampliação do acesso à universidade se dava de modo concomitante à emergência dessa terceira geração, sendo indissociável dela. Emergia pelas vozes da(o)s estudantes a ideia de que as disputas epistêmicas e demandas por transformações epistemológicas eram características desse momento.

No âmbito de tais disputas, ver a si mesma(o)s e suas experiências presentes nos programas e na bibliografia das disciplinas aparecia de modo central. A presença de estudantes trans trouxe, inclusive, a demanda pela inclusão de literatura produzida por pessoas trans, reivindicação essa que não se tratava apenas de procurar conhecer o que pessoas como ela(e)s vêm produzindo em toda a sua diversidade. No processo de avaliação da disciplina, surgiu a demanda por tomar como eixo os polos que por muito tempo emergiram como não marcados nas relações sociais de poder. É preciso conhecer mais sobre branquitude, masculinidade, heterossexualidade e cisgeneridade.

## "Já não somos mais invisíveis e também não somos só negros"

Reunir as vozes, os corpos, as experiências e os saberes de Beatriz, Brume, Mário, Fabiana, Stephanie, Nilma, Luciana, Regimeire, Tayná e tantas outras pessoas em atividades de divulgação científica desenvolvidas ao longo do afastamento social provocado pela pandemia de Covid-19 não foi algo aleatório. Integrou uma série de projetos e parcerias que foram tecidas a partir de uma experiência renovada de universidade e de sala de aula impulsionada por políticas de ampliação do acesso.

As lutas de décadas finalmente nos permitiram viver mais concretamente a possibilidade de uma universidade mais plural, na qual a presença de corpos negros no ambiente acadêmico enfim ultrapassara a condição de excepcionalidade. Estudantes trans, indígenas, refugiada(o)s e provedora(e)s de suas famílias de origem ou de aliança, embora ainda em percentuais menores do que estão presentes na população, têm provocado reflexões, debates e ações que fazem da universidade um lugar mais atento às diferenças, às desigualdades e as transformações que se operam no processo cotidiano de produção de conhecimento científico.

Com a luta pelo acesso de negra(o)s e suas conquistas, o Movimento Negro educa e afeta outros sujeitos políticos, como no caso aqui mencionado das pessoas trans. Mas também pode afetar pessoas cisgêneras ou brancas que atuam na universidade. Ao longo deste texto, acompanhamos, em ordem temporal inversa, o modo como experiências em sala de aula impulsionam reflexões e outras ações. Alguns pontos, porém, atravessam as diversas cenas e nos permitem refletir sobre os aspectos implicados nesse processo.

Ao recuperarmos nossas experiências de atuação em sala de aula, consideramos que um dos principais desafios, particularmente na construção da disciplina ofertada em 2019 às(aos) estudantes de graduação e de pós-graduação, estava no esforço de elaboração teórica de conceitos que historicamente têm transitado entre movimentos sociais e universidade, e cujos usos nos pareciam centrais para refletirmos acerca das relações sociais de poder e desigualdades que atravessam os processos de constituição dos sujeitos em suas diferenças.

Não é por acaso que, em 2019, a maioria da(o)s estudantes optasse pela elaboração de reflexões que entrecruzassem articulações teórico--metodológicas de autora(e)s debatida(o)s em sala de aula com a elaboração de reflexões amparadas em suas experiências subjetivas. Mais do que um exercício meramente autocentrado, tais práticas nos permitiram compreender como a elaboração teórica da experiência configura um passo fundamental, diríamos inevitável, ao pensamento crítico.

E é justamente essa elaboração teórica da experiência, feita por e a partir dos movimentos sociais, que tem disparado um processo de disputas epistêmicas, conforme descrevemos brevemente acima. A elaboração da experiência da(o)s jovens trans permitiu perceber que a ciência sobre a transexualidade, seus corpos e gêneros era precária em diversos sentidos, bem como abriu novos caminhos interpretativos ao propor a nomeação do outro antes não nomeado: a cisgeneridade. De forma similar, a(o)s estudantes negros e negras incidiram no processo de produção e transmissão do conhecimento, demandando a inclusão de autora(e)s negra(o)s nas disciplinas, criaram grupos de estudos autônomos, compilaram textos de difícil acesso e os fizeram circular novamente. Dessa maneira, como apontara Nilma Lino Gomes (2017), percebemos uma construção de sujeitos que são simultaneamente políticos e pedagógicos.

Contudo, o processo de elaboração da experiência em diálogo com colegas, docentes e com a literatura em sala de aula nos traz outros aspectos que merecem destaque. Um deles passa pela concepção de que relações de poder, processos políticos e produção de conhecimento são indissociáveis. Não se trata tão somente de demarcar o caráter insustentável de uma suposta neutralidade da ciência, mas de compreender que os múltiplos lugares sociais habitados, elaborados como experiência, informam o fazer científico. Com isso, há o reconhecimento de que afeto e subjetividade não podem ser apartados da produção científica.

A referência à subjetividade, porém, não deve ser tomada em um sentido invidualizante ou despolitizante. Há, aí, uma íntima relação entre subjetividade, posicionalidades sociais e relações de poder, que emerge como indissociável do lugar a partir do qual é possível produzir conhecimento. Como indicara bell hooks:

> Estar na margem é fazer parte de um todo, mas fora do corpo principal. [...] E por viver como vivíamos – nas extremidades – desenvolvemos um modo particular de enxergar as coisas. Olhávamos tanto de fora para dentro quanto de dentro para fora. Focávamos nossa atenção no centro assim como na margem. [...] Esse senso de inteireza, gravado em nossas consciências pela estrutura de nossas vidas cotidianas, haveria de nos prover de uma visão de mundo contestadora [...], ajudando-nos em nossa luta para superar a pobreza e o desespero, fortalecendo nossa percepção de nós mesmas e nossa solidariedade (hooks, 2019 [1984], p. 23).

Os processos vividos em sala de aula e nos debates realizados, nos mostraram também que as identidades não podem ser tomadas como descritivas de posições de sujeitos específicas, reivindicadas e postas a moldar a produção de conhecimento. Ao trazer a noção de interseccionalidade para a dimensão da experiência, vimos emergir uma miríade de deslocamentos posicionais, que, por fim, permitem pensar em como solidariedades diversas podem se fortalecer.

No fim das contas, as identidades "têm a ver não tanto com as questões 'quem nós somos' ou 'de onde nós viemos', mas muito mais com as questões 'quem nós podemos nos tornar', 'como nós temos sido representados' e 'como essa representação afeta a forma como nós podemos representar a nós próprios'" (HALL, 2000, p. 109).

Ao apostarmos na diferença, tendo em vista a complexidade dos vínculos, pertencimentos e identidades, priorizamos uma questão pungente sobre o que nos une e qual é a importância de pensarmos novos pactos de sociedade. É aqui que nos encontramos com o que Nilma Lino Gomes (2017, p. 121) enunciava como tarefas a cumprir: "o que nos falta para que o Movimento Negro e outros movimentos sociais aprofundem a comunicação e a cumplicidade? O que nos falta para que construamos as fronteiras que nos separam baseados nas sábias estratégias de fazê-las com muitas entradas e saídas?"

Ao passo em que as ações afirmativas para o acesso ao ensino superior desnaturalizam as cercas e aos poucos reescrevem a universidade como um lugar possível e desejável para negra(o)s, trans, indígenas, jovens de baixa renda e trabalhadora(e)s e tantos outros sujeitos e seus saberes, experimentamos mudanças.

Talvez os saberes construídos hoje pelas "subjetividades desestabilizadoras" (GOMES, 2017) já sejam capazes de nos trazer alento nestes tempos em que "identitarismo" se tornou categoria de acusação e de deslegitimação dos movimentos sociais progressistas e de tais subjetividades. Em suas considerações finais ao debate relatado, Mário Medeiros afirmava: "já não somos mais invisíveis e, também, não somos só negros". As fronteiras têm se dotado de múltiplas entradas e saídas, e a experiência da comunicação e da cumplicidade tem contribuído para a produção de saberes desestabilizadores de estruturas articuladas de poder e da colonialidade do poder, do ser e do saber.

# Referências

ALVAREZ, S. Para além da sociedade civil – Reflexões sobre o campo feminista. **Cadernos Pagu**, n. 43, p. 13-56, 2014.

ANDRADE, L.N. **Travestis na escola: assujeitamento ou resistência à ordem normativa**. Fortaleza: Faculdade de Educação/Universidade Federal do Ceará, 2012, 278 f. [Tese de doutorado] [Disponível em http://www.repositorio.ufc.br/handle/riufc/7600 – Acesso em 07/01/2017].

BARBOSA, B.C. **Imaginando Trans: saberes e ativismos em torno das regulações das transformações corporais do sexo**. São Paulo: Faculdade de Filosofia, Letras e Ciências Humanas/USP, 2015 [Tese de doutorado].

BENTO, B. Na escola se aprende que a diferença faz a diferença. **Revista Estudos Feministas**, v. 19, p. 549-559, ago./2011.

BICUDO, V.L. **Atitudes raciais de pretos e mulatos em São Paulo**. Org. de Marcos Chor. São Paulo: Sociologia e Política, 2010.

BRAH, A. Diferença, diversidade, diferenciação. **Cadernos Pagu**, n. 26, p. 329-376, 2006.

CARVALHO, M.; CARRARA, S. Ciberativismo trans: considerações sobre uma nova geração militante. **Contemporanea – Revista de Comunicação e Cultura**, v. 13, n. 2, p. 382-400, 22/09/2015.

COACCI, T. **Conhecimento precário e conhecimento contrapúblico: a coprodução dos conhecimentos e dos movimentos sociais de pessoas trans no Brasil**. Belo Horizonte: Faculdade de Filosofia e Ciências Humanas/UFMGerais, 2018, 274 f. [Tese de doutorado].

COLLINS, P.H. Aprendendo com a Outsider Whitin: a significação sociológica do pensamento feminista negro. **Sociedade e Estado**, v. 31, n. 1, p. 99-126, jan.-abr./2016.

CRENSHAW, K. Mapping the Margins: Intersectionality, Identity Politics, and Violence against Women of Color. **Stanford Law Review**, v. 43, n. 6, p. 1.241-1.299, jul./1991.

FACCHINI, R.; CARMO, I.N.; LIMA, S.P. Movimentos feminista, negro e LGBTI no Brasil: sujeitos, teias e enquadramentos. **Educação & Sociedade**, v. 41, 2020. e230408

FIGUEIREDO, A. Perspectivas e contribuições das organizações de mulheres negras e feministas negras contra o racismo e o sexismo na sociedade brasileira. **Revista Direito e Práxis**, v. 9, n. 2, p. 1.080-1.099, 2018.

FREITAS, A. **Ensaio de construção do pensamento transfeminista**. [s.l.]: Centro de Mídia Independente, [s.d.] [Disponível em https://midiaindependente.org/pt/red/2005/12/340210.shtml – Acesso em 20/04/2018].

GOMES, N.L. **O Movimento Negro Educador: saberes construídos nas lutas por emancipação**. Petrópolis: Vozes, 2017.

HALL, S. Quem precisa de identidade? In: SILVA, T.T. (org.). **Identidade e diferença – A perspectiva dos estudos culturais**. Petrópolis: Vozes, 2000.

HARAWAY, D. Saberes localizados: a questão da ciência para o feminismo e o privilégio da perspectiva parcial. **Cadernos Pagu**, n. 5, p. 7-41, 1995.

hooks, bell. **Vivendo de amor**. Trad. de Maísa Mendonça. Portal Geledés, 2010 [Disponível em https://www.geledes.org.br/vivendo-de-amor/ – Acesso em 04/05/2022].

hooks, bell. **Alisando o nosso cabelo**. Trad. de Lia Maria dos Santos. Portal Geledés, 2014 [Disponível em https://www.geledes.org.br/vivendo-de-amor/ – Acesso em 04/05/2022].

hooks, bell. Prefácio à primeira edição. **Teoria feminista: da margem ao centro**. São Paulo: Perspectiva, 2019 [1984], p. 23-24.

INADA, A.K. **Quando a Unicamp falou sobre cotas: trajetória de militância do núcleo de consciência negra e da frente pró-cotas da Unicamp**. Campinas: Faculdade de Educação/Unicamp, 2021 [Dissertação de mestrado, 2018].

IAZZETTI, B.D. **Existe "universidade" em pajubá? – Transições e interseccionalidades no acesso e permanência de pessoas trans**. Instituto de Filosofia e Ciências Humanas/Unicamp, 2021 [Dissertação de mestrado].

KAAS, H. **Entrevista cedida a Thiago Coacci**. São Paulo, 18/11/2016

LEE, M. "Talvez eu não esteja em ascensão social, talvez esteja questionando as hierarquias de classe" – Jovens pobres na universidade e a sobrevivência sob a hierarquia. **e-cadernos ces**, n. 18, 2012 [*On-line*].

LEITE JR., J. **Nossos corpos também mudam – A invenção das categorias "travesti" e "transexual" no discurso científico**. São Paulo: Annablume, 2011.

LIMA, M.; CAMPOS, L.A. Apresentação – Inclusão racial no Ensino Superior: impactos, consequências e desafios. **Novos estudos Cebrap**, v. 39, n. 2, p. 245-254, 2020 [*On-line*].

LIMA, S. **"A gente não é só negro!" – Interseccionalidade, experiência e afetos na ação política de negros universitários**. Campinas: Instituto de Filosofia e Ciências Humanas/Unicamp, 2020 [Tese de doutorado em Antropologia Social].

MEDEIROS, M.A. Rumos e desafios das políticas de ações afirmativas no Instituto de Filosofia e Ciências Humanas da Universidade Estadual de Campinas. In: ARTES, A.; UNBEHAUM; S.; SILVÉRIO,

V. (orgs.). **Ações afirmativas no Brasil: reflexões e desafios para a pós-graduação**. São Paulo: Cortez, 2016, p. 157-182.

MEDEIROS, M.A. **Gosto de amora: contos**. Rio de Janeiro: Malê, 2019.

MESQUITA, T.V.L. **É preciso mudar os lugares da mesa – Um estudo das carreiras militantes de acadêmicos negros na Universidade Estadual de Campinas**. Campinas: Faculdade de Educação/Unicamp, 2021 [Dissertação de mestrado].

NASCIMENTO, M.B. Por um território (novo) existencial e físico. **Beatriz Nascimento, quilombola e intelectual: possibilidades nos dias de destruição – Diáspora Africana**. São Paulo: Filhos da África, 2018, p. 413-430.

NUH. **Relatório descritivo – Direitos e Violência na Experiência de Travestis e Transexuais da Cidade de Belo Horizonte: construção de um perfil social em diálogo com a população**. Belo Horizonte: Universidade Federal de Minas Gerais/Núcleo de Cidadania e Direitos Humanos LGBT (NUH), 2016 [Disponível em http://www.nuhufmg.com.br/gde_ufmg/index.php/projeto-trans – Acesso em 20/03/2022].

RIBEIRO, M. Mulheres negras: uma trajetória de criatividade, determinação e organização. **Revista Estudos Feministas**, 16 (3), p. 987-1.004, 2008.

RIOS, F..; MACIEL, R. Feminismo negro brasileiro em três tempos: mulheres negras, negras jovens feministas e feministas interseccionais. **Labrys: estudos feministas**, 2018.

ROSA, W.P. **"Aquilombar é o que dá força" – Redes de afeto, de fazer político e de produção de conhecimento em um coletivo negro de universitários de Medicina**. Campinas: Instituto de Filosofia e Ciências Humanas/Unicamp, 2022 [Dissertação de mestrado].

SOUZA, F.M. **Anônimos e invisíveis: os alunos negros na Unicamp**. Campinas: Instituto de Filosofia e Ciências Humanas/Unicamp, 2006 [Dissertação de mestrado em Antropologia Social].

SOUZA, N.S. **Tornar-se negro ou As vicissitudes da identidade do negro brasileiro em ascensão social**. Rio de Janeiro: Zahar, 2021 [1983].

# Negritando esperanças nas encruzilhadas dos saberes

*Pelo reconhecimento de uma epistemologia negra no espaço acadêmico*

Luciana de Oliveira Dias

*All these words from the seller, but not one word from the sold*
Zora Neale Hurston, 1931.

## Introdução

O pressuposto para abrir uma discussão acerca dos plurissaberes e a eficácia do racismo em sociedades de base discriminatória é o reconhecimento de que se vivencia hoje no Brasil, e no mundo, um drama que decorre de profundas e duradouras crises sanitárias, ambientais, econômicas e políticas. Ailton Krenak (2020, p. 10) avança nas reflexões sobre essas crises contemporâneas, anunciando que a humanidade experimenta hoje uma "abstração civilizatória que suprime a diversidade, nega a pluralidade das formas de Vida, de existência e de hábitos". Essa crise civilizatória precisa ser superada em todas as dimensões da vida, sob pena de não conseguirmos mais "adiar o fim do mundo" (KRENAK, 2019).

Desta constatação, pode ser depreendida a compreensão de que essas crises tornam ainda mais agudos, tanto no âmbito individual quanto no institucional, problemas que estruturam as relações sociais. Dentre esses problemas, destacam-se os preconceitos, discriminações, necropolíticas, etnocídios, epistemicídios e ontoepistemicídios (DIAS, 2021). Esses problemas, quando estudados de forma associada à dimensão racial, e aos desdobramentos do racismo, descortinam a problemática das relações raciais como central nos processos de produção de conhecimentos científicos e acadêmicos, indicando a necessidade de saberes e fazeres epistemológicos comprometidos com o antirracismo e efetivamente afetados pelos dilemas da humanidade.

O desafio de produzir e fazer circular conhecimentos em contextos de crise civilizatória é agigantado quando o sujeito que se empenha em construir, movimentar e articular saberes é integrante de segmentos da sociedade, sobre os quais têm historicamente recaído a desconfiança, o descrédito, a baixa expectativa, a objetificação e a desumanização. Assim sendo, para que representantes de segmentos discriminados da sociedade brasileira, tais quais negros e indígenas, dentre outros, desenvolvam conhecimentos em variados campos, devem enfrentar um complexo conjunto de tensões que suprimem a diferença e instauram, naturalizando-a, a desigualdade, além de manterem inalteradas formas instituídas, e tornadas hegemônicas, que Lélia Gonzalez (2018) chama de "branco-ocidentais", de produção de conhecimentos.

De enfrentamento a desafios com este caráter, esses sujeitos aos quais eu me refiro têm acumulado uma histórica e ancestral experiência. No Brasil, onde a autopercepção nacional passa pela consideração das identidades raciais (PINHO; SANSONE, 2008, p. 10), a população negra (preta e parda), que representa hoje 54% da população nacional, tem historicamente resistido a genocídios, escravidão, exclusão, invisibilidade, silenciamentos, condenações geracionais e extermínio em todas as fases da vida. Esse racismo estrutural atravessa de maneira eficaz absolutamente todas as instituições, colocando uma venda nos olhos, uma barreira muitas vezes intransponível, e, paradoxalmente, instaurando uma racionalidade inconsciente, uma neurose coletiva, que torna as pessoas que dão vida a estas instituições em eficazes reprodutoras desse racismo estrutural.

Feitas estas considerações iniciais, apresento uma breve reflexão sobre os desafios para o reconhecimento de uma epistemologia negra no Brasil. Realço que minha escolha por pensar sobre esses desafios se justifica também pelo fato de que corpos como o meu, sou uma mulhernegra[39], ainda hoje são alocados no terreno da novidade. Desde sempre, na dimensão de toda minha existência, tenho sido vista como a "novidade". Em tom de desabafo, e confiando na interlocução solidária com você, que lê agora este texto, reafirmo que esta percepção que se têm acerca de sujeitos como eu é cruel e estruturalmente equivocada, já que corpos negros têm ocupado todos os espaços, inclusive espaços de poder, ainda que em posição subalternizada. Portanto, a percepção dessas presenças socialmente invisibilizadas enquanto novidade pode, e deve, ser denunciada, ainda que rapidamente. Esse equívoco se alinha com a reprodução de práticas discriminatórias.

Neste capítulo, três seções, não necessariamente cronológicas ou indicadoras de uma progressão linear, buscam revelar presenças negras pretéritas e atuais, que ajudam a delinear os contornos de uma epistemologia negra, percebidos desde minha posicionalidade,

---

[39] Betty Ruth Lozano Lerma (2019) estuda a impossibilidade de compartimentação da experiência de vida quando se é uma mulher e negra. A estudiosa do feminismo negro decolonial expande sua compreensão para a grafia, não fazendo a separação entre os termos mulher e negra. Por compartilhar com a compreensão desta mulhernegra, adoto aqui a mesma grafia.

sou uma antropóloga negra (DIAS, 2021). O lócus de produção de conhecimento acadêmico-científico tem experimentado um frutífero processo de pluralização de si, o que descortina um extenso horizonte de possibilidades teórico-metodológicas e a proposta ora apresentada indica a compreensão de que a tematização de uma epistemologia negra pode tornar esse campo ainda mais vasto, polissêmico e polifônico. Convém deixar fortemente marcado que as aproximações teórico-reflexivas que faço dialogam mais fluidamente com a Antropologia por ser esta a área de produção do conhecimento por onde tenho transitado há décadas.

As três seções, nomeadas de encruzilhadas, às quais me refiro, dizem respeito a agências e autorias negras e também a um engajamento antirracista, que poderiam ter deixado os saberes acadêmico-científicos menos mutilados, e mais negritados, se houvesse interlocução horizontalizada, respeitosa e não silenciadora de vozes negras que ecoam desde o campo. Importante asseverar, desde meu lugar de enunciação, que o fato de presenças, vozes e escritas negras não serem notadas ou consideradas não significa que não existam, tampouco que não resistam, ou que não acessem existências hegemônicas, ou que não atuem estrategicamente para uma promoção de reparação de violências. O que se propõe neste manuscrito é que seja considerado e reconhecido pelo campo um saber/fazer negro, que tem o potencial desestabilizador de uma parcialidade no campo que, se revolvido, pode fazer brotar plurissaberes e diversidades.

Em tempo, negrito que há uma inconteste porção política quando coloco em pauta o reconhecimento de uma epistemologia negra, da mesma forma, há uma inquestionável porção política quando se nega a existência de uma epistemologia negra nos processos de produção de conhecimentos acadêmico-científicos. É fundamental que todo um conjunto de saberes seja apreendido em sua dimensão epistemológica e também em suas dimensões política, identitária e estética-corpórea. Nilma Lino Gomes (2017) nos lembra que a consideração dessas múltiplas dimensões, que abrigam um valor epistemológico intrínseco, é o que permite uma mobilização de conhecimentos com potencial para descortinar horizontes emancipatórios.

Neste século XXI pode ser detectada uma universidade, lugar por excelência de produção de conhecimentos, interpelada por atores sociais que passam a ocupar esse campo, sobremaneira a partir dos anos de 2000 com as ações afirmativas e o ingresso de segmentos historicamente discriminados e excluídos das universidades. Destaque-se que esses atores sociais são sujeitos coletivos e políticos, assim como o é o Movimento Negro, que demandam por reparação às injustiças perpetradas por um Estado estruturado sobre práticas discriminatórias e também que demandam por reconhecimento das pluriepistemologias. Toda uma movimentação se faz presente em pontos, também entendidos como encruzilhadas, ocupados por múltiplos atores sociais que "produzem discursos, reordenam enunciados, nomeiam aspirações difusas ou as articula" (GOMES, 2017, p. 47) fazendo emergir outros processos de significação.

Acerca das encruzilhadas, conforme são abordadas neste manuscrito, importa enfatizar que corroboro a compreensão de Paulo Petronilio (2020) que pensa filosoficamente a encruzilhada como "território de Exu", como vibrante ponto de encontro no qual comunicações são realizadas. Enfim, as encruzilhadas são como lócus que possibilitam tensionar, transgredir e instituir pluralidades, polifonias e polissemias. Ao me ater ao propósito de demonstrar a urgente necessidade de reconhecimento de uma epistemologia negra no espaço acadêmico, entendo que nas encruzilhadas podem ser visualizados agenciamentos capazes de desestruturar consolidadas matrizes branco-ocidentais nos campos de produção de conhecimentos acadêmico-científicos. Finalmente, convém destacar que Exu é o orixá que é também o mensageiro, é um princípio dinâmico, "a boca e a pedra filosofal do candomblé" (PETRONILIO, 2020), que movimenta as encruzilhadas, envolvendo múltiplos saberes, imaginários, corporeidades e subjetivações.

## Nas encruzilhadas, um atrevimento transatlântico antirracista

A intelectual e ativista negra, Lélia Gonzalez (1979, p. 21), ao estudar o racismo enquanto um discurso de exclusão e objetificação do sujeito, entende que o racismo epistêmico invalida qualquer perspectiva de conhecimento que não seja ocidental e branca. O racismo epistêmico, que dispara processos de epistemicídios como tecnologia de poder, pode ser compreendido como parte do "dispositivo de racialidade" conforme pensado por Sueli Carneiro em sua tese de doutorado, que fora defendida em 2005, na Universidade de São Paulo (USP). Dispositivo de racialidade é "uma ferramenta teórica para a apreensão das relações de força implicadas no domínio da racialidade no Brasil" (CARNEIRO, 2005, p. 30), sendo que opera sobre sujeitos negros e apresenta características disciplinares realizadoras de estratégias de rebaixamento intelectual e até mesmo de anulação de sujeitos como produtores de conhecimentos, sendo que essas características disciplinares podem ser lidas como epistemicídios.

Conforme realçado pela antropóloga negra Luciana de Oliveira Dias (2020, p. 8), "O epistemicídio opera pela destruição de determinados saberes, todavia, ao eliminar os saberes desestrutura de maneira destrutiva os sujeitos desses mesmos saberes, revelando a face cruel do ontoepistemicídio". Ainda assim, há sobrevivências nesse cenário de epistemicídios e ontoepistemicídios. Essa sobrevivência audaciosa pode ser depreendida dos saberes e fazeres de mulheresnegras como Lélia Gonzalez, por exemplo, que articula atuação política e antirracista e engajamento na produção de conhecimentos, aproximando teoria e prática, buscando entendimento de si, como sujeito coletivamente forjado, e, honestamente, o enuncia. Esse enunciado se dá em uma busca pela desestabilização de nichos de privilégios que são de raça, de gênero, de classe, de sexualidade, etários, dentre outros. O que se revela nessas encruzilhadas são fissuras comunicativas abertas em um campo que gradativamente vai se tornando pluriepistêmico.

Essa antropóloga, estudiosa do feminismo negro, Lélia Gonzalez, escreveu em bom pretuguês "Cumé que a gente fica?" que foi publicado como epígrafe do texto "Racismo e sexismo na cultura brasileira". Não percamos o entendimento de que pretuguês é uma subversão e ressignificação da língua de dominação colonial, o português que se africanizou. O texto de Lélia Gonzalez foi por ela apresentado pela primeira vez na Reunião do Grupo de Trabalho "Temas e Problemas da População Negra no Brasil", durante o IV Encontro Anual da Associação Nacional de Pós-Graduação e Pesquisa em Ciências Sociais – Anpocs, realizado no Rio de Janeiro, em outubro de 1980. A arrojada epígrafe de Lélia Gonzalez é por mim interpretada como um atrevimento que se mostra fundamental para provocar mudanças em campos historicamente consolidados em bases elitistas e racistas. Lélia Gonzalez conta:

> Foi então que uns brancos muito legais convidaram a gente pra uma festa deles, dizendo que era pra gente também. Negócio de livro sobre a gente. A gente foi muito bem recebido e tratado com toda consideração. Chamaram até pra sentar na mesa onde eles estavam sentados, fazendo discurso bonito, dizendo que a gente era oprimido, discriminado, explorado. Eram todos gente fina, educada, viajada por esse mundo de Deus. Sabiam das coisas. E a gente foi se sentar lá na mesa.

Só que tava cheia de gente que não deu pra gente sentar junto com eles. Mas a gente se arrumou muito bem, procurando umas cadeiras e sentando bem atrás deles. Eles tavam tão ocupados, ensinando um monte de coisa pro crioléu da plateia, que nem repararam que se apertasse um pouco até que dava pra abrir um espaçozinho e todo mundo sentar junto na mesa. Mas gente... foi eles que fizeram, e a gente não podia bagunçar com essa de chega pra cá, chega pra lá. A gente tinha que ser educado. E era discurso e mais discurso, tudo com muito aplauso. Foi aí que a neguinha que tava sentada com a gente, deu uma de atrevida. Tinham chamado ela pra responder uma pergunta. Ela se levantou, foi lá na mesa pra falar no microfone e começou a reclamar por causa de certas coisas que tavam acontecendo na festa. Tava armada a quizumba. A negrada parecia que tava esperando por isso pra bagunçar tudo. E era um tal de falar alto, gritar, vaiar, que nem dava mais pra ouvir discurso nenhum. Tá na cara que os brancos ficaram brancos de raiva e com razão. Tinham chamado a gente pra festa de um livro que falava da gente e a gente se comportava daquele jeito, catimbando a discurseira deles. Onde já se viu? Se eles sabiam da gente mais do que a gente mesmo? Teve uma hora que não deu pra aguentar aquela zoada toda da negrada ignorante e mal educada. Era demais. Foi aí que um branco enfezado partiu pra cima de um crioulo que tinha pegado no microfone pra falar contra os brancos. E a festa acabou em briga... Agora, aqui pra nós, quem teve a culpa? Aquela neguinha atrevida, ora. Se não tivesse dado com a língua nos dentes... Agora tá queimada entre os brancos. Malham ela até hoje. Também quem mandou não saber se comportar? Não é à toa que eles vivem dizendo que "preto quando não caga na entrada caga na saída [...] (GONZALEZ, 2018, p. 190-191).

A narradora, que provoca reflexões sobre o atrevimento da "neguinha" que se levanta, fala ao microfone e não simplesmente reverencia ou agradece por estar na "festa", mas reclama, faz aflorar em mim um desejo de compreensão mais elaborada de que o atrevimento tem potencial para mexer na ordem, para desestabilizar. O atrevimento é levado a cabo por meio do reclame, sendo este enunciado por quem se sente injustiçado, prejudicado, discriminado ou excluído. Neste sentido, sem o reclame não há alteração da ordem estabelecida, que possa torná-la mais justa e equânime. Como frequentemente afirma Audre Lorde (2003) "o silêncio não vai te proteger". Em ordens socioculturais injustas, caracterizadas pelas desigualdades, há que se desenvolver mecanismos institucionais de consideração, apreensão e escuta dos reclames. Ações institucionais desta natureza podem conduzir a mudanças que contemplam reconhecimentos e reparações.

Uma desestabilização atrevida dispara processos redistributivos de poderes e de bens materiais ou simbólicos, comprometendo a farta cota concentrada entre grupos hegemônicos, que nos campos de produção de conhecimentos acadêmico-científicos têm sido branco-ocidentais. Talvez por isso, e por acontecerem nas encruzilhadas, o reclame de segmentos historicamente discriminados não seja tendencialmente ouvido, sendo mais comumente observada a "malhação", ou a "queimação", ou a exclusão e silenciamento do "sujeito atrevido". Todavia, neste ponto de encontro, comunicações são realizadas e informam sobre um vir a ser, sobre um devir, em uma perspectiva de Exu, que nada mais é que o princípio da sabedoria e que "Tem o poder de gerar a si mesmo e gerar o Outro. Exu, sob o signo do infinito, não começa e não termina, é sempre o caminho, o meio, o intermezzo" (PETRONILIO, 2020, p. 103).

Lélia Gonzalez (2018) discorre sobre a epígrafe transcrita, referenciando Franz Fanon, que aborda a necessidade de fazer uma provocação profunda que nos leva a nos pensarmos como parte do problema racial estrutural e provocador dessa patologia social que aprisiona pessoas negras em cruéis processos de demonização, desumanização e imposições de inalcançáveis padrões ocidentais e brancos. Todo este movimento, de acordo com o pensador da Martinica (FANON, 2005), ao mesmo tempo, situa pessoas brancas como referencial inconteste de humanidade, de racionalidade e de beleza. Desde esta perspectiva, o racismo estrutura relações socioculturais desiguais, polarizadas e excludentes, fazendo emergir também, e ao mesmo tempo, nichos de privilégios, estes muitas vezes estrategicamente defendidos pelos "beneficiários da exploração" (GONZALEZ, 1979).

Uma questão a ser enfrentada diz respeito a formas de desestruturação de realidades consolidadas de acordo com esses operadores. Um atrevimento "transatlântico" (NASCIMENTO, 2018) nessas realidades pode trazer à tona dimensões que têm sido vistas/percebidas como opressoras somente desde um ângulo, o do excluído, do marginalizado, do subalternizado. Acerca da noção de transatlântico, a historiadora quilombola Beatriz Nascimento (2018), ao se perguntar sobre o que sejam as civilizações africanas ou americanas, se depara com um desenlace que aponta para o transatlântico, dimensão que evidencia "um tipo de vida que era africano", que foi transportado para as Américas no período das colonizações. Em suas palavras, transatlântico "É a transmigração de uma cultura e de uma atitude no mundo, de um continente para o outro, de África para América" (NASCIMENTO, 2018, p. 327). Realço que esta é uma noção importante para que se compreenda adequadamente o que estou chamando aqui de *atrevimento*.

O atrevimento da atuação e da escrita de Lélia Gonzalez força as fronteiras dessas estruturas societárias de base discriminatória com recorte racial. O ato corajoso, provocador de erosões políticas, identitárias, estético-corpóreas e epistêmicas, pode ser notado em suas propostas de "amefricanidade", como uma categoria político-cultural que abarca a experiência comum de pessoas negras na diáspora, além das experiências de pessoas indígenas decorrentes da colonização das américas (GONZALEZ, 1988a; 1988b); de "pretuguês", como categoria de análise que explica uma subversão do português falado pelas pessoas negras no Brasil, como marca de resistência (GONZALEZ, 2018); e ao defender a perspectiva do antirracismo como elemento intrínseco aos princípios feministas (GONZALEZ, 1988b), de produção do conhecimento em uma perspectiva pluriepistêmica e de realização de justiça social. O recorte no pensamento/ação de Lélia Gonzalez ilustra esses tempos de atrevimento transatlântico nos campos de produção de conhecimentos acadêmico-científicos, evidenciando uma epistemologia negra vibrante, colaborativa e propositiva.

## Nas encruzilhadas, silenciamentos afrodiaspóricos e reações antirracistas

O antropólogo congolês Kabengele Munanga adota postura e escrita críticas ao racismo à brasileira, sendo que em seu texto "As facetas de um racismo silenciado" (1996) começa a escrita tipificando dois racismos: um institucionalizado, explícito, com consentimento do poder público e da sociedade como um todo; e outro que é implícito, "silenciado" e negado. Kabengele Munanga (1996, p. 213) abre sua escrita recuperando Elie Wiesel que relembra que *"O matador mata sempre duas vezes – a segunda pelo silêncio"*. A morte simbólica provocada por um racismo que opera por meio de um apelo ao segredo e ao tabu, e que conta com um silêncio criminoso, é uma morte que atinge toda uma coletividade, portanto mata sempre mais que um indivíduo. Muito eficaz, este tipo de racismo implícito vigora na sociedade brasileira por um lado exterminando sonhos, violando trajetórias, condenando gerações, impondo barreiras a qualquer mobilidade; e por outro lado assegurando privilégios, instituindo mitos como o da democracia racial e falácias como a da meritocracia em situações de disputa por um bem escasso, tudo isso em uma sociedade tão cruelmente desigual.

Por sua postura confrontadora daquilo que ele mesmo considera concepções apaziguadoras acerca de raça e racismo, Kabengele Munanga experimenta uma evitação no campo de conhecimento no qual atua, qual seja, a Antropologia. Essa evitação sentida e denunciada pelo próprio antropólogo (MUNANGA, 1996) não tem implicado paralisação de um fazer antropológico negro, crítico, criativo e agregador de uma militância negra. Para além deste caso, contemporaneamente as universidades já contam com presenças de mulheresnegras e pessoas negras que tem mobilizado na Antropologia e nas Ciências Sociais um conjunto de saberes com agências e autorias negras e que podem ser entendidas como epistemologia negra. Hoje são notados alguns movimentos e ações, não por acaso associados às ações afirmativas, que indicam uma escuta de mais longo alcance, com uma interlocução um pouco mais horizontalizada e a uma quase ruptura com um silêncio que tem afetado e tornado mais plural um saber/fazer acadêmico-científico.

Nilma Lino Gomes (2003) acredita na perspectiva antropológica como importante instrumento que auxilia na compreensão de que a cultura é muito mais que a adoção de conceitos acadêmicos e métodos científicos, mas concerne a vivências concretas, intersubjetividades situadas e multiplicidade de perspectivas socioculturais, históricas, políticas, estéticas e filosóficas. Esta antropóloga e educadora negra aponta para a necessidade de uma escuta aberta e de uma interlocução horizontalizada nos campos de produção do conhecimento se o objetivo é a consolidação de uma sociedade mais justa, democrática e antirracista. Enfatizo, em concordância com Nilma Lino Gomes (2003), que as marcas do racismo produzem traumas e cicatrizes de difícil superação e que somente ações efetivas, coletivas e conjugadas podem provocar alterações em sociedades caracterizadas por esta estrutura de dominação, opressão e disputa por poder. Acrescento que toda e qualquer justiça social, política reparatória ou aprimoramento na produção da vida deve ser iluminada por pressupostos antirracistas e o antirracismo implica reconhecimento e consideração de um saber/fazer negro.

Não é recente, tampouco exclusivo ao Brasil, um potente ecoar de vozes negras nas universidades. Urge considerar que essas vozes negras são constituidoras da própria história das universidades. Impressiona que o que tem se mantido ao longo do tempo, todavia, é um desconhecimento desse ecoar de vozes negras e ao mesmo tempo um "silenciamento" sobre obras e intelectuais negras e negros (DÉUS, 2020, p. 222). Acerca deste desconhecimento persistente, por vezes me pergunto se ele promove algum nível de conforto em espaços consolidados? A minha indagação se deve ao fato de identificar e conviver com um cotidiano perturbador em contextos não hegemônicos quando este desconhecimento é tematizado. Todavia, esta é uma questão a ser respondida não por mim, mas por representantes de uma hegemonia que usufrui dos privilégios epistemológicos branco-ocidentais.

Para avançar na busca mais detida em uma compreensão dos silenciamentos afrodiaspóticos, retomo aqui Joseph-Anténor Firmim (1850-1911), antropólogo haitiano, que teve sua produção tardiamente reconhecida e na qual afirmou que as raças humanas são iguais em termos de qualidades e defeitos. Frantz Rousseau Déus (2020), ao estudar a Antropologia haitiana do século XIX, que é considerada por ele uma Antropologia contra hegemônica, demonstra o quanto a obra de Joseph-Anténor Firmim (1885) denuncia um racismo científico europeu ao mesmo tempo em que propõe novas concepções de Antropologia e de seres humanos. O pensamento deste antropólogo haitiano poderia em seu tempo provocar uma mudança de rota no campo da Antropologia, tornando-o, no mínimo, mais polifônico. Ainda assim, prevalece até agora, neste século XXI, um desconhecimento acerca da produção de Joseph-Anténor Firmim.

Fundamental é atentar-se para o fato de que o debate promovido pelo antropólogo negro Joseph-Anténor Firmim (1885) é por ele levado a cabo em um contexto de produção antropológica fortemente influenciada pelas concepções de Arthur de Gobineau – iniciadas em meados do século XIX, especificamente com a obra *Essai sur l'inégalité des races humaines*, publicada em 1855 – que classifica a humanidade em três raças, hierarquizando-as em branca como superior e amarela e negra inferiores. O desafio enfrentado por Joseph-Anténor Firmim foi, neste sentido, buscar compreender um *corpus* discursivo vigorante em sua época que afirmava a hierarquização racial entre os seres humanos. Acabou relevando a instabilidade semântica e ausência de significados no arcabouço teórico que se filiava a Arthur de Gobineau. Uma importante temática trabalhada por Frantz Rousseau Déus (2020) nos leva a problematizar o fato de que Joseph-Anténor Firmim segue quase desconhecido, ao passo que Arthur de Gobineau se tornou muito conhecido e vastamente traduzido. Eu me pergunto se ainda estamos contemporaneamente diante de uma compreensão generalizada de que as pessoas negras são consideradas incapazes de produção epistêmica, abstração filosófica e refinamento de um pensamento científico?

Ao nos aproximarmos da produção da antropóloga negra norte americana, nascida no Alabama, Zora Neale Hurston (1891-1960), nos deparamos com questão semelhante que é indicadora de uma estrutura científica que ignora toda uma produção de intelectuais que problematizam tendências e hegemonias branco-ocidentais. Zora Neale Hurston, chamada de "antropóloga griô" (BASQUES, 2019a), apresenta métodos e forma de escrita desafiadoras da Antropologia de seu tempo, isto porque estabelece pactos etnográficos que asseguram um "jeito negro de dizer" (BASQUES, 2019a, p. 325) e uma quebra de uma relação hierarquizada em contextos de etnografia. Essa aluna negra de Franz Boas dedicou-se a produções no campo da Antropologia, da Literatura e das Artes performáticas, em um diálogo com o campo do folclore, e permaneceu desconhecida até a escritora negra norte-americana, Alice Walker (1975) atentar-se, a partir de meados da década de 1970, para a biografia e obras de Zora Neale Hurston.

Em seu livro *Barracoon: the story of the last "Black Cargo"*, escrito em 1931 e publicado em 2018 – note o abismo temporal entre a escrita e a publicação –, Zora Neale Hurston estuda questões sobre a escravidão negro-africana e o tráfico ultramarino de pessoas escravizadas, a partir de memórias por ela acessadas e a ela confiadas, como as de Kossola Oluale, um jovem Yorubá, do povo Isha, capturado em África e sobrevivente nos Estados Unidos do último navio negreiro a fazer a passagem pelo Oceano Atlântico, e, reconhecido pela antropóloga como autor de sua obra e não como informante. Assim como o fez Messias Basques (2019b), pergunto-me sobre o que faz com que autoras negras e autores negros, como Zora Neale Hurston, não sejam lidos nas Ciências Sociais? A Antropologia precisa se permitir ser interpelada por questões desta ordem e sem apresentar um argumento falacioso de que pessoas negras não fizeram parte dos primeiros momentos da disciplina e sem responder apelando para silenciamentos ou impondo barreiras editoriais às produções que desestabilizam hegemonias consolidadas na disciplina, na linguagem, nos corpos e no "métier do antropólogo".

Os silenciamentos de obras de intelectuais negros e negras que podem ser observados se devem ao fato de confrontarem uma concepção hegemônica de raça, linguagens e corporalidades, e de Antropologia, e também "porque são produzidas por indivíduos que não foram reconhecidos como pessoas capazes de produzir obras intelectuais de grande alcance e de grande valor" (DÉUS, 2020, p. 222). Além dos silenciamentos, ocupa a cena de produção de conhecimentos antropológicos perversos processos de epistemicídio, eficiente dispositivo de reprodução de poderes, saberes e subjetividades. Mais que epistemicídios, opera um racismo epistêmico responsável pelo recrudescimento das hierarquias raciais. É por toda esta movimentação, com implicações também raciais, no campo da Antropologia, que se torna evidenciada a necessidade de reparação epistêmica com recorte racial, permitindo florescer uma Antropologia Negra que, reafirmo, é antirracista e conta com agência e autoria negras.

Um movimento antirracista pode ser notado na Antropologia Negra. Mara Viveros Vigoya (2020) pontua que há uma pluralidade de orientações antirracistas na América Latina, região estudada criteriosamente por esta antropóloga negra colombiana. Na América Latina, o antirracismo provoca um "giro multicultural" (VIGOYA, 2020) que possibilita reconhecer e também nomear toda uma diversidade étnico-racial de populações da região. Esta estudiosa do giro para o antirracismo abre importante diálogo com as organizações indígenas e movimentos negros destacando o enfoque colocado nos "direitos étnicos à terra, à etnoeducação e à autonomia política e legal" e também na "titulação de territórios e nos direitos laborais, educativos, de saúde e moradia da população urbana" (VIGOYA, 2020, p. 43). O estudo antropológico realizado pela autora colabora fortemente para revelar os contornos de uma Antropologia Negra que acessa gramáticas explícitas e alternativas do antirracismo, tornando a própria Antropologia mais plural e "descolonizada" (MUNANGA, 1996) por experimentar revisões ao longo de sua história.

## Nas encruzilhadas, uma pedagogia emergente negritando esperanças

Uma Antropologia mais plural tem se apresentado como alternativa, por vezes desconsiderada ou silenciada, por meio de pensadoras e pensadores que mobilizam uma gramática antirracista em seu tempo, não raras vezes com agência solitária. Nesta seção do texto dedico-me a narrar um evento que coloca em relevo uma agência mais coletiva que promoveu mudanças em uma associação científica e que indica a possibilidade de pluralização de um campo do conhecimento através de uma pedagogia demandante e antirracista. Ao tornar a associação científica mais diversa racialmente, uma movimentação política coloca em prática uma pedagogia emergente transformadora do *modus operandi* branco-ocidental sobrevivente na associação, lança luz sobre uma produção de pesquisadoras negras e pesquisadores negros que se apresentam para uma interlocução horizontalizada e antirracista e também negrita esperanças em um saber/fazer antropologia plural. Vamos ao evento!

No final do ano de 2018, durante a 31ª Reunião Brasileira de Antropologia, acontecida em Brasília, no Distrito Federal, as antropólogas negras e antropólogos negros participantes do evento manifestaram pública e abertamente seu descontentamento com a escassa, e até inexistente representatividade racial de pessoas negras no evento e na Associação Brasileira de Antropologia, a ABA. Houve uma articulação durante o evento e em decorrência daquela manifestação demandante por ampliação de um espaço aberto às discussões raciais e com representatividade e reconhecimento horizontalizado de presenças negras, nasceu, na mais antiga das associações científicas nacionais no campo das Ciências Sociais, o Comitê de Antropólogas/os Negras/os da ABA. Além de assessorar a ABA, nos moldes dos outros comitês da Associação, o Comitê anseia por construir, movimentar e articular saberes no campo da Antropologia, em uma perspectiva antirracista.

Sobre o recém-nascido comitê, fundamental é a compreensão de que ele foi gestado no mesmo ventre sociopolítico que deu vida às ações afirmativas no Brasil. Os efeitos acumulados da discriminação racial são sentidos pela população negra nas mais variadas dimensões da vida em sociedade, sendo que espaços de produção de conhecimentos especializados não estão isentos a estes nefastos efeitos. Daí a necessidade de adoção de medidas especiais com potencial para colaborar no combate às desigualdades raciais encrudescidas. Vale destacar que as políticas de ações afirmativas alteram a composição racial do campo de produção do conhecimento, inserindo a perspectiva dos plurissaberes, provocando alterações de rotas e destinos e também evidenciando possibilidades de um fazer antropológico que interpela a própria Antropologia. O que quero acentuar aqui é que a ABA e a Antropologia no Brasil podem experimentar hoje um dinamismo que movimenta a disciplina e que é provocado pela força êmica da Antropologia Negra, acionada naquele evento. Este salutar movimento pode levar a uma atualização de saberes colocados em interação e considerando-se as agências criativas e linguagens interpeladoras dos próprios sujeitos produtores de saberes e não exclusivamente por seus intérpretes treinados hereditariamente pela disciplina.

Durante a realização da 32ª Reunião Brasileira de Antropologia – RBA, acontecida no final do ano de 2020, com sede na cidade do Rio de Janeiro e de maneira totalmente remota em decorrência da situação de pandemia da Covid-19, foi notório o engajamento de antropólogas negras e antropólogos negros em evidenciarem seus lugares raciais de enunciação, destacando, inclusive uma especificidade em uma escrita negritada por trajetórias, encontros e memórias marcadas racialmente. Com presenças negras na comissão organizadora do evento, inclusive na comissão de isenções de taxa de inscrição para participação no evento, na cerimônia de abertura do evento com o discurso da coordenadora do Comitê de Antropólogas/os Negras/os, nas exposições e videoinstalações, na realização da primeira edição do Prêmio Lélia Gonzalez, que fora criado pelo Comitê, nas conferências, simpósios especiais, grupos de trabalho, oficinas e minicursos, mesas redondas etc., foram iluminados os contornos de uma Antropologia Negra, durante aquela 32ª RBA.

Hoje, em uma perspectiva de Sankofa, visualizo um potente negritar da Associação e da Antropologia, movimentado e evidenciado naquela 32ª RBA. O pássaro mítico africano representado pela Sankofa experimenta uma forte presença no aqui e agora, tendo uma de suas cabeças voltada para trás, que simboliza o passado e a outra cabeça voltada para a frente, para o futuro. Negritar, além de realçar, delimitar e demarcar o que se considera relevante, é também adotar esta perspectiva de Sankofa. Uma perspectiva assumida por Achile Mbembe (2001) ao estudar as formas africanas de autoinscrição e de aquisição integral de subjetividades, considerando concepções e esforços africanos com potencial compreensivo e explicativo do passado e do presente, através de uma referência ao futuro. No âmbito de uma Antropologia brasileira, negritar esperanças implica também adotar uma perspectiva antirracista de produção de um conhecimento antropológico caracterizado por atuação e autoria negras atentas às subjetividades múltiplas favoráveis aos plurissaberes.

Um fazer antropológico negro começa a se fazer presente na ABA e na Antropologia, cada vez mais porosa, dialogável e interdisciplinar, o que não significa que não estivesse presente nas antropologias brasileiras em momentos pretéritos dos estudos raciais, mas significa que há um deslocamento contemporâneo deste fazer antropológico específico que faz com que ele não possa mais ser etnografado como ausência, objeto, apagamento ou silenciamento. A presença que pode ser observada ecoa um fazer antropológico negro "esperançado" (FREIRE, 1992), que pressupõe a agência, considerando o acúmulo histórico sobre o tema (PINHO; SANSONE, 2008) e também as demandas atuais por autonomia, reconhecimento e reparação (DIAS; CASTRO, 2020). E ao buscar delinear os contornos desse fazer antropológico negro, o intuito é problematizar uma forma de apreensão dos corpos, das linguagens, das espiritualidades, dos saberes e dos fazeres negros como objetos de estudo e pesquisa. A Antropologia Negra, neste ínterim, é um eficiente instrumento de combate a processos etnocêntricos, de reificação e de desumanização do humano.

Desde minha perspectiva, nesta última década, não coincidentemente uma década na qual os primeiros ciclos de formação com ações afirmativas se fecham, escancara-se uma interpelante e insurgente Antropologia Negra com agências e autorias negras que são resultantes de uma necessidade ética e estética de realização de uma etnografia reparadora, ciente da potência do conhecimento de si para o conhecimento das culturas. A Antropologia Negra que vislumbro é propositiva, de alta performance e dialoga com uma pedagogia da esperança, de Paulo Freire (1992), que busca sua concretude histórica na prática, já que a esperança não reside na pura espera, mas na construção crítico/amorosa engajada, cotidiana, questionadora e atuante. No campo da Antropologia, mutilada por dispositivos de racialidade (CARNEIRO, 2005) ainda operantes, o alcance de uma reparação epistêmica, no que se refere à população negra, se realizará na medida em que estiver assegurada presença equânime, relação dialógica, redistribuição de poderes, ressignificação de linguagens e horizontalidade de saberes e fazeres.

Coloco em relevo aqui a dupla potência da Antropologia Negra por abarcar as dimensões estética e ética. A alteração na composição racial da Antropologia – é forçoso reconhecer que, desde suas primeiras manifestações no país, há uma homogeneidade racial branca dos profissionais da área – a partir do reconhecimento das presenças negras, e também mais recentemente das presenças indígenas, provoca mudanças estéticas, inserindo uma plástica mais coerente com a própria composição racial do país. Sobre uma diversificação estética já chamei a atenção aqui para o colorido que o Comitê de Antropólogas/os Negras/os provoca na ABA e complemento agora lembrando que há uma articulação de antropólogas negras e antropólogos negros no Brasil que hoje congrega em discussões engajadas, intercâmbio de ideias e estabelecimento de conexões acadêmicas e profissionais entre si, mais de trezentas pessoas negras, profissionais da Antropologia ou em processo de formação pós-graduada. Este número expressivo, mas ainda não equitativo, tampouco justo, de pessoas negras articuladas em um coletivo estampa uma estética negra difícil de não ser notada no campo da Antropologia no Brasil.

Mas, como eu mencionei anteriormente, a Antropologia Negra abarca as dimensões estética e ética. Esta segunda dimensão informa que a introdução nos mais variados espaços de corpos que são marcados racialmente insere nesses espaços não somente corpos, mas também, e instantaneamente, outras linguagens, outras cosmologias, outras culturas, outros valores e princípios e outras formas de saber e de fazer. Luciana de Oliveira Dias e Ana Luísa Machado de Castro (2020, p. 537), ao teorizarem sobre um pensamento feminista negro por meio do estudo da relação entre as presenças de mulheres negras nas universidades brasileiras e saberes decoloniais, demonstram, a partir de uma análise das presenças negras nas universidades, que "O que se tem notado são fissuras provocadas em estruturas erigidas e que foram sustentadas por uma base ética e estética particular e localizada, tornada universal [...]". Há um abalo em estruturas tornadas hegemônicas, atravessadas por dispositivos de racialidade, com processos de diversificação racial dos espaços. Esse abalo traz consigo uma denúncia de injustiças e desigualdades de recorte racial, sendo que essas injustiças e desigualdades precisam ser equacionadas individual e institucionalmente, política e culturalmente, social e epistemologicamente. Negrito aqui a esperança de que é uma bioética, como ética da vida, não universalizada e que considere um pluralismo histórico (SEGATO, 2016), que precisa urgentemente prevalecer.

## Considerações finais

Apelo, nestes instantes finais desta escrita que abriga uma vida, das epistemologias negras, para Frantz Fanon (2005, p. 229) quando afirma que vida é movimento e não um espetáculo, admitindo literalmente que "todo espectador é um covarde ou um traidor", isto referindo-se à empresa colonizadora em África que "condena aqueles que são da terra". Diante de situações condenatórias de preconceitos e discriminações, necropolíticas, etnocídios, epistemicídios e ontoepistemicídios, vital é posicionar-se, interpelar e insurgir de forma a assegurar atuação e autoria daqueles sujeitos que são alvo das desigualdades e injustiças. Há muito a enunciar desde uma Antropologia Negra, sendo que o interlocutor deve zelar pela escuta aberta e atenta e primar por ações desestabilizadoras do que se impôs como hegemônico e universalmente válido, mesmo em um campo tão poroso, polifônico e polissêmico. Custe o que custar. Isto porque no âmbito da Antropologia, o reconhecimento e interlocução com uma Antropologia Negra pode desestruturar nichos de privilégios sustentados por dispositivos de racialidade.

O movimento que eu observo na ABA e na Antropologia hoje informa sobre uma saída da associação e da disciplina do lugar de espectadoras indicando abertura para mais uma revisão de si e provocando abalos em heranças coloniais sobreviventes no âmbito da associação e da disciplina. E esse movimento é uma possibilidade graças às presenças negras, e também às indígenas, dentre outras presenças socialmente minorizadas, que se afirmam e se posicionam na associação e na disciplina também desde seus pertencimentos étnico-raciais. Esse movimento ganha vida, concomitantemente, devido a agências concretas que podem ser observadas na área, nos cursos de graduação e nos programas de pós-graduação que tem adotado posturas inclusivas, indicadoras de um antirracismo, em seus planos de ensino, com a inserção de temáticas e bibliografias não clássicas ou canonizadas, mas potentes na mobilização do campo em direção a uma Antropologia plural. O olhar atento a uma área do conhecimento, e também aos múltiplos atores sociais que são protagonistas políticos de emancipação social, nos instrumentaliza a observar a possibilidade concreta de construção de uma epistemologia negra.

Uma consideração que pode ser extraída das reflexões motivadoras desta escrita é que as epistemologias, enquanto estudos e saberes científicos, teóricos e práticos, no Brasil são desafiadas hoje a seguirem, atentas, criativas, solidárias e respeitosas, reconhecendo um dinamismo atrevido que movimenta as disciplinas acadêmico-científicas desde sempre neste país. Uma epistemologia negra apresenta uma investida por reconhecimento de um saber/fazer extramuros e por escuta a vozes afro-diaspóricas produtoras e articuladoras de saberes que ecoam e que reivindicam interlocução horizontalizada, bem como reestruturação, reinvenção e reescrita do campo de produção do conhecimento. Uma interlocução assim sensibilizada inclusive por uma pedagogia dos movimentos sociais, pode colaborar com os anseios de reparação política e epistêmica, colaborando também com uma atualização e articulação de saberes. Empreendimentos que podem se dar por meio de uma epistemologia negra, que já conta com uma estabilidade semântica necessária para forçar os limites compreensivos, explicativos e de defesa e proteção dos direitos.

Finalizo este esforço de comunicação de uma vida gestada em um ventre coletivo, negritando esperanças do que ainda está por nascer e ser reconhecida, a epistemologia negra. E delimitando duas intenções de escrita que podem, devido a um anseio profundo e também coletivo em atuar e escrever desde minha posicionalidade, não ter ficado suficientemente evidenciadas anteriormente. A primeira delas é a de que não houve pretensão, com a apresentação destas ideias, de causar uma "quizumba", sendo que o desejo foi me atrever a dizer o que a mim, uma mulher negra de meio século de vida, metade dele dedicado à produção de conhecimentos na universidade, grita dia após dia. Mas tenho percebido, à mesa em que estou sentada, nessa festa elegantíssima, que esses gritos ainda não são ouvidos. A segunda delas é a de que não há a mínima intenção em silenciar saberes e fazeres, nem mesmo os hegemônicos. Mas de fazer ouvir e atuar, de maneira dialogada e horizontalizada, saberes e fazeres negros. A ideia proposta, por meio da defesa de uma epistemologia negra, é cultivar um caminho de maneira colaborativa, já que estamos coabitando o mesmo campo de produção de conhecimento e coexistindo no mesmo mundo que queremos que seja de direitos e de justiça social em todos os níveis, e não de privilégios.

# Referências

BASQUES, M. Diários de Antropologia Griô – Etnografia e literatura na obra de Zora Hurston. **Revista Anthropológicas**, ano 23, n. 30 (2), p. 316-326, 2019a.

BASQUES, M. Zora Hurston e as luzes negras das Ciências Sociais. **Ayé: Revista de Antropologia**, v. 1, n. 1, 2019b.

CARNEIRO, S. **A construção do Outro como Não Ser como fundamento do Ser**. São Paulo: USP, 2005 [Tese de doutorado].

DÉUS, F.R. A antropologia haitiana e a questão racial no século XIX. **Revista Mediações**, Londrina, v. 25, n. 1, p. 207-224, jan.-abr./2020.

DIAS, L.O. Reflexos no Abebé de Oxum: por uma narrativa mítica insubmissa e uma pedagogia transgressora. **Revista Articulando e Construindo Saberes**, v. 5, p. 1-14, 2020. e63860.

DIAS, L.O. Circuitos Antropológicos – Por uma Antropologia Negra no Brasil. **Novos Debates**, 7 (2), 2021.

DIAS, L.O; CASTRO, A.L.M. Mulheres negras nas universidades e saberes decoloniais: por uma teorização de um pensamento feminista negro. **Monções – Revista de Relações Internacionais da UFGD**, v. 9. n. 17, jan.-jun./2020.

FANON, F. **Os condenados da terra**. Juiz de Fora: UFJF, 2005 [1. ed., 1961].

FIRMIN, J.A.A. **De l'Égalité des races humaines: anthropologie positive**. Paris: Cotillon, 1885.

FREIRE, P. **Pedagogia da Esperança: um reencontro com a Pedagogia do Oprimido**. Rio de Janeiro: Paz e Terra, 1992.

GOMES, N.L. Cultura negra e educação. **Revista Brasileira de Educação**, n. 23, p. 75-85, mai.-ago./2003.

GOMES, N.L. **O Movimento Negro Educador: saberes construídos nas lutas por emancipação**. Petrópolis: Vozes, 2017.

GONZALEZ, L. **Cultura, etnicidade, trabalho: efeitos linguísticos e políticos da exploração da mulher**. Comunicação apresentada no VIII Encontro Nacional da Latin American Studies Association. Pitesburgo, 05-07/04/1979.

GONZALEZ, L. A Categoria Político-cultural de Amefricanidade. **Tempo Brasileiro**, Rio de Janeiro, n. 92-93, p. 69-82, jan.-jun./1988a.

GONZALEZ, L. Por um feminismo afro-latino-americano. **Revista Isis Internacional**, Santiago, v. 9, p. 133-141, 1988b.

GONZALEZ, L. Racismo e sexismo na cultura brasileira. **Lélia Gonzalez: primavera para as rosas negras**. São Paulo: Ucpa, 2018.

HURSTON, Z.N. **Barracoon: the story of the last "Black Cargo"**. Ed. por Deborah Plant. Nova York: Amistad, 2018 [1931].

KRENAK, A. **Ideias para adiar o fim do mundo**. São Paulo: Companhia das Letras, 2019.

KRENAK, A. **O amanhã não está à venda**. São Paulo: Companhia das Letras, 2020.

LERMA, B.R.L. **Aportes a un Feminismo Negro Decolonial – Insurgencias epistémicas de mujeresnegras-afrocolombianas tejidas con retazos de memorias**. Quito: Abya Yala, 2019.

LORDE, A. **La hermana, la extranjera: artículos y conferencias**. Madri: Horas y Horas, 2003.

MBEMBE, A. As formas africanas de autoinscrição. **Estudos Afro-asiáticos**, ano 23, n. 1, p. 173-209, 2001.

MUNANGA, K. As facetas de um racismo silenciado. In: SCHWARTZ, L.; QUEIROZ, R. (org.). **Raça e diversidade**. São Paulo: Edusp, 1996, p. 213-229.

NASCIMENTO, B. **Beatriz Nascimento, quilombola e intelectual: Possibilidade nos dias da destruição**. São Paulo: Ucpa, 2018.

PETRONILIO, P. "Se liga, macho": a encruzilhada po(ética) de uma bixa preta. **Ephemera Journal**, v. 3, n. 6, set.-dez./2020.

PINHO, O.A.; SANSONE, L. (orgs.). **Raça: novas perspectivas antropológicas**. 2. ed. rev. Salvador: Associação Brasileira de Antropologia/Edufba, 2008.

SEGATO, R.L. Una paradoja del relativismo – El discurso de la antropología frente a lo sagrado. In: GORVACH, F.; RUFER, M. (eds.). **El archivo, el campo – Interdisciplina y producción de la evidencia**. México: UAM; 2016.

VIGOYA, M.V. As cores do antirracismo (na Améfrica Ladina). **Sexualidad, Salud y Sociedad – Revista Latinoamericana**. n. 36, p. 35-50, dez./2020.

WALKER, A. **Search of Zora Neale Hurston** [man.], p. 74-79, 85-89, mar./1975.

# A construção dos saberes afetivos na ação política de jovens negros universitários

*Stephanie P. Lima*

A última década foi marcada pela implementação de um conjunto de políticas afirmativas nas universidades brasileiras, resultando num crescimento contínuo de negros nesses espaços. Este capítulo, parte de uma pesquisa mais ampla, que tomou como foco privilegiado o movimento constituído por coletivos universitários, que se reúnem a partir de encontros de diversidade sexual e de gênero e de negros, com foco especial em como a questão racial está sendo articulada nesses contextos.

Antes de adentramos nas análises e materiais que pretendo apresentar neste texto, considero de extrema importância afirmar que a escrita, deste trabalho, parte de diferentes lugares. O primeiro é de alguém que fez de suas inquietações pessoais suas questões políticas, e, posteriormente, seus interesses de pesquisa. Parte também de um lugar que, de diferentes formas, compartilha a trajetória pessoal e política com os interlocutores desta pesquisa, que, antes, são amigos de militância e de vida. Assim, o encontro com grande parte das redes e pessoas que compõem estas páginas se deu por meio do compartilhamento de lugares sociais relativos a gênero, sexualidade, raça, classe e, principalmente, geração. Por todos esses lugares, a escrita deste trabalho está intimamente atravessada por conexões inescapáveis entre aspectos intelectuais, políticos e pessoais.

Patricia Hill Collins, enquanto socióloga negra norte-americana, dedica suas primeiras obras a refletir sobre as contribuições específicas que o olhar de mulheres negras traz para a ciência. A partir da perspectiva de Karl Mannhein (1954), que rotula os "estrangeiros" na academia como "intelectuais marginais", Collins (2016) propõe que estudiosas negras pertençam a um dos vários grupos de "intelectuais marginais", sendo, por isso, "outsider within"[40]. Segundo Collins, o fato das intelectuais negras não compartilharem a mesma identidade racial e de gênero com a maioria dos outros intelectuais da sociologia permitiria que as mesmas enriquecessem o discurso sociológico contemporâneo com outros pontos de vistas.

bell hooks (1995), em texto sobre intelectuais negras, aponta como "estar à margem" produz uma forma particular de "ver a realidade", e, assim, olha-se "tanto de fora para dentro quanto de dentro para fora" (hooks, 1995;467). Dessa forma, essas duas intelectuais defendem a premissa de que seria impossível separar a produção de conhecimento das relações materiais e históricas dos seus produtores e reforçam que a "margem" é um lugar privilegiado de produção de conhecimento e até mesmo "inovador". Olhando para a produção literária, Conceição Evaristo nomeia essa premissa de "escrevivência". Segundo Evaristo, a "escrevivência" é uma escrita que nasce de uma experiência, de uma vivência das subjetividades e que assim revela a história de uma coletividade.

---

40 Para demarcar termos e conceitos de outros autores e da própria autora, serão utilizadas as aspas duplas. O itálico será utilizado para marcar os termos e categorias empregadas em campo. Com objetivo de reduzir o uso do recurso (itálico) e facilitar a leitura, as aspas simples serão usadas como recursos de marcar fases no meio do texto, ditas pelos interlocutores.

A abordagem sugerida pelas experiências das outsiders within é de que os intelectuais aprendam a confiar em suas próprias biografias pessoais e culturais como fontes significativas de conhecimento. Ao contrário de abordagens que exigem submergir essas dimensões do self durante o processo de se tornar um cientista social objetivo, supostamente não enviesado, as outsiders within reintroduzem essas formas de conhecimento no procedimento de pesquisa. Na melhor das hipóteses, esse status parece oferecer às suas ocupantes um equilíbrio poderoso entre os pontos fortes de seu treinamento sociológico e as contribuições de suas experiências pessoais e culturais. Nenhum se subordina ao outro. Na verdade, a realidade vivenciada é usada como fonte válida de conhecimento para criticar fatos e teorias sociológicas, ao passo que o pensamento sociológico oferece novas formas de ver esta realidade vivenciada (COLLINS, 2016, p. 101).

Isto posto, ser vista como participante – ou "outsider within" –, isto é, como parte daquilo que seria o nós do sujeito coletivo que se forja nos espaços, fez com que as informações chegassem a mim sem muitas ressalvas ou questionamentos. Quer dizer, na medida em que aprofundo a pesquisa, a ideia de fazer parte de um nós propiciou conexões e marcou as contribuições que recebi. Muitos ressaltavam que conversavam comigo com o objetivo de deixar uma marca, certa versão sobre determinado fato ou assunto apontado. Em campo, cheguei a ouvir inúmeras vezes que iriam me ajudar com a pesquisa, pois eu era uma de nós. Em outros momentos, eu era apresentada como a pesquisadora, negra e sapatão, por isso poderiam e até deveriam falar comigo. Além disso, o trabalho da pesquisa passou a ser compreendido como coletivo, pois, para nós, estar no doutorado é considerado uma grande "vitória coletiva". Longas conversas sobre como fazer a análise de algo que havia acontecido em campo e quais temas não deveriam ficar de fora da pesquisa foram compartilhados. Assim, estas páginas revelam a "escrevivência" de um coletivo que eu também faço parte.

Vale ressaltar que compreendo a noção de nós como uma "ficção". Contudo, em acordo com hooks (1995) e Collins (2016), o nós seria uma "ficção" assim como a noção de "margem" ou "raça", ou seja, o nós tem efeito no mundo social e, no caso, nesta pesquisa. Portanto, meu status de "outsider within" como pesquisadora permeia as relações e a produção desta pesquisa. Além da necessidade ética de explicitar a minha posição e como a mesma foi vista durante a pesquisa de campo, compreendo o papel de "pesquisadora militante", ou de "escrevivência", como uma situação profícua para análises e reflexões antropológicas, e não como limitador.

A partir dessas conexões, no caminho do trabalho de campo e no encontro com a bibliografia, a obra *O Movimento Negro Educador*, de Nilma Lino Gomes (2017), era apresentada como central pelos próprios interlocutores. No livro, Gomes defende como premissa que o movimento social "reconstrói identidades, traz indagações, ressignifica e politiza conceitos sobre si mesmo e sobre a realidade social" (GOMES, 2012, p. 735). Dessa forma, à luz da autora foi delimitado que, para refletir sobre as possíveis transformações geradas pelas políticas de ações afirmativas das últimas década, era necessário compreender a construção desse "sujeito político negro universitário" que adentra ao espaço da universidade pública brasileira após a implementação ou a partir da *efervescência* das cotas[41].

---

41 A pesquisa da tese partiu do dado que, nas últimas décadas, houve um crescimento de pessoas autodeclaradas negras nas universidades públicas do Brasil. Na introdução do trabalho, a partir de um conjunto de bibliografias, apresento um panorama do contexto histórico e político que resulta no momento atual (GOMES, 2017; 2012; PEREIRA, 2011; DOMINGUES, 2007; GONZALES, 1982). Para este capítulo, vale destacar que os sujeitos presentes nesse texto vivenciaram um contexto de expansão da universidade pública provocada pela criação do Programa de Apoio a Planos de Reestruturação e Expansão das Universidades Federais (Reuni), em 2003. Além de,

Para isso, em todas as entrevistas[42], realizadas para a pesquisa, iniciei perguntando sobre a trajetória dos entrevistados no movimento e a resposta pautava sempre que *não tem como falar da militância sem falar da minha vida*. Assim, a partir das narrativas e da etnografia, foi possível perceber a importância dada aos momentos de leitura e estudos de obras – facilitada pelo contexto da ampliação das traduções e o acesso à internet – de autores negros, principalmente, de mulheres negras identificadas como produtoras da teoria feminista negra. Por influência desta teoria, a categoria *interseccionalidade*[43] surgiu como central no fazer político trazendo a importância de falar sobre e pautar as *experiências* e os *afetos*.

---

terem entrado na universidade após a Lei de Cotas, aprovada pelo Supremo Tribunal Federal (STF), em 2012, responsável por garantir a reserva de 50% das matrículas por curso e turno nas universidades e institutos federais para alunos oriundos de instituições de ensino público, incluindo, nesse percentual, a subdivisão de cotas étnico-raciais (pretos, pardos e indígenas). Para mais, cf. LIMA, 2020; RIOS, 2008; 2014; CARVALHO, 2016; LIMA, 2015; FACCHINI et al., 2020.

42 O trabalho de campo da pesquisa se dividiu em três etapas. Em um primeiro momento foi realizada uma etnografia no Núcleo de Consciência Negra da Universidade Estadual de Campinas (NCN/Unicamp), em seguida no coletivo Kiu!, de Diversidade Sexual da Universidade Federal da Bahia (KIU!/Ufba) e, por fim, no coletivo Frente Negra da Universidade do Estado do Rio de Janeiro (Frente Negra/ Uerj). Além da etnografia nestes três coletivos focais foram realizadas observações em encontros nacionais com os integrantes destes coletivos e feitas entrevistas semiestruturadas. Assim, foram realizadas 19 entrevistas, todas com estudantes negros que compunham os coletivos focais ou que eram *militantes negros* de outros coletivos ou *das antigas*. Destas entrevistas, 7 foram realizadas na Unicamp, 5 na Uerj e 8 na Ufba. Por ter entrevistado interlocutores de gerações passadas, a idade variou entre 20 e 44 anos; entretanto, 16 participantes tinham entre 20 e 35 anos, e apenas 3 na faixa etária de 36 a 45 anos. Do total de interlocutores, 10 entraram na graduação ou pós-graduação por ação afirmativa. Cf. Lima, 2020.

43 Apesar de não explorar neste capítulo os múltiplos usos e atribuições desta categoria em campo, destaco aqui, que o termo interseccionalidade surge em itálico por ser compreendido como um termo êmico. Entretanto, vale ressaltar que, a partir das observações, pude perceber que a incorporação deste termo no campo é devido

Desse modo, à luz de Gomes (2017), a gestão dos afetos, que surge em todo processo narrativo de construção desses sujeitos políticos, pode ser identificada como um saber produzido e aprendido após a aproximação desses jovens ao movimento social. Segundo a autora, o Movimento Negro, por ser educador, reconhece as ações produzidas nos coletivos como saberes, organiza esses saberes educando e reeducando, e nesse processo constrói outras estratégias de luta e emancipação. Nesse sentido, podemos afirmar que, ao trazer a importância dos afetos nas ações, esses coletivos universitários – influenciados pela teoria e pelo Movimento Feminista Negro – produzem "saberes afetivos". Este capítulo então, vai buscar refletir e apresentar como esses "saberes afetivos" são produzidos no cotidiano dos coletivos e educa não só os jovens dentro do movimento, mas as suas relações com outros atores políticos e até mesmo suas relações familiares.

Assim, seguindo a linha narrativa dos interlocutores, iniciaremos este texto com o processo de encontro com os coletivos, ou *os seus*, em que a *solidão* é transformada em *acolhimento*. Após esse momento, ao passarem a entender a política, os sujeitos são tomados pelos sentidos de *responsabilidade* – com os que não entraram –, que geram também *adoecimentos*, por serem militantes, ao mesmo tempo em que surgem lugares de *cuidado* e *cura* através das mesmas redes políticas. Após esse momento, ao mesmo tempo em que o coletivo é *acolhimento*, ele também se mostra revelador. Ou seja, esses jovens passam a olhar para suas experiências passadas e coti-

---

à centralidade que a teoria feminista negra toma. Segundo Jurema Werneck (2016) e grande parte dos interlocutores desta pesquisa, interseccionalidade é uma categoria de extrema importância para a análise social, gerada no bojo da teoria feminista negra. A autora afirma que, apesar de ter sido cunhada por Kimberlé Crenshaw, em 2002, análises sociais interseccionais já estavam presentes em obras de feministas negras norte-americanas e brasileiras na década de 1980, como nas obras de Angela Davis ([1981] 2016) e Lélia Gonzales (1983). Para mais, cf. Lima, 2020.

dianas através dos enquadramentos produzidos pelos movimentos: racismo, machismo, LGBTQIA+fobia[44] etc., fazendo do coletivo um lugar ao mesmo tempo de *adoecimento* e *cura*. Na última seção deste capítulo, trago uma cena comum observada em campo para demostrar a dimensão educadora do saber afetivo: o ato de levar a mãe para a universidade. A figura da mãe surge como um resultado do aprendizado desse saber, educando e reunindo o "mundo da universidade" e o "mundo de origem".

## 1.1 O acolhimento como início da construção dos saberes afetivos

No decorrer da etnografia, pude observar que o que mais importava para os integrantes dos coletivos era *se encontrar* e que a organização de eventos e mobilizações políticas seriam resultados da realização desse primeiro desejo. Assim, nesta primeira seção trarei algumas cenas e narrativas que nos ajudam a compreender o primeiro momento de produção e aprendizado desses "saberes afetivos", ou seja, como os coletivos surgem como espaços de *acolhimento* – ou até de *sobrevivência* – à *solidão* sentida ao entrar na universidade.

Os sentidos de acolhimento passam por diferentes razões a depender do contexto e das singularidades de cada sujeito. Para Milena Oliveira[45], integrante do NCN/Unicamp, ser *acolhida* no Núcleo,

---

44 A sigla LGBTQIA+ se refere a Lésbicas, Gays, Bissexuais, Travestis, Mulheres Trans, Homens Trans, Queer, Intersexo, Assexuais e mais outras orientações e identidades de gênero.

45 Grande parte dos interlocutores pediu para manter seus nomes, por entenderem o trabalho como um documento e afirmarem ser 'agentes da história'. Milena Oliveira, por ocasião da entrevista realizada em 28/09/2018, tinha 27 anos, era integrante do NCN/Unicamp, realizou sua graduação em Ciências Sociais na Unicamp

após *vivenciar* uma situação lida por ela como racismo dentro da universidade, a fez passar a compor o coletivo. Ela contou:

> Eu entrei no núcleo, porque... foram duas questões na verdade, né. Eu já tinha sido seguida na rua por um homem me pedindo para entrar no carro dele, enfim... e isso foi muito traumatizante, isso é um ponto extra sim, mas que acho que ajudou a minha ida para o núcleo. Além disso, eu sofri... aconteceu um caso de racismo comigo na universidade que foi um dia eu estava andando com uma amiga que é branca e aí, um moço mexeu com a gente e chamou de, 'aí... gostosas... alguma coisa...' E aí eu xinguei o moço e falei 'há, vai tomar no seu cu!' e aí ele veio vindo para cima da gente assim, tipo meio doido. E aí ele começou a xingar meu cabelo, falando: aí, você é uma vagabunda, vai cortar esse cabelo, e não sei que o, que ridículo...' e eu fiquei tipo muito espantada, porque eu falei gente como que é dentro da Universidade isso ainda acontece assim e como que esse moço acha que ele vai me intimidar falando do meu cabelo e para quem eu denuncio isso? quem tem que saber disso? E aí eu não sabia, e eu postei no Facebook o que tinha acontecido e perguntei quem sabia onde que eu poderia ir. E aí o Teófilo veio falar comigo e ele falou para qualquer coisa eu aparecer um dia na reunião do Núcleo de Consciência Negra e aí eu fui e tô desde então [...] (Milena, entrevista em 28/09/2018).

Desse modo, Milena, que chega a um integrante do Núcleo via rede social, se sente acolhida após uma situação de violência que, para ela e para o coletivo, não seria respondida satisfatoriamente

---

e em 2016 tinha se tornado 'a única menina negra a entrar no mestrado na demografia'. Milena se identificou como uma mulher negra cisgênero e heterossexual.

no âmbito institucional da universidade[46]. Para ela, o ocorrido a fez compreender o quão 'violento é o racismo e o machismo e que até dentro da universidade ela estaria sujeita' a eles. Após esse diagnóstico, Milena se aproxima do grupo de pessoas que ela identificou como *parecidas com ela*, ou seja, pessoas que poderiam ter *vivenciado* situações semelhantes, o que construiu a sensação de *acolhimento*. Mais à frente em sua narrativa, Milena nos traz o sentido da ideia de racismo e da 'importância da luta das mulheres negras para a construção de um lugar de cuidado'. Ela diz:

> Eu acho que [o coletivo] é um espaço importante de acolhimento, de fortalecimento. Acho que a gente é bombardeado o tempo inteiro com o racismo de todos os lados e aí a gente precisa de ter algum momento assim, com os seus, sabe? Com pessoas que te entendam, que entendam o seu universo e aquilo que você passa. Por que as pessoas brancas da universidade às vezes parece que elas acham que é tudo da sua cabeça, e não é. Não é enquanto indivíduo. O racismo ele não é individual, ele é uma questão coletiva e a gente precisa discutir ele coletivamente. Porque ele nos afeta enquanto mulheres negras, afeta os meninos enquanto os meninos negros, afeta a sociedade como um todo. Então, se a gente realmente quer ser uma sociedade mais justa, preza pela saúde mental das pessoas dentro da universidade, eu acho que é imprescindível que esses espaços existam. Mas é também um espaço de luta política. Onde a gente se entende, se fortalece

---

46 Vale ressaltar que o Diretório Central dos Estudantes (DCE) e Centro Acadêmico (CA) também eram vistos como *âmbito institucional*. Em 2017, o IFCH/Unicamp criou o Grupo de Trabalho sobre Ações Afirmativas, Diversidade e Combate à Discriminação [Disponível em https://www.ifch.unicamp.br/ifch/instituto/acoes-afirmativas-diversidade-combate-discriminacao-assedio – Acesso em 05/02/2020].

enquanto indivíduo, enquanto ser dotado de um psicológico, às vezes maltratado, mas é também um espaço importante de luta política. Porque é principalmente a partir das mulheres negras que as lutas se dão e a partir desse espaço de resistência que as coisas vão se proliferar. Eu aprendi aqui na Unicamp, muito com o núcleo, que é a gente se cuidar, cuidar um do outro. Então, acho que esse espaço para mim foi muito importante em relação a isso e fico pensando que talvez para outras pessoas também (Milena, entrevista em 28/09/2018).

Na narrativa de Milena, podemos observar como o coletivo surge primeiro como um lugar de *acolhimento* e *fortalecimento* e, de certo modo, *imprescindível* para a *saúde mental* desses estudantes que são 'bombardeados o tempo inteiro com o racismo'. Ainda para Milena, um dos motivos do coletivo ser *imprescindível* é que ali seria o espaço de *formação*[47], em que se passa a compreender que 'as situações de violência sofrida são resultado do racismo' e este como uma questão *coletiva e não individual*. Portanto, é após esse conjunto de significados que o coletivo recebe, que a luta política surge. Ou seja, o coletivo é 'também um espaço importante da luta política', mas não só, e essa luta sendo referenciada na *luta das mulheres negras*.

Essa relação que Milena realiza da conexão da luta política no NCN com a luta das mulheres negras. Para Taina Santos[48], o cami-

---

47 A ideia de *formação*, aqui, é o processo de realizar leituras de teóricos negros que abordem principalmente a *questão racial* de maneira coletiva. Entretanto, aqui a *questão racial* não está isolada de *questões de gênero e sexualidade*, o que faz com que teóricas feministas negras sejam as autoras mais lidas.

48 Taina Santos, vinda de uma região periférica de São Paulo, no momento da entrevista tinha 24 anos; afirmou que por incentivo da mãe chegou ao Pré-Vestibular Para Negros e Carentes (PVNC) do Núcleo de Consciência Negra da USP (NCN/USP) e conseguiu entrar inicialmente para a Unesp em 2013, mas em 2014 trocou

nho para se criar um *espaço afetivo* no coletivo é se referenciando no 'modo de fazer política proposto pelas feministas negras'. Em passagem da entrevista de Taina, ela reafirma essa percepção:

> vou pegar esse exemplo do espaço confortável, a gente teve que criar um espaço, afetivo, isso pra mim é uma questão que o feminismo coloca, o feminismo negro, não no sentido de se amar, mas no sentido de ter intimidade pra inclusive tretar com você e no dia seguinte você estar lá de novo, entendeu? A gente começou a criar espaços dentro do núcleo que era pra além daquela forma política partidária [...]. Enfim, a gente criou outros mecanismos que foram, não sei se é uma militância, é, a cara é feminista, porque tem muita influência, mas não é uma militância feminista em si, mas a gente teve muitas lições com o feminismo, né (Taina, entrevista em 10/10/2018).

Influenciada por bell hooks, autora que ela cita em outros momentos da entrevista, o "amor" e a "construção da intimidade" surgem como 'ato de resistência e um modo de fazer política'. bell hooks, em seu texto *Vivendo de amor* (2000), nos traz uma reflexão elaborada acerca da "incapacidade de dar e receber amor" na comunidade negra como um resultado do sistema escravocrata. A autora, assim como outras produções no campo, realiza um resgate histórico no qual a escravização torna-se origem das "dificuldades coletivas com a arte do ato de amar", cultivando na comunidade negra um controle das emoções, pois "um escravo que não fosse capaz de reprimir ou conter suas emoções, talvez não conseguisse sobreviver" (p. 2). Isto posto, o afeto, ou como venho propondo a luz de Gomes (2017) o "saber afetivo" – ou o "amor" – surgem como

---

de curso e universidade, iniciando o curso de História na Unicamp. Integrava o NCN, desde 2014. Taina se identificou como uma mulher preta cisgênero bissexual.

estratégias nos coletivos para não apenas *sobreviver*, mas para "viver plenamente".

Nesse sentido, para bell hooks (2000), assim como para Collins (2019), falar dos afetos está longe de ser considerado uma fraqueza ou distante do que pode ser considerado político. Para as autoras, assim como fora observado em campo, falar dos afetos tornar-se central para a reformulação de si e, por conseguinte, para a ação política e a construção do sujeito político. Apesar de Collins formular o conceito de "espaço seguro" e da "autodefinição" observando espaços exclusivos de mulheres negras, creio que esta análise também pode ser aplicada neste campo de trabalho. Afirma a autora:

> As lutas individuais para desenvolver uma consciência transformada ou a persistência de grupo necessária para transformar instituições sociais – ambas são ações que realizam mudanças que empoderam as mulheres afro-americanas. Ao persistir na jornada rumo à autodefinição, nós somos modificadas como indivíduos. Quando conectados à ação de grupo, nossos esforços individuais ganham novo significado. Como nossas ações individuais mudam o mundo em que nós meramente existimos para um no qual temos algum controle, elas nos permitem a enxergar a vida cotidiana como um processo e, portanto, passível de mudança. Talvez seja por isso que tantas mulheres afro-americanas conseguiram persistir e 'encontrar um caminho onde não havia saída'. Talvez elas conhecessem o poder da autodefinição (COLLINS, 2019, p. 35).

Entretanto, construir um *espaço confortável*, ou um "espaço seguro", em que haja a troca de *afeto* não é visto como uma coisa fácil. Retomando a narrativa de Taina, ela aponta como esse *lugar confortável* é construído cotidianamente e com conflitos. Dessa maneira, a construção do *lugar de afeto* ou *espaço confortável*, passa pelo cotidiano das trocas de *experiência*, nas quais esses sujeitos criam identificações entre si. O NCN, por exemplo, foi colocado por mais de um integrante, que representava uma construção cotidiana do *lugar confortável*, era o fato de após a reunião todos irem almoçar juntos no *bandejão*. Letícia Pavarina[49] quando fala sobre isso, afirma: 'é um lugar onde eu me sinto bem, assim, eu acho que aquilo da gente fazer reunião e depois ir todo mundo almoçar junto, é uma parte de você se sentir parte de alguma coisa'.

Além de Letícia, durante o trabalho de campo era recorrente integrantes que não iam para a reunião e só chegavam para o momento do almoço coletivo. Milena, após uma reunião, a caminho do *bandejão*, falou que apesar de não ter aulas as sextas-feiras, às vezes saía de casa só para almoçar todo mundo junto. Ela continua: 'chegar no bandejão e ver aquela mesa cheia de preto é a imagem mais bonita das minhas semanas'. Além da ida ao *bandejão* ser uma marcação desse *afeto* coletivo, as festas, as reuniões em casa para *gastar a onda*, as *pegações* compõem essa marcação. Considerando a afirmação de Taina que 'os coletivos são os corpos', a construção de um *espaço confortável* e da *troca de afetos* está nos 'encontros desses corpos', independentemente de ocorrerem no momento de reunião ou não.

Além disso, a centralidade dos *afetos* e o incentivo a partilhar as *experiências* levam para esses espaços de troca também questões que são lidas como *processos de adoecimento*. Em uma mesa do IV Quem Tem Cor Age (2017)[50], que tinha como tema saúde da popu-

---

[49] Letícia Pavarina, no momento da entrevista realizada em 14/09/2018, afirmou ter se graduado em Ciências Sociais na Ufscar antes de dar início ao seu mestrado em sociologia na Unicamp, onde também era integrante do NCN/Unicamp. Ela se identificou como uma mulher negra, lésbica, 31 anos.

[50] O Quem Tem Cor Age é um evento anual realizado pelo NCN/Unicamp com objetivo de levar o debate da questão racial para a universidade.

lação negra, pude observar os múltiplos sentidos de *afeto* que perpassavam as falas dos sujeitos não só nos espaços dos coletivos ou em conversas entre eles, mas também em espaços públicos.

A mesa ocorreu em uma sala do Instituto de Biologia da Unicamp e devia ter aproximadamente 15 pessoas. Sentados em roda, a primeira convidada a falar foi uma representante do coletivo de estudantes de Medicina chamado Negrex[51]. Ela passou um vídeo feito pelo coletivo que abriu um momento de emoção de todos na sala. A segunda fala foi de uma psicóloga negra da Unicamp. O número reduzido de pessoas na sala, associado ao tema da mesa, fez com que a atividade se tornasse uma roda de trocas de experiência. O compartilhamento do sofrimento psicológico ocasionado pelo racismo começou a ser relato por todos os presentes, além do diagnóstico da ausência de profissionais negros na Psicologia.

Além desse espaço, outros durante o campo, onde o tema versava sobre saúde, o caminho dos debates e conversas tomaram rumos mais emocionados e intensos. O compartilhamento do *sofrimento* de estudantes negro militantes e não militantes era seguido da defesa de que se 'deve ter força, mas que é muito difícil continuar'. Como veremos na próxima seção, na sequência dos relatos de *experiências de racismo* era sempre dito que 'estamos juntos e que juntos somos mais fortes'.

## 1.2 Adoecimento e cura como formadores de saberes

O 'sofrimento ocasionado pelo racismo' surge como umas das razões mais concretas, nas narrativas, para a importância e a defesa do coletivo como um *lugar de cuidado*. Entretanto, vale ressaltar que o *sofrimento* visto como gerado pelo racismo não é colocado como

---

51 Disponível em https://www.facebook.com/coletivonegrex/ – Acesso em 05/02/2020.

exclusivamente gerado pela universidade, mas o *genocídio*, por exemplo, surge como 'algo que os estudantes negros tem que lidar'.

Durante todo início da entrevista de Azula, da Frente Negra da Uerj[52], ela relatou sobre momentos e processos de *adoecimento* de uma amiga que era mulher trans negra, estudante da Uerj, que tinha falecido há pouco tempo decorrente de uma pneumonia com 24 anos. Apesar das pausas silenciosas e choro enquanto contava a história, Azula dizia que queria contar, pois 'é importante a gente colocar a memória dessas pessoas'. Ela continua:

> Ela trabalhava em creche, mulher trans, pedagoga, trabalhando com crianças pequenas, fazendo uma parte importante da vida de um ser humano que é a infância. Então ali no meio desse processo de aprendizagem. Uma pessoa muito revolucionária. A gente fez algumas mesas pra debater justamente essa questão, ser LGBT e preto. Porque é tipo o que é isso? Como a gente vai falar disso? Quem a gente vai referenciar? Porque a gente estava a fim de referenciar as vivencias dessas pessoas. E aí acabou sendo muitas vezes um debate sobre vivencias, pra gente poder entender como era a nossa própria realidade. E aí ela era uma

---

52 No momento da entrevista, Azula tinha 27 anos e afirma ser de Caxias/RJ, uma cidade da região metropolitana do Rio de Janeiro. Era estudante de história da Uerj e tinha sido integrante da Frente Negra desta universidade. Ela se apresentou pelo nome no masculino e se identificava como uma bicha preta. Em respeito à sua identidade de gênero atualmente (2022), neste capítulo irei fazer uso do seu nome social. Além disso, vale destacar que pude perceber durante a pesquisa que grande parte dos jovens negros *gays* se identifica como bichas pretas. Segundo Megg Oliveira (2017) e Fábio Cordeiro (2019) o termo "bicha preta" é uma categoria identitária que surge, principalmente, no ambiente da internet nos últimos cinco anos. Segundo Bruno Ribeiro (2020), "bicha preta" está em oposição à categoria "gay", colocado em campo como "branco". Assim, o uso desta categoria passa por uma marcação de diferença de orientação sexual, raça e *performance* de gênero, já que as bichas pretas são vistas, e se identificam, como mais feminilizadas.

pessoa que a gente convidava [...]. E aí ela morreu também no meio dessa maluquice toda chamada genocídio, que pega a gente de calça curta quando a gente não espera. E aí você está ali seguro, acreditando que na universidade você está tirando a bala daqui da sua cabeça, deixando ela um pouquinho mais distante. E na real você passa por outras coisas [...]. Eu lembro que quando a gente montou o coletivo, foi um menino na reunião que tinha tentado suicídio. A gente não sabia. Dois dias depois ele se matou. Lá do Direito. E a gente conheceu ele numa reunião pra falar sobre bichas pretas, pra falar sobre como era estar na universidade, não sei o que e tal. E estava na maior treta. E foi no meio de tudo isso. A Frente Negra surgiu no dia, eu lembro que essa primeira reunião da Frente Negra foi no dia que descobriram que esse menino tinha morrido [...]. A gente começou dos mortos, mas a gente também está vivo e estamos aí, né? (Azula, entrevista em 12/12/2018).

A aproximação com a morte e o medo de ser uma próxima vítima do *genocídio da população negra* perpassa a narrativa de todos os interlocutores direta ou indiretamente, quando se narra sobre 'adoecimento e cura coletiva'. Desse modo, não poderíamos cair no erro de pensar a construção desses corpos, das identidades e dos afetos sem considerar a realidade social pela qual esses corpos jovens negros são marcados na sociedade. No processo de compreensão do racismo, machismo e LGBTQIA+fobia, esses sujeitos passam a se entender como um possível alvo da violência que pode chegar ao aniquilamento físico do corpo. Acreditar que 'na universidade você está tirando a bala da sua cabeça' não é uma afirmação realizada apenas por Azula e sim reafirmada como um aspecto importante do sofrimento relatado por esses jovens.

Vale ressaltar que a luta e o diagnóstico do genocídio não é uma pauta recente do Movimento Negro. Em obra escrita em 1978, que também é lida nos espaços de *formação*, Abdias Nascimento publica o livro *O genocídio do negro brasileiro: processo de um racismo mascarado*. A obra, que tem como objetivo denunciar o mito da democracia racial, faz uso de dados estatísticos – ou de sua ausência[53] – para demonstrar a diferença entre negros e brancos no acesso à saúde, educação, moradia e na mortalidade, sendo esses índices a demonstração do processo de "genocídio" que a população negra brasileira sofre. Em outras palavras, Abdias se distancia da noção de genocídio como sendo somente a violência letal e propõe pensarmos o termo ligado "à ideia de sistema", em que a falta de acesso à educação, à saúde, o encarceramento em massa também fazem parte desse "processo genocida"[54]. Afirma o autor:

> Além dos órgãos de poder – o governo, as leis, o capital, as forças armadas, a política – as classes dominantes brancas têm à sua disposição poderosos implementos de controle social e cultural: o sistema educativo, as várias formas de comunicação de massa – a imprensa, o rádio, a televisão – a produção literária. Todos esses instrumentos estão a serviço dos interesses das classes no poder e são usados para destruir o negro como pessoa e como criador e condutor de uma cultura própria (NASCIMENTO, 2002, p. 142).

Em 2018, ano em que essa obra completou 40 anos, e como resultado de todo conjunto da luta do Movimento Negro, aconteceu um conjunto de homenagens, dentre elas a realizada pela ONU Brasil, no bojo da Década Internacional Afrodescendente (2015-

---

[53] No livro o autor denuncia a retirada do quesito raça/cor do censo de 1970.

[54] Disponível em https://exame.abril.com.br/brasil/os-dados-que-mostram-a-desigualdade-entre-brancos-e-negros-no-brasil/ – Acesso em 05/02/2020.

2024)⁵⁵, e da Campanha Vidas Negras⁵⁶, que promoveu uma campanha publicitária denunciando que a cada 23 minutos um jovem negro é assassinado no Brasil⁵⁷.

Compreendendo o genocídio como um processo, Jurema Werneck (2016) apresenta como a partir de 2001 se intensificam as mobilizações pela criação de uma política de saúde voltada para a população negra. A autora afirma que a Política Nacional de Saúde Integral da População Negra (PNSIPN), instituída pelo Ministério da Saúde em 2009, aponta o racismo como determinante de adoecimento e morte precoce de mulheres e homens negros. Desse modo, em acordo com a leitura de Azula, a morte prematura por pneumonia de Shelida e o suicídio do jovem integrante da Frente Negra da Uerj são 'resultados do processo de genocídio', ou seja, do racismo que segundo a PNSIPN, é considerado um forte determinante social de saúde.

Além da questão racial, cabe ressaltar que, apesar de não haver registros oficiais de mortes por LGBTQIA+fobia, a partir do levantamento realizado pelo Grupo Gay da Bahia⁵⁸, é possível afirmar que o Brasil é um dos países que mais mata LGBTQIA+ no mundo. Destaca-se ainda que, dentre estes números, a população composta por travesti e transexual é a que apresenta os maiores índices de homicídio⁵⁹.

---

55 Disponível em http://decada-afro-onu.org/ – Acesso em 05/02/2020.

56 Disponível em http://vidasnegras.nacoesunidas.org/ – Acesso em 05/02/2020.

57 Disponível em https://legis.senado.leg.br/comissoes/comissao?0&codcol=1734 – Acesso em 05/02/2020.

58 Disponível em https://www.brasildefato.com.br/2019/06/28/editorial-or-ano-apos-ano-brasil-segue-na-lista-dos-paises-que-mais-mata-lgbts/ – Acesso em 05/02/2020.

59 Disponível em http://especiais.correiobraziliense.com.br/brasil-lidera-ranking-mundial-de-assassinatos-de-transexuais – Acesso em 05/02/2020.

Viver cotidianamente com o racismo, ou seja, com o *genocídio*, nos obriga a entender a importância dos *afetos* e do *cuidado*, assim como nos propõe bell hooks (2000), como uma "condição pra viver plenamente". Assim, visto que "viver" já é considerado uma conquista, o modo como se vive passa a ser referenciado no *cuidado*, já que 'para o mundo eu seria melhor morta', como um dia me afirmou Tifanny Conceição[60]. O afeto, então, se torna um saber. Um saber produzido e aprendido no cotidiano do movimento através da construção das relações.

A ampliação do conceito de *genocídio* e a compreensão do "viver plenamente" vem sendo utilizada pelo Movimento de Mulheres Negras, a partir da categoria "bem viver". Desse modo, a Marcha de Mulheres Negras foi um movimento importante que influenciou diretamente a organização política dos coletivos, a partir da intensificação da leitura de feministas negras e a, consequente, busca da construção de um *espaço confortável*. Portanto, é importante considerar alguns aspectos que já surgem nas formulações da Marcha para compreendermos os usos e noções de 'adoecimento e cura' presente no campo.

Já em seu título a Marcha traz o termo "bem viver" como um dos objetivos das mulheres negras para o mundo. Na Carta das Mulheres Negras, a formulação de "bem viver" surge como uma forma de reconstrução das relações[61]. Em artigo, Ângela Figueiredo (2018) afirma que as mulheres negras ampliam o conceito de bem viver:

---

[60] Tifanny Conceição, 20 anos, durante entrevista em 18/04/2018, indica seu local de origem: uma região periférica em São Francisco do Conde/BA. Além disso, diz ter entrado na graduação no Bacharelado Interdisciplinar em Ciências Naturais em 2016, na UFBA, e se identifica como 'bicha preta'. Integrante do Coletivo KIU/Ufba.

[61] Disponível em https://www.geledes.org.br/wp-content/uploads/2016/09/E-book-Marcha-das-Mulheres-Negras-comprimido-20.09.16.pdf – Acesso em 27/02/2020.

No caso em destaque, as mulheres negras não só utilizam o conceito de 'bem viver', como o amplia, visto que também denunciam a falência do processo civilizador em curso. O Estado não assegura os direitos mínimos, o que torna a tarefa das mulheres negras demasiada, pois, é preciso assegurar a sobrevivência da população negra em sua dimensão cotidiana e, no limite, como espécie humana. Este compromisso histórico com a sobrevivência coloca as mulheres negras em uma posição importante, no sentido da construção de um novo horizonte histórico, na defesa das condições de suas próprias vidas e da defesa das demais vidas do planeta, por que não queremos subverter a ordem hierárquica, agora nos colocando no topo da hierarquia, ao invés de ocupar a base. Não, certamente não queremos isso, pois queremos muito mais, queremos transformar, subverter e desintegrar a colonialidade global do poder contra toda forma de dominação e exploração da existência social. Como diz Quijano (2014, p. 47): 'Es decir, una des/colonialidad del poder como punto de partida, y la autoproducción y reproducción democráticas de la existencia social, como eje continuo de orientación de las prácticas sociales' (FIGUEIREDO, 2018, p. 1.095).

Assim, a dimensão de "bem viver" e as formulações da Carta da Marcha[62] estão relacionadas diretamente à "luta pelo direito de sentir". Ou seja, à luta pela transformação dos afetos em linguagem e em ação política – ou em saberes –, o que mais uma vez evidencia a influência das formulações do Movimento de Mulheres Ne-

---

[62] Disponível em https://www.geledes.org.br/wp-content/uploads/2016/09/E-book-Marcha-das-Mulheres-Negras-comprimido-20.09.16.pdf – Acesso em 27/02/2020.

gras na organização política dos sujeitos e dos coletivos presentes nesta pesquisa.

Ainda na narrativa de Azula, ela traz que o processo de *cura* é relacionado ao coletivo e também muitas vezes na busca da *ancestralidade*. Ela diz:

> Acho que isso tá nesse olhar da cura. Porque acho que se não tivesse essa galera preta aqui ia ser insuportável estar aqui. Ia ser completamente insuportável estar aqui, eu nem sei. Porque a gente realmente segura o rojão, sabe? [...] não tenho mais aquela coisa que eu tinha pra conseguir segurar esse role aí. Aí está nessa coisa aí de me tratar, de conseguir entender até onde eu vou. Existem pessoas que vão conseguir passar a vida inteira com um microfone na mão gritando. E outras pessoas vão ter outras formas de fazer isso. Cada um tem um limite para as coisas. E eu entendi que o meu estava num outro lugar. Até um pouco pela relação que eu tenho lúdica com as coisas. E eu consigo... eu tenho muita potência pra política, mas eu acho que tenho mais potência pra outras coisas. Eu acho que eu rendo mais, meu corpo suporta mais em outros lugares. Aplausos para os que ficam. Não estou aqui pra criticar, estou aqui pra exaltá-los. Mas eu realmente não posso fazer mais o tanto como era daquela forma, não. E tô me cuidando. Dei uns rolezinhos no candomblé, tô entendendo um pouco. Isso é bem recente pra mim (Vinícius, entrevista em 12/12/2018).

Nesse sentido, a ideia de que a *cura* passa por estar em espaços em que se compartilha as mesmas *vivências e experiências*, pode passar do coletivo até uma aproximação com a religião. Nesse aspecto, vale ressaltar que durante a pesquisa foi comum ouvir relatos e/ou acompanhar a aproximação de alguns interlocutores com religiões de matriz africana, especificamente o Candomblé.

Apesar de não ter encontrado trabalhos que demonstrassem esse fenômeno, era comum em rodas de conversa informal sobre o assunto ouvir comentários sobre o crescimento do número de amigos – também negros universitários – no Candomblé. Assim, a busca por esta religião de matriz africana retoma a ideia de Franz Fanon (2008) da importância do passado na construção do sujeito: "O branco estava enganado, eu não era um primitivo, nem tampouco um meio-homem, eu pertencia a uma raça que há 2 mil anos já trabalhava o ouro e a prata" (p. 119). Aqui, a *ancestralidade* surge como central no processo de construção da identidade desses sujeitos e também como meio ritual de *cura* para os *sofrimentos*.

Aiye TiEso[63], integrante da Frente Negra da Uerj, se reaproximou do Candomblé recentemente, levando Azula com ele, chamou atenção mais uma vez para como a proximidade com a morte cotidiana de jovens negros é um forte fator de *adoecimento*, mas como o coletivo e o *político* também podem ser razão desse sofrimento. Ele diz:

> Um amigo teve um ataque cardíaco em casa em decorrência da vida, com 21 anos de idade. E aí eu acho que, assim, desde o início da graduação teve o caso da Shelida, que era estudante trans que sofreu muito por ser uma estudante trans, preta, do Movimento Negro, de muita gente chamando ela de embranquecida por ser uma mulher trans... sabe? Tudo isso é muito... teve uma pneumonia e faleceu com 24 anos. Que era referência pra gente. A família dela é evangélica e aí ela foi enterrada com nome de batismo. E a gente estava lá e estava se despedindo não da Shelida, mas de uma pessoa que a gente não conheceu. E isso foi muito... sabe?

---

63 Aiye TiEso, 37 anos, graduando em Ciências Sociais, integrante da Frente Negra/Uerj, no momento da entrevista, 10/11/2018, diz ser 'bicha preta', 'não binária', 'com deficiência', 'candomblecista' e que recebeu esse nome de sua Mãe de Santo.

> E eu fico pensando na quantidade de suicídios que tem aqui na Uerj, sabe? Que não é a maior do que na UFRJ. Mesmo número. Mas é muito impressionante que, sei lá, de uns 5 anos, sei lá, 10 anos, é muita gente. Todos eles com idade abaixo dos 30 anos. E tipo, dessas pessoas, acho que duas pessoas não eram negras. Sabe? São várias porradas que a gente vai levando, várias agressões, microagressões, que vão colocando a gente num lugar que a gente vai vendo naquele estereótipo racial. Que resistir é algo que não tá colocado. Em alguns corpos eles sentem mais. De uma forma mais pesada. Porque tem esse lado do político, de você fortalecer pra você resistir algumas coisas. Mas é importante falar que esse processo é tão violento, que algumas pessoas não chegam no final dele. Muitas pessoas não chegam no final e muitas pessoas perdem as suas vidas. Nessa discussão de movimento preto, de genocídio (Aiye, entrevista em 10/11/2018).

Aqui, novamente o racismo é lido como determinante de adoecimento e de morte, e o suicídio reaparece como uma realidade cotidiana. Na sequência da narrativa de Aiye, ele afirma que o movimento é 'ao mesmo tempo fundamental para o bem e para o mal' e continua:

> Ajuda, atrapalha, forma. Não é aquela relação bonitinha romântica que todo mundo imagina. Ao mesmo tempo que é fundamental. É fundamental. Pelo bem ou pelo mal. E esses movimentos, o que eu percebo, é que o movimento, por exemplo, que eu vou deixar quando eu sair da universidade agora, acho que não é o mesmo movimento que eu encontrei quando cheguei [...]. Eu acho mesmo que a gente vai sendo modificado, vai modificando o espaço (Aiye, entrevista em 10/11/2018).

O movimento ou o coletivo como razão de 'adoecimento e cura' surge nas falas de todos os interlocutores, nas entrevistas ou em conversas informais. A depender do sujeito, da linha teórico-política e organizacional do coletivo, as razões para essa dupla relação – 'adoecimento e cura' – são diversas, mas frequentes. Rodger Richer[64], integrante do Enegrecer da Ufba e organizador do V Enune[65], por exemplo, disse em entrevista que durante a organização do Enune ficou 'muito, muito, muito doente', mas que foi também a 'solidariedade e o coletivo que o curou'. Taina também relatou seu processo de depressão enquanto estava atuando no movimento estudantil na Unesp e esse processo de *adoecimento* se tornou a razão para a troca de universidade e de movimento.

Além disso, os eventos que compuseram a etnografia no KIU! e na UFBA, eram acompanhados de homenagens para Felipe Doss[66]. Tanto no cotidiano do coletivo, como nas falas públicas, a vivência do luto e da morte acompanharam o tempo que estive

---

64 Rodger Richer, 26 anos, no momento da entrevista, realizada em 24/04/2018, tinha finalizado sua graduação em Ciências Sociais da Ufba e iniciado o mestrado em Ciência Política na Unicamp. Ele se identificava como um homem negro cisgênero heterossexual.

65 Encontro Nacional de Negras, Negros e Cotistas da União Nacional dos Estudantes. Para uma análise desses encontros, cf. Richer, 2017; 2020.

66 No momento da entrevista, 20/01/2017, era graduando em Geografia da Ufba, integrante do Kiu! e Quilombo e se identificava como uma 'bicha preta'. Felipe Doss foi assassinado com dois tiros na cabeça em frente à sua casa em 9 de novembro de 2017. Até agora o caso não foi solucionado. Aposta-se na possibilidade de um homicídio por LGBTQIA+fobia e racismo, pois nada foi roubado. Logo após o caso, durante um encontro da EPS/PT, com a presença do Governador Rui Costa, Rosa Morena – que era muito amiga de Doss – fez a leitura de um texto denunciando o genocídio da população negra e jovem, perguntando o que ele iria fazer, agora que um deles tinha sido vítima dessa política genocida. Apesar da denúncia, não há respostas ao caso. Para mais informação, cf. https://g1.globo.com/ba/bahia/noticia/apos-6-meses-morte-de-aluno-da-ufba-em-assalto-segue-sob-investigacao-familia-protesta-e-pede-justica-resposta-positiva.ghtml – Acesso em 27/02/2020.

em Salvador. Em um dos eventos, ocorrido na Faculdade de Comunicação da Ufba (Facom/Ufba), eu pude acompanhar falas que organizam esse duplo sentimento de 'adoecimento e cura' que a militância gera. No início do evento foi exibido o filme *Travessias negras*, que trazia narrativas de jovens cotistas negros na Ufba – com a participação de Samira Soares[67] e Rodger[68]. Em seguida, iniciou-se o debate com a plateia e Samira pega o microfone. Ela começou exaltando o evento e disse que ele foi realizado por um grupo 'auto-organizado de negros que se constrói como resistência na Facom', que mais parece um 'cenário de malhação de tão branca'. Ela continuou: 'a gente sofre vários boicotes. É difícil porque queremos estudar e tem que ter essa postura militante e isso adoece. Por isso vários estudantes adoecem... a denúncia de racismo não é atual, mas precisamos construir e organizar para romper com a estrutura'[69]. Ao final, a mediadora da mesa fala: 'eu não entrei para estatística, não morri e tenho 29 anos, mas enterrei muitos e uns deles, mais recentes, como Felipe Doss, que vai tá presente com a gente sempre. Aqui e em todo lugar!'[70] Ela continua afirmando a necessidade de criar 'uma rede de fortalecimento entre eles, pois o racismo é solidão e isso faz sofrer'. Desse modo, falas no sentido de se sentir 'obrigado a militar por causa do racismo' foram comuns, assim como o reconhecimento dos espaços coletivos como uma forma de se fortalecer.

---

67 Samira, 23 anos, identifica-se como uma *mulher negra sapatão*. Durante a entrevista, em 17/04/2018, ela afirma ser de Lençóis, uma cidade no interior da região da Chapada de Diamantina no Estado da Bahia. Era também estudante de Bacharelado Interdisciplinar em Humanidades da Ufba e integrante do coletivo Enegrecer.
68 Disponível em https://www.facebook.com/travessiasnegras/ – Acesso em 05/05/2020.
69 Retirado do caderno de campo.
70 Retirado do caderno de campo.

Além desse, um outro evento também tomado por homenagens, foi realizado no Instituto de Geografia, nomeado GeoPreto. A primeira mesa do evento teve falas sobre o *epistemicídio*[71] e uma longa homenagem a Doss que tinha sido estudante daquele curso. Depois da homenagem deu-se início à mesa "afetividades e sexualidades", composta por uma 'mulher trans, uma sapatão preta e duas bichas pretas' estudantes da Ufba, de acordo com suas apresentações. As falas são tomadas de muita emoção e momentos de choro. Em um momento de fala da *sapatão preta*, ela diz: 'a minha permanência na universidade é um processo muito difícil... entrar na Ufba é difícil, mas permanecer é muito mais e o afeto salva e ajuda muito a gente... Quem tá enlouquecendo a universidade somos nós, mas também estamos enlouquecendo'[72].

Um outro aspecto que surge, nos eventos apresentados acima como 'razão do adoecimento' é o *epistemicídio*. Para compreender melhor esse ponto, trago um trecho da entrevista de Ane Souza[73] que relata ter tido *um surto* por se ver como *objeto*. Ela diz:

---

[71] Assim como interseccionalidade, o termo epistemicídio surge como uma categoria êmica. O termo sofre variações, mas tem como maior referência a definição de Sueli Carneiro (2005). Segundo esta autora, epistemicídio é um conjunto de práticas que nega, dificulta e elimina a produção de conhecimento construída por pessoas negras. Apesar de ser sabido em campo que o termo fora criado por Boaventura de Souza Santos, o autor raramente é citado. Boaventura é um intelectual central para os estudos decoloniais na América Latina. Dentro deste campo de estudos existe uma reflexão mais aprofundada da relação entre a produção de conhecimento no Norte e no Sul Global. Assim, a questão racial ocupa outras dimensões que não se restringem ao branco/negro, e a geopolítica do conhecimento é amplamente desenvolvida. Cf. Meneses e Santos, 2010.

[72] Retirado do caderno de campo.

[73] Ane Souza, 34 anos, no momento da entrevista, 04/10/2019, entrou na graduação em Ciências Sociais da Uerj na primeira turma de cotas em 2003. Durante a graduação foi integrante dos coletivos Denegrir e Aquatune. Durante a entrevista estava realizando seu doutorado em Sociologia na PUC-Rio.

> Eu tive uns surtos, tipo, joguei todos meus cadernos de graduação fora, essas crises em relação a como o curso trata o negro. Porque eu também não tinha acesso aos autores negros e a produção negra de quem faz Ciências Sociais, Ciências Políticas, Antropologia. Eu tô tendo esse acesso muito mais hoje. Então, assim, eu tive muitas crises com meu curso. Eu queria meio que abandonar. Mas eu falei 'porra, não posso abandonar, tenho que ter nível superior'. E também tive amigas que falaram 'não, Ane, você não pode abandonar'. Porque assim, tive vontade de abandonar. Cara, não quero... mas todos os cursos são assim [...] quando você percebe que você é só objeto, tudo que você faz é tudo objetivação do que você é, você não é agente político, você não é nada. Você não lê nada sobre preto ou então você lê os autores racistas do século XIX, início do XX. Pra mim isso foi uma grande crise, isso me fez, meio que, demorar muito tempo pra terminar meu curso também (Ane, entrevista em 04/10/2019).

Se ver como objeto e não como agente da história nos torna "coisa", como diz Fanon (2008) e como colocado na narrativa de Ane. Nesse sentido, além das 'causas de adoecimento' já colocadas, o fato de não se ver representado nas obras e nos autores dos cursos surge como outra razão para o *adoecimento* desses sujeitos. Assim, o *epistemicídio* surge como a forma 'mais visível do racismo institucional da universidade', esta vista como tendo constantemente o desejo de *expulsar* esses sujeitos daquele espaço.

Ainda segundo a narrativa de Ane, ela afirma que o modo de superar de alguma forma o *epistemicídio* é a 'formação coletiva e a militância negra'. Ela diz:

> Porque a militância negra ela te... você dialoga, você conversa, você conhece outras pessoas, você

aprende como você vai ter que montar seu projeto de doutorado pra entrar na instituição. Aprendi tudo isso na militância negra. A militância negra que me ensinou os caminhos, não foi o professor na universidade. Professor não te leva pela mão pra escrever, você não entra na bolsa de iniciação científica, na bolsa de extensão. Você não tem isso de ter um professor que te apoie, que te fale de artigo, que te fale de seminário. Você aprende isso na militância negra. Pelo menos é minha experiência. Eu aprendo na parte da militância, dos negros, quais são os esquemas pra entrar, o que eu tenho que fazer, o que eu tenho que ter no meu lattes. É com gente preta que já tá. Eu não aprendo isso com a minha orientadora branca. Nenhuma delas, nunca me falam. E eu vejo os negros que não tem esse contato, tão lá com lattes vazios. Eles não falam pra gente, não te ensinam os caminhos, não leem os nossos textos, não leem os nossos projetos (Ane, entrevista em 04/10/2019).

A partir da fala de Ane, podemos perceber que a universidade é colocada como esse "outro branco", que não reconhece nesse jovem estudante negro um futuro pesquisador e intelectual e a militância negra surge como a coletividade 'dos seus negros', que representa o *cuidado* e o auxílio para suprir de certo modo o *epistemicídio* ou o racismo institucional.

Nessa chave de reflexão, Bruno Nzinga[74] ao responder uma pergunta sobre o que seria 'ser negro e bicha na Unicamp', nos traz esse constante sentimento de resistência à *expulsão*. Ele diz:

---

74 Bruno, 23 anos, afirmou em entrevista ser de uma região periférica da cidade de São Paulo, ex-estudante de um PVNC organizado no seu bairro, formando em Ciências Sociais pela Unicamp e 'bicha preta'. Integrante do NCN/Unicamp.

> Ser bicha preta e pobre, né? ah, não é simples, não é simples em lugar nenhum, mas sei lá, se eu tivesse num trabalho também não ia ser simples, aonde que é simples, né? Nem em casa é simples. Eu encaro às vezes como um jogo, sabe? Que eu tenho que jogar também [...]. Sei lá, parece que a universidade tá me jogando pra fora, e não só a universidade, isso acontece, o mundo tá te jogando pra fora... então, já teve muitas vezes que eu pensei em trancar o curso [...] sei lá, ser negro na universidade é reexistir, né... é meio que ser teimoso de ficar. Acho que só fica quem é muito teimoso, quem consegue ser muito teimoso (Bruno, entrevista em 15/07/2018).

Aqui, a noção de que *só o afeto salva* é retomada. Assim, a partir desse conjunto de narrativas e dos eventos em campo podemos afirmar que a *vivência* cotidiana com o racismo – sendo por medo de ser o alvo ou pelo luto – leva o *afeto* e a importância do cuidado coletivo para o centro das relações desses sujeitos como uma busca para uma "vivência plenamente" além da "sobrevivência" (hooks, 2000).

## 1.3 Materializando os saberes afetivos: a mãe como conexão entre dois mundos

Em diversas narrativas, a entrada na universidade é vista como uma conquista por representar a possibilidade de ter *uma vida melhor*. Assim, o incentivo aos estudos surge como uma *estratégia que as mulheres negras adotam*, e a figura da mãe é acionada como a razão para que, apesar das dificuldades e da *solidão* sentidas ao entrar na universidade, esses jovens tenham uma *responsabilidade* para com esse esforço. O acionamento da figura da mãe surge muitas vezes como metáfora de uma relação entre *dois mundos* que esse sujeito passa a ter que manusear.

A figura da mãe é constantemente acionada durante a entrevista de Jamile Carvalho[75] em diferentes momentos. Ao narrar a sua inquietação sobre quando pensa do porquê de ela ter sido a única de sua geração, na família e na vizinhança, a ter entrado em uma universidade pública, retoma a mãe como meio de tentar encontrar essa justificativa e traz um caso que nos ajuda a refletir acerca de como a universidade se constrói como uma ideia. Ela disse:

> Aí eu fico me perguntando 'o que foi?' Porque não teve nada... minha mãe não entendia o que era faculdade, até hoje minha mãe não entende o que eu fiz. Ela sabe que eu estudo, mas não entende o que é Ciências Sociais, não passou por essa experiência. Sabia que era uma coisa boa, sempre me incentivou quando eu decidi que ia continuar estudando depois do Ensino Médio, mas a partir do exemplo que ela via na casa onde ela trabalhou a vida toda. Em que todos os filhos entraram na universidade. Inclusive eu tive recentemente uma descoberta muito interessante. Minha mãe trabalhou em uma casa como empregada doméstica quase 20 anos, ela criou os filhos dessa família. Uma família branca da Barra[76]. Agora, há pouco tempo, ela decidiu que queria reencontrar essa família. Aí eu fiz vários questionamentos, 'mas pra que entrar em contato com a família?, a

---

[75] Jamile, no momento da entrevista, 17/04/2018, se apresenta como uma mulher negra e heterossexual, que entrou na graduação em Ciências Sociais na Ufba em 2005, ano da entrada dos primeiros cotistas na universidade. Durante a graduação foi integrante do Núcleo de Estudantes Negros da Ufba (Nenu). No momento, também estava iniciando seu doutorando na Ufba.

[76] A Barra é um bairro de Salvador que concentra pontos turísticos da cidade. O bairro é considerado, em campo, como habitado por pessoas de classe média e/ou classe média alta.

senhora foi empregada'. Fiz vários questionamentos, mas ela não arredou o pé, queria que eu descobrisse onde estavam essas pessoas pelo Facebook. Aí eu fui lá fuçar, eu sabia o nome das pessoas, fui pelo sobrenome, achei a mãe, a pessoa que ela era empregada na casa. Aí fiz um convite no Facebook, deixei uma mensagem, como eu acho que não sou amiga, talvez ela não tenha visto. E aí eu fui procurar pelos filhos. Eu descobri que o menino que minha mãe foi babá faz Ciências Sociais hoje na Ufba e eu o conheço. E aí eu entrei em contato com ele pra contar essa história, só que ele ainda não respondeu. Então, assim, minha mãe só conhecia a universidade a partir dessa perspectiva, de ver os filhos dos outros, que ela tomou conta, que entraram na universidade e era algo natural. Depois do Ensino Médio, entrava na universidade. E ela nunca colocou isso como uma coisa pra gente, porque acho que ela sempre pensou que era algo inatingível, que não era coisa pra gente, ainda mais entrar na Ufba. Todos os filhos dessa família, eu até aproveitei pra olhar no Facebook, todos passaram pela Ufba. Um fez Engenharia, outro fez Fonoaudiologia e, o mais novo, fez Ciências Sociais – tá terminando agora a graduação em Ciências Sociais. Aí você vê a filha da empregada, que já tem mestrado, e o filho do patrão estão na mesma universidade, fazendo o mesmo curso, em momentos diferentes da carreira acadêmica, mas ali, se encontrando. Isso é surreal. Aí fiquei pensando sobre isso... e contei pra minha mãe. Falei: 'o mais novo que a senhora tomou conta, está fazendo o mesmo curso que eu fiz, que eu até já terminei o mestrado'. E ela achando muito interessante tudo isso. Isso só é possível hoje[77] (Jamile, entrevista em 17/04/2018).

A fala de Jamile nos traz aspectos que perpassam grande parte das narrativas dos interlocutores. Primeiro, a universidade surge como um 'lugar não muito bem compreendido', mas como uma *coisa boa*, já que os filhos dos empregadores da mãe entraram na universidade. Assim como Jamile, outras interlocutoras cujas mães foram ou ainda são empregadas domésticas, relatam que a identificação por parte delas da universidade ser uma *coisa boa* vinha do fato dos filhos da família na qual trabalhavam entrarem logo após o fim do Ensino Médio. Desse modo, a entrada na universidade surge como um meio para uma ascensão social e um modo de romper com um ciclo geracional de ocupações em determinados postos de trabalho, como o trabalho doméstico.

Como podemos observar a partir da realidade social brasileira e corroborada por trabalhos como de Marcia Lima e Ian Prates (2019), o emprego doméstico pode representar uma fotografia da sociedade brasileira onde são mantidos "velhos hábitos arcaicos de herança escravista que marcam a submissão" (p. 151). Esta submissão sendo principalmente de mulheres, negras e pobres que representam a maior porcentagem de trabalhadoras domésticas no país[78]. Assim, podemos afirmar que apesar da mãe, que muitas vezes é uma mulher negra pobre empregada doméstica, não saber 'muito bem o que é a universidade' e o que 'seria feito lá', esse lugar é identificado

---

[77] Nesta fala, Jamile está se referenciando tanto à política de cotas quanto às políticas de expansão universitárias realizadas nos governos do Partido dos Trabalhadores, que possibilitaram um crescimento considerável de estudantes de baixa renda e negros nas universidades públicas brasileiras.

[78] Segundo Lima e Prates (2019), a partir dos dados do Pnad em 2012, do total das pessoas que exerciam trabalho doméstico, 92,8% eram mulheres, dentre elas 64% negras e 81,8% tinham no máximo o Ensino Fundamental completo.

como uma *coisa boa* e o incentivo aos estudos uma 'estratégia que as mulheres negras adotam'. A universidade então, surge como um meio desse filho adentrar outro lugar que não seja o que ela conhece, ou seja, o da submissão.

Além de Jamile, Ane também nos traz em sua narrativa que o emprego doméstico estava na sua família há gerações, mas que sua mãe sempre dizia que 'não queria esse destino para mim'. Ela diz:

> Eu sou filha de empregada doméstica, minha mãe trabalhou desde os 8 anos em casa de família, então eu lembro que o grande marcador de entrar na universidade não foi porque eu tive contato com professor, foi quando o meu irmão entrou pra História. E, assim, eu vi a felicidade da minha mãe, e ela falava que a gente tinha que ser da universidade pra não ser doméstica [...] e também nunca fui levada como filha pra casa de família pra ajudar. Ela nunca disse: 'ah, esse vai ser o seu destino'. Ela não queria esse destino pra mim (Ane, entrevista em 04/10/2019).

Ainda segundo Lima e Prates (2019), entre 2002 e 2012 "houve uma redução significativa de empregadas domésticas, em especial nas faixas mais jovens, assim como um aumento da escolaridade desses trabalhadores" (p. 152). Apesar dos autores não relacionarem essa redução com a política de cotas[79], podemos dizer que nas narrativas dos interlocutores desta pesquisa é produzida uma relação direta entre as cotas, a entrada na universidade e a "fuga" do trabalho

---

[79] A partir da análise dos dados, os autores afirmam: "Há razões suficientes para crer que a mudança no perfil do emprego doméstico, em especial se considerarmos o grupo de jovens menos qualificadas, deveu-se em grande medida a uma expansão dos setores do mercado de trabalho urbano. Mais do que isso, pelo crescimento de ocupações qualitativamente superiores, seja do ponto de vista dos rendimentos ou do acesso a direitos decorrentes de maiores níveis de formalização" (LIMA; PRATES, 2019, p. 166).

doméstico. Assim, a entrada na universidade representa para essa mãe um sinônimo de amor (hooks, 2000), e para a filha uma forma de agradecimento que irá perpassar toda sua trajetória acadêmica. Entretanto, vale ressaltar que essa relação não pode ser vista de forma romantizada. Em conjunto com o campo de estudos da política educacional recente, Maria Eulina de Carvalho (2004) se dedica a refletir sobre como o sucesso escolar relacionado à dedicação da mãe reforça os papéis de gênero, que também são reforçados pelo currículo escolar. Assim, aproximando os escritos de Carvalho e bell hooks (2000), uma vez que a educação é vista como um meio de ascensão social, o incentivo aos estudos é colocado como uma forma de amor que paira sobre a *responsabilidade* quase que exclusiva da mãe, da mesma forma que a noção de *agradecimento* surge com mais frequência nas narrativas das mulheres com quem conversei.

Logo no início da entrevista, Taina relaciona a trajetória de sua mãe contra a violência doméstica que sofria com a sua primeira aproximação com a *luta por direitos*. Apesar de a todo tempo marcar a importância de sua mãe em sua trajetória, essa relação passa a ser ressignificada a partir da inserção de Taina no feminismo negro. Assim, na parte da entrevista em que aborda a importância do *cuidado* e de uma *cara feminista negra* na organização política do NCN/Unicamp, volta a falar de sua mãe e dizer que além do feminismo negro tê-la ensinado 'como deve se fazer política', a aproximação com o tema e com 'mulheres negras mais velhas' a fez rever a sua relação com sua mãe. Ela conta:

> Eu não me via nela, eu não me identificava com ela porque, talvez por eu ter tido uma trajetória pra ter toda essa trajetória pra mim, eu achava que tinha coisas que eu tinha vivenciado, que eu tinha visto, que eu entendia e que ela não seria capaz de entender, mas eu acabei criando, tipo, uma desumanização tão grande com ela a partir

> das experiências que eu tive de violência com o meu pai que eu também não tava interessada em compartilhar muito, eu perdi a paciência muito rápido... e aí quando eu percebi isso eu falei, tipo, 'poxa, eu tô sendo supermachista com a minha mãe e ainda tô sendo racista'. [...] Logo depois de todo esse processo, de eu me aproximar desses movimentos, de eu começar a levar pra casa discussões mais elaboradas, mais sofisticadas, livros, começar a levar a minha mãe pra frequentar alguns lugares que eu comecei a frequentar, que eu já frequentava, a minha mãe foi, entrou na universidade, tipo, se rebelou contra a patroa, saiu do serviço, hoje ela é funcionária do Extra. Entende? Então assim [...] o feminismo faz a gente olhar pras nossas práticas (Taina, entrevista em 10/10/2018).

Apesar da importância de sua mãe, Taina afirma inicialmente que as *experiências* e *formações* que passou a ter após a entrada na universidade, a fizeram achar que 'sua mãe não seria capaz de entendê-la'. Contudo, foi na aproximação com o Movimento Feminista Negro que ela passou a rever a relação com sua mãe e a levou para o "seu mundo". Assim, apresentar a mãe aos livros, levar para frequentar lugares e até a universidade, foi visto como um movimento de aproximar *os dois mundos* nos quais ela vivia – "mundo da universidade" e "mundo de origem" – para a própria mãe. Assim, esse "saber afetivo", aprendido e referenciado na teoria e no Movimento Feminista Negro, transforma e constituí as relações dentro do movimento, mas também as relações familiares desses sujeitos.

A Jornada Afro Acadêmica de Estudos (Jaee), realizada na UFRJ, em outubro de 2017, foi um momento acompanhado em campo no qual essa conexão entre os *dois mundos*, apontada por

Taina e Jamile, foi observada e compartilhada por mim[80]. Tomada pelos debates dos quais havia participado e ouvido no NCN/Unicamp e, principalmente, em espaços de *formação* de mulheres negras sobre o 'empoderamento da família' e a importância da mãe em todo esse processo, fui para a Jornada, pensando em levar a minha mãe para a mesa de abertura. Descobri que a mesa contaria com a presença da filha de Carolina Maria de Jesus[81], o que me fez pensar que seria uma ótima oportunidade de propiciar a minha mãe sentar-se num lugar no qual só havia entrado por ocasião de minha formatura. Um lugar que sempre lhe pareceu muito distante, mas que ela acessaria num momento em que estaria cheio de gente parecida com ela e ouviria a história de Carolina Maria de Jesus. Para mim, poderia ser algo muito especial, sobretudo por fazê-la sentir-se pertencente. Ao chegar no Rio de Janeiro, falei da mesa e ela se empolgou com o convite. Ela me acompanhou, mas preferiu ficar sentada ao fundo do opulento salão nobre do IFCS/UFRJ e assistiu a todas as falas. Ao final me disse: 'é muito lindo o que vocês estão fazendo. Continue sempre e muita força para vocês'. Eu agradeci e pude ver sua cara de felicidade.

Durante o evento, percebi que muitas mães – e às vezes as famílias (com pai e avós) – participavam dos momentos de apresentações de trabalhos[82]. Na mesa de encerramento, a mãe da estudante que mediava a sessão estava presente. Antes de começar sua fala, ela disse

---

[80] A Jaee foi organizada pelo Coletivo Negro Carolina de Jesus, da UFRJ e, segundo o site da jornada, surgiu pela "observação de duas demandas compartilhadas entre pessoas negras que ingressam na universidade nos últimos anos: dividir sua produção acadêmica e refletir sobre a responsabilidade da intelectualidade negra" [Disponível em http://jaee.ifcs.ufrj.br/ – Acesso em 25/10/2017].

[81] Carolina Maria de Jesus foi uma escritora brasileira conhecida por seu livro *Quarto de despejo: diário de uma favelada*, publicado em 1960. Carolina de Jesus é considerada uma das primeiras e mais importantes escritoras negras do Brasil.

[82] Vale ressaltar que a quase totalidade dos pesquisadores estava na graduação, desenvolvendo, ou não, pesquisas de iniciação científica.

que aquela era a primeira vez que ela estava em uma mesa e havia levado sua mãe para assisti-la como forma de compartilhar com ela aquele momento. A mesa de encerramento da Jornada, aliás, só começou quando a mãe da estudante chegou. Esperar por aquela mãe era algo cuja importância se compartilhava: mostrar para a mãe que ela estava numa mesa era *motivo de orgulho*, mas também uma forma de *agradecimento* por todo o *esforço* feito por aquela mãe para que a filha 'pudesse estar naquele lugar'. A felicidade exacerbada da mãe, que chorava no decorrer da mesa, demonstrando todo seu orgulho, afetou a todos que compartilharam aquele momento. Levar a mãe ou a família a um evento como aquele era algo coletivamente defendido como uma maneira de também colocar *os seus* dentro da universidade, além de ser uma forma de 'retribuição e agradecimento'.

Pude presenciar momentos semelhantes em outros espaços. Durante a mesa de abertura do V Encontro Nacional de Negras, Negros e Cotistas da UNE (Enune)[83], em 2016, e do VI Enune, em 2019, os respectivos diretores da pasta de combate racial da UNE, que coordenavam o Encontro, levaram suas mães ao evento. Um encontro aconteceu três anos após o outro, mas a cena parecia ser exatamente a mesma. Sentadas na primeira fileira, nenhuma delas mostrava ter intimidade com aquele espaço. Além de ter sido dito por seus filhos que era a primeira vez que elas estavam na universidade que eles estudavam, cada uma observava cada detalhe ao redor de todo espaço que tinha sido preparado para a mesa de abertura, se esforçavam para ler todas as bandeiras e cartazes pendurados e direcionavam os olhares curiosos para os jovens com seus cabelos e roupas coloridas que circulavam, passando uma sensação, para os observadores de seus olhares, de estranhamento, mas também de muita curiosidade. Os dois diretores aproveitaram o momento de

---

83 Para uma descrição deste encontro, cf. Lima, 2020.

suas falas para agradecê-las pela presença, afirmando ser 'por elas que estavam lutando'. Ao fim, eles foram intensamente aplaudidos por todos os outros jovens negros universitários que ali estavam.

Além disso, em todos os momentos que pude observar a presença das mães, era relatado um desejo de *agradecimento*, mas também de apresentar a própria universidade. A ideia de 'mostrar o que é, e o que se faz naquele lugar' era dita e compartilhada por diferentes atores, em diversas situações. Nas entrevistas e em conversas com estudantes negros, pude perceber que, por serem os primeiros de suas famílias a entrarem na universidade, esta que se apresentava como muito distante, mas como uma *coisa boa*, continuava sendo distante para toda sua família e realidade local, mesmo após a entrada desses estudantes. Dessa forma, levar a mãe à universidade se apresenta como uma forma de conexão entre *dois mundos*: o "mundo de origem", no qual este estudante foi criado, e o "mundo da universidade", para onde ele adentra após a matrícula. Além disso, a presença da mãe também aproxima o "mundo de origem" ao mundo da universidade" em uma via de mão dupla: as mães conhecem o "mundo da universidade"; os colegas da universidade são apresentados ao "mundo de origem" de quem leva a mãe.

Entretanto, vale ressaltar que há uma escolha afetiva dos lugares e momentos em que as mães são levadas ao "mundo universidade". A essa mãe não é apresentada a mesma universidade que seu filho conheceu ao entrar. Ela chega em um momento onde mostra a conquista desse filho e em espaço considerados seguros. Além disso, a presença da mãe é parte dos *agradecimentos* dos filhos, mas é também uma presença que constitui o fazer militante, que reforça a legitimidade das pessoas em "fazer a luta". É uma presença afetiva e política. As mães são figuras importantes na trajetória das pessoas e levá-las para a universidade é também um modo de materializar os passos dessa trajetória em um corpo, emocionado, que está lá para conhecer mais sobre esse outro mundo frequentado pelos filhos. O momento de levar a mãe à universidade também é realizado como uma forma de validação da *experiência* e apresentação da *ancestralidade* que oferece uma legitimidade política desses sujeitos[84].

Contudo, para os outros estudantes negros LGBTQIA+, entrar na universidade também representa uma maior *liberdade sexual* e autocompreensão de suas próprias sexualidades. Em todas as entrevistas com LGBTQIA+, eles narram o momento pós-entrada na universidade como uma *libertação da sexualidade*. Dessa forma, o "mundo de origem" aparece como o 'lugar da repressão', em que não podiam se descobrir ou ser descobertos como LGBTQIA+. Em contrapartida, o "mundo da universidade" aparece como *libertador* onde se descobre 'sobre si e sobre a sexualidade', como afirmou um dos interlocutores em entrevista.

A comparação dos Encontros organizados pelo Movimento Negro (como as jornadas ou o Enune) com os espaços e reuniões dos coletivos de diversidade sexual e de gênero se faz, aqui, relevante. Embora nestes também houvesse a centralidade da mãe por parte dos militantes negros, a mãe em si não estava presente nos espaços. Em todo o trabalho de campo desde o mestrado com o Encontro Nacional Universitário de Diversidade Sexual (Enuds)[85], nunca observei cenas como as descritas anteriormente, em que alguma mãe era convidada por sua filha ou filho a acompanhar uma mesa de discussões. Como participante do Enuds, levar minha mãe ao Encon-

---

84 Agradeço aqui a leitura de Natalia Lago, a qual contribuiu diretamente para essa análise.

85 O Enuds surgiu em 2003 e teve sua última edição em 2016. O encontro era realizado em universidades públicas e percorreu todas as regiões do Brasil. As edições contavam com mais de 700 participantes e convidados do movimento LGBTQIA+ brasileiro. Dada sua longa trajetória, o Enuds é considerado um marco no movimento LGBTQIA+ no país. Para mais, cf. Lima, 2016.

tro ou a algum evento paralelo nunca foi uma opção, assim como observo não ser para os meus interlocutores negros destes espaços.

O único momento em que pude observar a presença da família no Enuds, foi na Plenária Inicial da XI edição (2013), em Matinhos/PR, na qual o pai de Lucas Fortuna, um jovem organizador do Encontro que fora assassinado no ano anterior (2012), esteve presente para receber uma homenagem. Vestindo uma camiseta com a foto de Lucas e os escritos *Homofobia mata!*, o pai de Lucas proferiu uma fala associando o caso de seu filho à homofobia e dizendo 'agora estou junto na luta com você, para continuar a luta do meu filho'. Apesar de ser uma figura masculina, o pai de Lucas se apresentava como parte do grupo Mães pela Diversidade, movimento de *mães de LGBTs* em que ele disse ter o *acolhido* após o assassinato de seu filho. Mesmo contando com a participação de muitos pais, a ideia de 'lutar como uma mãe' é constitutiva deste movimento[86]. Desse modo, nos espaços LGBTQIA+ a figura da mãe se faz presente "performatizada" e no compartilhamento da dor e da perda (BUTLER, 2018).

Durante a etnografia realizada no KIU!, coletivo de diversidade sexual majoritariamente formado por negros da Ufba, pude perceber que eles chamam a si mesmos de *pais, mães, avós e irmãos*. Avós normalmente são jovens identificados como a geração mais antiga e não mais atuante. Por sua vez, *pais* e *mães* são os que seriam também da geração mais antiga, porém ainda atuantes. Já os *filhos* e *irmãos* são os integrantes da geração mais recente. Neste contexto, a figura dos *pais* e *mães* não correspondem, obrigatoriamente, à identidade de gênero, ou seja, uma *bicha* pode ser mãe de outra

---

[86] Cada vez mais, trabalhos recentes estão sendo produzidos acerca deste coletivo. Kaito Novais (2017) traz em sua etnografia sobre esse movimento a figura do pai de Lucas, para afirmar que as noções de maternidade são cernes desta organização, independentemente da figura que a representa.

*bicha*, por exemplo[87]. Entretanto, a figura da mãe era muito mais comum que a do pai. Ser mãe significava que essa pessoa teria uma responsabilidade de cuidado para com esse filho, que também via essa mãe como uma figura de respeito, no processo de aprendizado político, mas também como uma pessoa de *segurança*. Assim, pela impossibilidade vista de compartilhar com sua "mãe de origem" o cotidiano da vida, a "mãe da universidade", ou "do movimento", toma esse lugar. Sendo ela que passa a ser chamada para compartilhar as conquistas e são levadas para o momento de falas públicas, apresentação de trabalhos e qualquer outra situação de conquista destes estudantes.

Entretanto, destacamos que tanto a "mãe de origem" quanto a "mãe da universidade" que é levada a compartilhar estes momentos é uma mãe negra. Assim, como a figura da mãe é colocada como esse primeiro posto de construção da identidade racial e do *lugar de cuidado*, a mãe branca toma um outro lugar quando surge nas narrativas.

Nesse sentido, podemos observar a partir das cenas e narrativas que a mãe, "performada" de diferentes formas é acionada tanto nos momentos de celebração quanto de sofrimento. Dessa maneira, um conjunto de trabalhos que se encontram no campo de reflexão acerca de gênero e violência, se dedicam, através das etnografias, em refletir sobre a centralidade da persona da mãe na luta dos movimentos sociais. Adriana Vianna (2014) e Adriana Vianna e Juliana Farias (2011) em trabalho com o movimento de "mães" que

---

[87] Aqui vale ressaltar os trabalhos de Kath Weston (1991; 1998) que, a partir de uma discussão sobre parentesco entre gays e lésbicas de São Francisco, nos anos de 1980, questiona a noção de família como apenas de sangue, e reafirma que as "famílias de escolhas" se mantinham ao longo do tempo. A autora, em conjunto com os dados de campo, nos apresenta como a noção de família corresponde mais aos sentidos de cuidado, apoio e lugar de segurança do que laços sanguíneos. Além disso, para debate acerca de famílias LGBT, cf. Perilo, 2017.

perderam seus filhos mortos por "agentes de Estado"[88] argumentam como que no processo de defesa dos "casos" de seus filhos a "mãe" é a figura central, ao mesmo tempo performada, que encarna a dor universalmente inteligível. Em sua tese Roberto Efrem Filho (2017), a partir de um caso de violência sexual que reverbera como ato no movimento social, apresenta como o movimento pela ação performa a "mãe":

> As convenções, sobretudo de gênero, que conformam a ideia de "mãe", da personagem que encarna o trabalho de cuidado que pode ser levado ao extremo, principalmente se os sinais do sofrimento intraduzível e incomparável estiverem suficientemente à vista, são o que deve ser estetizado e experienciado em público. Nesse processo de maternagem da ação política, os sujeitos se mobilizam entre a reafirmação de convenções de gênero e a disrupção dessas mesmas convenções (EFREM FILHO, 2017, p. 201).

Com isso, Efrem Filho afirma que a "maternagem da ação política não reproduz dominação", mas opõe o "manifestante a qualquer conjectura de passividade". Apesar dos trabalhos citados acima apresentarem essa reflexão a partir de situações de violência, a "maternagem da ação política" se reproduz também em momentos de celebração e conquistas como os descritos nas cenas de campo. Contudo, a partir das cenas e das narrativas podemos observar a diferença de quem "performa a maternagem" a depender das identidades dos filhos. A partir das entrevistas, pude perceber que na narrativa de todos os interlocutores que se identificam como heterossexuais, a "mãe de origem" toma a centralidade assim como

---

[88] O termo "agentes do Estado" é usado pelas autoras para marcar que as execuções dos jovens negros foram realizadas por policiais militares e do exército; muitas vezes, no exercício da profissão.

apresentada no início da seção e é levada, muitas vezes, para dentro da universidade, quando esta compartilha a mesma identidade racial. Em outra medida, no conjunto dos interlocutores LGBTQIA+, a figura da "mãe de origem" como principal incentivadora dos estudos, surge nas narrativas de alguns apenas no período pré-universidade. Outro ponto, é perceber como as mães de religião *evangélica*[89] somem nas narrativas positivas e só surgem no conjunto para marcar a origem evangélica, vista como negativa, antes de entrar na universidade.

Por fim, em conjunto com a bibliografia acerca da "maternagem da ação política", Natalia Lago (2019) reflete acerca dessa construção a partir de "mãe e familiares" de presos, de uma associação chamada Amparar. A autora levanta a hipótese que:

> Minha hipótese era a de que as integrantes da Associação Amparar mobilizariam atributos de gênero ao buscar legitimidade às suas pautas e à sua ação política, dando relevância à importância das mães e, em última análise, da família e dos afetos na produção de um discurso ativista (LAGO, 2019, p. 12).

Nesse sentido, à luz de \go, podemos refletir que no caso dos estudantes negros, por entender a autoridade moral que os atributos de gênero e a legitimidade da mãe oferecem para as pautas e lutas políticas, no campo, ao invés da mãe se colocar ela é colocada pelos seus filhos como meio de legitimar um discurso ativista. Ou seja, como seus filhos podem falar por si, por estarem vivos ou em liberdade, a mãe continua tendo o mesmo papel apontado pelas autoras,

---

[89] As informações da religião das mães foram retiradas das entrevistas. A marcação da religião das mães surgiu apenas nas narrativas de Doss, Azula e Aiye, que relataram a dificuldade de viverem sua sexualidade como *bichas pretas* por serem de *famílias evangélicas*.

mas aqui a figura da mãe é levada e construída pelo filho e não por si mesma na luta política.

A luz de bell hooks (2000) e Lino Gomes (2017), proponho então compreendermos o ato de levar a mãe à universidade como uma "fuga" da *solidão* e, por conseguinte, como uma forma de amor, ou seja, de *afeto* que se torna um saber e assim produz efeitos subjetivos e políticos. A partir de diálogos entre mães e filhas, hooks apresenta como a repressão das emoções foi um meio de sobrevivência para a população negra, mas só quando "nos amamos, desejamos viver plenamente" (p. 3). Dada essa repressão, os negros "aprenderam a seguir seus impulsos somente em situações de grande necessidade e esperar por um momento 'seguro' quando seria possível expressar seus sentimentos" (p. 2). Assim, a mãe que só é levada para a universidade após a construção de um *espaço seguro*, abre a possibilidade de expressão dos sentimentos nos *dois mundos* – "da universidade e de origem" –, e essa possibilidade de diálogo como uma busca do "viver plenamente".

Isto posto, apesar de não ser colocada como uma marcação de diferenciação o ato de levar a mãe à universidade me saltou aos olhos, principalmente, no momento em que eu decido levar a minha mãe. Assim, a mãe surge incialmente nas narrativas como razão para se resistir à *solidão* e como *responsabilidade* para a ação política. Nesse sentido, é após a inserção política e com a preparação de um *espaço seguro*, onde irá se compartilhar um momento de conquista e reconhecimento, que essa mãe é levada para a universidade. Assim, o ato de levar a mãe – no processo de "maternagem da ação política" – conecta os dois mundos desse universitário negro. Além disso, essa mãe negra pobre valida a *experiência* e legitima a sua mobilização no ativismo e na produção de pautas desses jovens em luta que, de certo modo, articulam a sacralidade da figura da mãe, o sofrimento e violência. Em contrapartida, nos encontros como o

Enuds, o compartilhamento da identidade racial não basta. Desse modo, o movimento social performa a mãe, tanto no compartilhamento de conquistas – como quando se leva a mãe do KIU! para apresentação de trabalho – como de sofrimento, quando se compartilha, junto com o pai, a perda de um companheiro de militância.

## Considerações finais

Como dito na introdução, este capítulo deve ser lido a partir da noção de escrevivência. A escrevivência que não só revela a história dos sujeitos que protagonizam essas páginas, mas de um coletivo, que neste caso é o coletivo de negros jovens universitário. Tanto a escrita, por parte minha parte, como a quanto as narrativas dos interlocutores partem das vivências de suas subjetividades, que devem ser compreendidas em suas complexidades, pois eles "não são só negros". Ou seja, apesar da centralidade da questão racial, as vivências de gênero, sexualidade, território, deficiência, entre outras, atravessam todas essas escrevivências.

Conceição Evaristo ao falar sobre a conceituação de escrevivência faz relação com mitos afro-brasileiros. Para a autora, a escrevivência seria como o espelho de Oxum, que não é o espelho de Narciso – o espelho é ele mesmo –, mas sim um espelho que traz a beleza negra, resgatando a autodignidade. Como também o espelho de Yemanjá, aquele que cria, cuida e acolhe a comunidade[90].

Para demonstrar esse processo, na primeira seção deste capítulo, tive como objetivo compreender como os *afetos*, assim como a *experiência*, são transformados em linguagem e, desta forma, em saber, logo no primeiro momento de entrada ou contato com o coletivo. A narrativa de Milena nos traz como o *acolhimento*, *afeto* essen-

---

90 A autora realiza essa explicação no vídeo disponível em https://www.youtube.com/watch?v=J-wfZGMV79A – Acesso em 04/05/2022.

cial para estes sujeitos, é tido como a razão para a sua aproximação com o NCN/Unicamp. Esse *acolhimento* é sentido após ela ter vivido uma situação, identificada como racismo e machismo, que é endossada pelos integrantes do NCN. Neste contexto, as narrativas indicam que é pela busca do *afeto* que estes sujeitos descrevem a aproximação com os coletivos; portanto, a organização e a luta política são efeitos dos saberes afetivos.

Ir ao *bandejão* juntos, nas festas, ficar na casa um do outro, se pegar, brigar, chorar são momentos colocados como *de afeto* e como a razão para a ida a reuniões, assembleias, atos etc. Assim como a *experiência*, o *afeto* também passa a ser um elemento que articula a *interseccionalidade*, ou seja, o modo e com quem "se troca" afeto passa a ser lido a partir desta perspectiva. Compreender que as "opressões" são *interseccionais* é compreender que os *afetos* também são organizados política e socialmente, isto é, entender que há uma desassociação histórica entre o belo e o corpo negro faz com que na reconstrução dessas identidades e destes *afetos* o corpo negro, mas também o gordo, o masculinizado ou feminilizado, passe a ser visto como belo e, até mesmo, como único belo. Fazendo com que fosse comum ouvir em campo de negros que só se relacionam com pessoas negras, ou *bichas pretas* com *bichas pretas* etc.

A partir da relação feita por eles entre *adoecimento* e *cura*, foi possível perceber que, para compreendermos como os *afetos* e seus efeitos são acionados em campo, é necessário compreendermos como os seus corpos são e passam a ser lidos pela sociedade e por eles. Assim, surge a noção de *genocídio*. Para além da construção da pauta, o *genocídio* surge como algo que 'os estudantes negros têm que lidar'. O coletivo que ao mesmo tempo é o lugar em que se reconstrói as *experiências,* a partir da compreensão do enquadramento do racismo, machismo, LGBTfobia e da opressão de classe – da *interseccionalidade* –, também é o lugar em que estes sujeitos se descobrem como sendo alvo do *genocídio*. Deste modo, como narra Azula, a universidade surge como o lugar 'onde se tira a bala da cabeça', mas no qual também não se está longe dela. O coletivo, então, emerge como lugar onde, ao mesmo tempo em que o sujeito se descobre como sendo alvo, também descobre a importância do *cuidado* e da ação política para que, tanto os integrantes, como *os seus*, que não estão nos coletivos, deixem de se ser *alvos*. Assim, a partir da descrição, principalmente dos eventos na Ufba, vimos que os relatos trazidos por eles pontuam que entender as *experiências* como interseccionais, os *fortalece* e, ao mesmo tempo, 'obriga a militar'.

Na última seção, busquei compreender como, a partir do ato de levar a mãe para a universidade, o saber afetivo é materializado, legitimando a experiência desse jovem militante, o que, por conseguinte, produz efeitos políticos. Após a entrada na universidade, relatada como um momento de *solidão*, a mãe surge como justificativa para a permanência e também como razão para uma *responsabilidade* que estes estudantes teriam para com os estudos, dado todo 'o esforço da mãe' para que chegassem até ali. Ao entrar na universidade, este filho vive um conjunto de novas *experiências* e passa a significá-las, bem como as *vividas* anteriormente, primeiramente a partir do enquadramento do racismo, que o distancia da mãe ou do que seria seu "mundo de origem". Entretanto, como Taina marca, é através das *formações* com leituras de feminismo negro, isto é, após a sua aproximação com uma perspectiva interseccional, que ocorre uma reaproximação com essa mãe e o movimento de levá-la para a universidade, no desejo de aproximar os *dois mundos*: o "da universidade" e o "de origem".

Por meio da observação, podemos perceber que esta mãe é levada para a universidade num momento *seguro*, mas também numa situação em que este filho pode se mostrar para ela em um lugar de destaque e conquista. Ao mesmo tempo, a universidade também é apresentada ao "mundo de origem" por meio da mãe. Assim, o ato de levar a mãe, além de ser marcado como um momento de compartilhamento da conquista e de *agradecimento*, é também um momento em que a *experiência* é validada. No entanto, por essa *experiência* ser um elemento que articula a *interseccionalidade*, esta mãe que é levada e valida a *experiência* do filho é mulher, negra e pobre.

Entretanto, dado a multiplicidade dos sujeitos e, principalmente, quando a sexualidade compõe o conjunto de identidades destes, a "mãe de origem" pode ser substituída pela "mãe do movimento" ou a "mãe da universidade". Apesar de compartilhar a mesma identidade racial, situação de classe e, às vezes, de gênero (no caso das *sapatões*) com esta "mãe de origem", isto não é suficiente para levá-la à universidade. Assim, quando se é *bicha preta, sapatão, bissexual ou trans* é rompida a possibilidade de compartilhamento destas *experiências*. Neste caso, quem compartilha e legitima a *experiência* é a mãe que é escolhida por este sujeito e que também traz em seu corpo marcas de raça, classe, sexualidade e gênero.

Desse modo, através das narrativas, ou escrevivências, os interlocutores organizam as suas experiências e atribuem ao coletivo: acolhimento, cuidado, reconstruções subjetivas e a construção de uma coletividade. É no cotidiano do coletivo, que os afetos sentidos, passam por um processo de transformação em saber. Em outras palavras, os afetos passam por um processo de legitimidade fundamentado nas leituras e influência do Movimento Feminista Negro, e se tornam um saber que organiza e produz as pautas políticas, os discursos e o enfrentamento.

Nesse sentido, podemos afirmar que o primeiro momento de produção e aprendizado desses saberes afetivos é quando a *solidão* é transformada em *acolhimento*. Após esse acolhimento, o poder emancipatório desse saber, faz com que esse jovem negro passe por um processo de reconstrução de suas experiências e relações. Dentre essas reconstruções, uma que é marcada por todos é a relação com a mãe. A figura da mãe então surge na narrativa de todos os interlocutores como a razão para militar e o sentimento de responsabilidade para com os outros. Além disso, o contato com o Movimento Feminista Negro e/ou a teoria feminista é atribuído como a razão para a reconstrução da relação com essa mãe, que é materializada no ato de levá-la à universidade, onde estabelece uma conexão entre *dois mundos*, o que se torna um dos momentos no qual esses saberes afetivos são materializados por esses jovens.

Por fim, como o saber estético-corpóreo desenvolvido por Gomes (2012), acredito que os saberes afetivos, gestados no interior desses coletivos negros nas universidades e possibilitados pelo crescimento desses corpos no interior desses espaços, possibilitam um aprofundamento de dimensões epistemológicas e políticas relacionadas não só à questão racial. Como Gomes nos apresenta, o Movimento Negro constrói saberes desde chegada da primeira pessoa negra neste país. Contudo, ouso afirmar, que o aumento destes coletivos e destes jovens negros pensando e atuando politicamente coloca em campo o afeto como um saber emancipatório, não só para o Movimento Negro, mas para outros movimentos que esses mesmos sujeitos circulam.

# Referências

BUTLER, J. **Problemas de gênero: feminismo e subversão da identidade**. Trad. de Renato Aguiar. Rio de Janeiro: Civilização Brasileira, 2010.

CARNEIRO, S. **A construção do Outro como Não Ser como fundamento do Ser**. São Paulo: Faculdade de Educação/USP, 2005 [Tese de doutorado em Filosofia da Educação].

CARVALHO, J. **A política de cotas no Ensino Superior – Ensaio descritivo e analítico do Mapa das Ações Afirmativas no Brasil**. Brasília: UnB/Instituto de Inclusão no Ensino Superior e na Pesquisa, 2016.

CARVALHO, M.E.P. Modos de educação, gênero e relações escola-família. **Cadernos de pesquisa**, v. 34, n. 121, p. 41-58, 2004.

COLLINS, P.H. Aprendendo com a outsider within: a significação sociológica do pensamento feminista negro. **Sociedade e Estado**, 31 (1), p. 99-127, 2016.

COLLINS, P.H. **Pensamento feminista negro: conhecimento, consciência e a política do empoderamento**. São Paulo: Boitempo, 2019.

CORDEIRO, F.C. **A bixa-preta na escola e nas redes sociais: da afetividade de uma vida à hipersexualização de um corpo**. Programa de Pós-Graduação em Educação/Universidade Federal do Paraná, 2019 [Dissertação de mestrado em Educação].

CRENSHAW, K.W. Documento para o Encontro de Especialistas em Aspectos da Discriminação Racial relativos ao Gênero. **Revista Estudos Feministas**. v. 10, n. 1. p. 171-188, 2002.

DAVIS, A. **Mulheres, raça e classe**. São Paulo: Boitempo, 2016 [1981].

DOMINGUES, P. Movimento negro brasileiro: alguns apontamentos históricos. **Tempo**, v. 12, n. 23, p. 100-122, 2007.

EFREM FILHO, R. **Mata-mata: reciprocidades constitutivas entre classe, gênero, sexualidade e território.** Campinas: Instituto de Filosofia e Ciências Humanas/Unicamp, 2017 [Tese de doutorado em Ciências Sociais].

FACCHINI, R.; CARMO, Í.; LIMA, S. Movimentos feminista, negro e LGBTI no Brasil: sujeitos, teias e enquadramentos. **Educ. Soc.**, Campinas, v. 41, 2020. e230408

FANON, F. **Os condenados da terra.** 2. ed. Rio de Janeiro: Civilização Brasileira, 1979.

FANON, F. **Pele negra, máscaras brancas.** Salvador: Edufba, 2008.

FIGUEIREDO, Â. Perspectivas e contribuições das organizações de mulheres negras e feministas negras contra o racismo e o sexismo na sociedade brasileira. **Revista Direito e Práxis**, 9 (2), p. 1.080-1.099, 2018.

GONZALEZ, L. O Movimento Negro na última década. In: GONZALEZ, L.; HASENBALG, C. **Lugar de negro.** Rio de Janeiro: Marco Zero, p. 9-66, 1982

GONZALEZ, L. Racismo e sexismo na cultura brasileira. In: SILVA, L.A. et al. Movimentos sociais urbanos, minorias e outros estudos. **Ciências Sociais Hoje – Anpocs**, n. 2, p. 223-244, 1983.

GOMES, N.L. O Movimento Negro no Brasil: ausências, emergências e a produção dos saberes. **Política & Sociedade**, 10 (18), p. 133-154, 2011.

GOMES, N.L. Movimento Negro e educação: ressignificando e politizando a raça. **Educação & Sociedade**, 33, p. 727-744, 2012.

GOMES, N.L. **O Movimento Negro Educador: saberes construídos na luta por emancipação**. Petrópolis: Vozes, 2017.

hooks, bell. Intelectuais negras. **Revista Estudos Feministas**, ano 3, p. 464-478, 1995.

hooks, bell. Vivendo de amor. **O livro da saúde das mulheres negras: nossos passos vêm de longe**, 2, p. 188-198, 2000.

LAGO, N. **Jornadas de visita e de luta: tensões, relações e movimentos de familiares nos arredores da prisão**. São Paulo; USP, 2019 [Tese de doutorado em Antropologia].

LIMA, M. Ações Afirmativas e juventude negra no Brasil. **Cadernos Adenauer**, v. 16, n. 1. p. 27-43, 2015.

LIMA, M. A produção de conhecimento em tempos de conflito: o lugar das Ciências Sociais. **Rev. Antropol.**, São Paulo, v. 61, n. 1, p. 95-102, 2018 [*On-line*].

LIMA, M.; PRATES, I. Emprego doméstico e mudança social – Reprodução e heterogeneidade na base da estrutura ocupacional brasileira. **Tempo Social**, v. 31, n. 2. p. 149-172, 2019.

LIMA, S. **As bi, as gay, as trava, as sapatão tão tudo organizada pra fazer revolução! – Uma análise socioantropológica do Encontro Nacional Universitário da Diversidade Sexual (Enuds)**. Rio de Janeiro: Uerj, 2016 [Dissertação de mestrado em Saúde Coletiva].

LIMA, S. Os limites da "experiência" e da "liberdade" no Encontro Nacional Universitário da Diversidade Sexual (Enuds). **Sexualidad, Salud e Sociedade**, Rio de Janeiro, 2017.

LIMA, S. "Coletivo", "ativista" e "horizontal": uma análise de categorias em uso no movimento social contemporâneo. **Teoria e Cultura**, v. 13, p. 18, 2018.

LIMA, S. **"A gente não é só negro!" – Interseccionalidade, experiência e afetos na ação política de negros universitários**. Campinas: Instituto de Filosofia e Ciências Humanas/Unicamp, 2020 [Tese de doutorado em Ciências Sociais].

MANNHEIM, K. **Ideology and utopia: an introduction to the sociology of knowledge**. Nova York: Harcourt, Brace & Co., 1954.

MENESES, M.P.; SANTOS, B.S. **Epistemologias do Sul**. Coimbra: Almedina, 2010.

NASCIMENTO, A. **O genocídio do negro brasileiro: processo de um racismo mascarado**. São Paulo: Paz e Terra, 1978.

NOVAIS, K. Falas de dor, abraços de celebração – Notas etnográficas sobre o Movimento Mães pela Diversidade. **Comunicação Oral – 13º Mundo de Mulheres e Fazendo Gênero**, 11 [Disponível em http://www.en.wwc2017.eventos.dype.com.br/resources/anais/1499466949_ARQUIVO_KaitoCamposFALASDEDOR,ABRACOSDECELEBRACAO.pdf].

OLIVEIRA, M.R.G. **O diabo em forma de gente: (r)existências de gays afeminados, viados e bichas pretas na educação**. Curitiba: Universidade Federal do Paraná, 2017 [Tese de doutorado em Educação].

PEREIRA, A. **"O Mundo Negro": a constituição do Movimento Negro contemporâneo no Brasil (1970-1995)**. Instituto de Ciências Humanas e Filosofia/UFF, 2010 [Tese de doutorado].

PERILO, M. **"Rolês", "closes" e "xaxos": uma etnografia sobre juventude, (homo) sexualidades e cidades**. Campinas: Unicamp, 2017. [Tese de doutorado em Antropologia].

RICHER, R. **A negritude e a UNE – A presença negra e sua influência no movimento estudantil brasileiro (2007 a 2017)**. Salvador: Universidade Federal da Bahia, 2917 [Monografia: graduação em Ciências Sociais].

RICHER, R. **A UNE e a questão racial (1995-2016)**. Campinas: Unicamp, 2020 [Dissertação de mestrado em Ciências Políticas].

RIOS, F. **Institucionalização do Movimento Negro no Brasil Contemporâneo**. São Paulo: Faculdade de Filosofia, Letras e Ciências Humanas/USP, 2008 [Dissertação de mestrado em Sociologia].

RIOS, F. **Elite política negra no Brasil**. São Paulo: Faculdade de Filosofia, Letras e Ciências Humanas/USP, 2014 [Tese de doutorado em Sociologia].

VIANNA, A. **Limites da menoridade: tutela, família e autoridade em julgamento**. Rio de Janeiro: Museu Nacional/UFRJ, 2002 [Tese de doutorado em Antropologia Social].

VIANNA, A.; FARIAS, J. A guerra das mães: dor e política em situações de violência institucional. **Cadernos Pagu**, 37, p. 79-116, 2011.

WESTON, K.; CHOOSE, F.W. **Lesbians, Gays, Kinship**. Nova York, Columbia University Press, 1991, 211-225.

WERNECK, J. Racismo institucional e saúde da população negra. **Saúde e Sociedade**, 25, p. 535-549, 2016.

# Movimento de Mulheres Negras no Brasil

## Saberes interseccionais e políticos

*Tayná Victória de Lima Mesquita*

> Èṣù matou um pássaro ontem com uma pedra que só lançou hoje.
>
> Ditado Yorubá

Às pensadoras de um futuro que desejamos, não demore: escrevo no Brasil em que nos aconteceu Jair Bolsonaro. Escrevo também em uma realidade global na qual a pandemia do avanço conservadorista foi acrescida pela pandemia da Covid-19. Escrevo em um momento político e sanitário em que o aprofundamento das violações de direitos e desigualdades sociais, (que aqueles que dela se beneficiam trabalham para apresentar como determinante histórico sobre o qual não nos resta alternativa senão a conformação), nos impõe o encontro com a *encruzilhada*. Um contexto de *situações-limite*[91] (FREIRE, 2019, p. 130).

---

[91] Ao longo do texto, conceitos considerados centrais e categorias êmicas serão grafados em itálico.

Na *modernidade/colonialidade*[92] nós, mulheres negras, posicionadas na base da pirâmide social, somos aquelas que conhecem profundamente as consequências e o significado da vulnerabilidade e violências (que incidem sobre nossas possibilidades de existência e de nossas comunidades), para além de qualquer conhecimento que tenha sido teorizado. Contudo, conhecemos também o sentido da resiliência e inventividade política sem a qual não sobreviveríamos. Ainda mais além da sobrevivência, diante das experiências incontornáveis das opressões estruturais, um contingente de mulheres negras comprometidas com a não negociação de sua humanidade, com a construção de uma vida digna de ser vivida, têm assumido os apelos a uma tarefa histórica, que nos convoca à transformação radical da realidade. Na gestação do futuro, inventamos no aqui e no agora *espaços de experimentação da justiça social*[93], espaços de *aquilombamento* (NASCIMENTO, 2020, p. 120-137), nossos *espaços seguros* (COLLINS, 2019, p. 185). Desnaturalizando as *situações-limites*, temos sido especialistas em observar nelas a possibilidade da realização de *inéditos-viáveis*[94] (FREIRE, 2019, p. 130). Herdei-

---

92 Na esteira dos estudos decoloniais, considero a modernidade ocidental um projeto civilizatório que tem na colonialidade seu par constitutivo. Para um aprofundamento, cf. Bernardino-Costa, Maldonado-Torres e Grosfoguel, 2019.

93 Reflexão mobilizada por Luciana Dias em um de nossos encontros de discussão do projeto deste livro.

94 Em Paulo Freire, a categoria *situações-limites* pode ser compreendida enquanto dimensões concretas, desafiadoras à liberdade, à justiça social e à humanização. Situações desafiadoras à vocação ontológica de *ser mais* do ser humano (FREIRE, 2019, p. 40). Freire trabalha a partir do conceito pela primeira vez em *Pedagogia do Oprimido*, em que as *situações-limite* são entendidas enquanto um campo de possibilidades, de abertura a transformações. A conscientização acerca das *situações-limites* que nos atravancam, implicam a assunção do que Freire conceituaria enquanto *atos-limites*; i. é, ações transformadoras da realidade objetiva, coletivamente gestadas com o objetivo de superação das *situações-limites*. Neste processo, vislumbram-se os *inéditos*-viáveis: a utopia, o inédito ainda não vivido, desconhe-

ras de uma tradição filosófica que aprendeu a não temer a *encruzilhada*[95] (SODRÉ, 2017), a práxis ativista de mulheres negras tem se configurado enquanto instância pedagógica em que se articulam imaginários e possibilidades epistêmicas e políticas – que têm apontado radicalmente para produção de novos marcos civilizatórios (FIGUEIREDO, 2018; PINHO; MESQUITA, 2022).

Este capítulo tem por objetivo contribuir para um esforço de reflexão sobre os sentidos do papel civilizatório, educador e sempre emancipatório do Movimento de Mulheres Negras no Brasil. Nutrindo-me e me propondo um desdobramento da conceituação elaborada por Nilma Lino Gomes (2017), ao caracterizar o Movimento Negro enquanto ator político Educador de si mesmo, da sociedade e do Estado, argumento que o Movimento de Mulheres Negras no Brasil também se faz um agente político Educador, propulsor de epistemologias, paradigmas, tecnologias políticas, *saberes surgidos na luta* (GOMES, 2017), por meio dos quais (re)educa a si mesmo, a sociedade e o Estado.

A escrita deste capítulo está explicitamente atravessada por minhas condições objetivas de (re)existência. Desdobramento do feliz convite para participação no evento "Gênero & Desigualdades – Clássicos: o Movimento Negro Educador: raça, diferença e educação na obra de Nilma Lino Gomes", nas linhas seguintes se registram e publicizam algumas *conclusões provisórias* (GOMES, 2017) de um

---

cido, mas sonhado, outrora concebido como impossível passa a ser compreendido como passível de realização.

95 Aqui me apoio nas cosmovisões de terreiro, em particular as do candomblé de nação Iorubá-Ketu, da qual sou pertencente como *Ìyàwó* (pessoa iniciada ao culto dos Orixás). Pensamos a categoria da encruzilhada como espaço de possibilidades, recomeços, e não estagnação. Denominada *ikórítá* em língua Iorubá, o espaço da encruzilhada é tido como domínio da divindade *Èṣù* – o mais humano dos orixás, agente da comunicação, mutabilidade e das trocas de todas as ordens (espirituais, afetivas, econômicas, políticas).

debate que foi impulsionado naquela ocasião e a que me somo. É preciso dizer que o clássico, "Movimento Negro Educador: saberes construídos nas lutas por emancipação" (2017), traduz uma experiência de reeducação que me atravessou como ser humano, muito além de oferecer chaves analíticas importantes do ponto de vista da minha produção acadêmica. Eis uma marca das disputas epistemológicas das mulheres negras: tal como enfatizado por Patricia Hill Collins, é preciso levar em conta a

> [...] tensão criativa que conecta a influência das condições sociais sobre o ponto de vista das mulheres negras e a maneira como o poder das ideias propiciou a muitas delas os meios para alterar essas mesmas condições sociais (COLLINS, 2019, p. 164).

A força dessa avaliação é estruturante da composição deste texto. Reeducada pelo Movimento Negro e pelo Movimento de Mulheres Negras, pude constituir uma *subjetividade desestabilizadora* (GOMES, 2017), emancipatória. Em minha biografia, o processo de tornar-me negra, como uma conquista (SOUZA, 1983) e despedir-me do lugar de *outridade* imposto pela supremacia branca (KILOMBA, 2019), impôs-se frontalmente à minha produção acadêmica. Tornar-me negra, tornar-me militante, tornar-me intelectual. Processos interseccionalizados. Aqui, advogo pela matização das fronteiras entre a atuação política e a produção de conhecimento científico. Na esteira de minhas mais velhas, *negras de partido alto*[96], entre elas Nilma Lino Gomes, acato o convite para uma produção

---

[96] Expressão comumente utilizada para fazer referência a mulheres negras com posição de destaque e influência em diversos setores da sociedade, personalidades reverenciadas por suas comunidades. A origem da expressão remete à formação de uma "elite negra" no início do século XIX, composta por mulheres africanas e afro-brasileiras que adquiriram certo prestígio social ainda no contexto escravista, enquanto sacerdotisas de religiões de matriz africana e membros de irmandades negras católicas; como p. ex. a da Boa Morte.

intelectual que tome partido da resistência democrática e transformação da realidade. Neste debate, refletir sobre o Movimento de Mulheres Negras, sua inventividade e pioneirismos, representa um campo fecundo.

Minha narrativa está organizada em cinco partes, incluindo esta introdução e uma conclusão. Em primeiro lugar, revisito acúmulos oferecidos pela literatura especializada, para recompor em síntese a trajetória do Movimento de Mulheres Negras a partir dos anos de 1970 aos anos mais recentes, tendo em vista as relações produtivas entre ativismo, produção de conhecimento e proposição de políticas públicas que caracterizam a práxis política do movimento. Em seguida, explicitarei um conjunto de saberes, interconectados entre si, que identifico enquanto produto da práxis política do Movimento de Mulheres Negras. Eu me enfocarei na terceira parte, no que estou conceituando como *saberes interseccionais*, e em seguida, na quarta parte, o que identifico, na esteira de Nilma Lino Gomes enquanto *saberes políticos*, gestados pelo Movimento de Mulheres Negras.

No Brasil, o Movimento de Mulheres Negras já completa cinquenta anos de atuação ininterrupta[97], e diversos trabalhos importantes estiveram dedicados a compor teoricamente seu trajeto (GONZÁLEZ, 1985; RIBEIRO, 1995; LEMOS, 1997; 2016; ROLAND, 2000; CARNEIRO, 2003; MOREIRA, 2007; WERNECK, 2005; SANTOS, 2009; RIOS; MACIEL, 2018, entre muitas outras). O presente capítulo visa se somar a esta produção, explorando as *po-*

---

97 Importa comentar que um dos limites deste recorte temporal, amplamente difundido na literatura para situar a emergência contemporânea do movimento autônomo de mulheres negras, consiste em não levar em conta outras formas de atuação organizada de mulheres negras no Brasil, e que remontam mesmo ao período anterior à abolição da escravatura. Conforme destacado na nota anterior, as irmandades e confrarias negras, bem como os primeiros terreiros de Candomblé, fundados e comandados, em seus primeiros anos, exclusivamente por mulheres negras, são exemplos de articulação política.

*líticas de saberes* (GOMES, 2017) envolvidas nas diferentes formas pelas quais o fazer político das mulheres negras têm (re)imaginado a sociedade e o Estado. Estes saberes se produzem e circulam a partir dos multiposicionamentos das atoras por redes de pertencimento ativista (nacionais e transnacionais), organizações governamentais, da sociedade civil, e também no âmbito da academia.

Frequentemente tem-se reiterado na literatura conceituações do Movimento Negro que advogam as perspectivas, também clássicas, de Joel Rufino dos Santos (1994) ou Petrônio Domingues (2007). Para o primeiro, o Movimento Negro é compreendido de forma alargada, abarcando quaisquer iniciativas, em qualquer marco temporal, concebidas pelos negros brasileiros. Já a perspectiva de Domingues enfatiza o caráter político, relegando a um segundo plano as iniciativas de caráter cultural. Como conceituar o Movimento de Mulheres Negras, movimento social originado na interface de dois movimentos e marcado pelo trânsito de atoras, práticas e pautas entre o autodenominado Movimento Negro e um supostamente homogêneo *Movimento Feminista Hegemônico*?

Neste texto, pauto-me em uma perspectiva mais alargada, aproximada daquela proposta por Santos (1994). O enquadramento proposto por Sônia Alvarez (2014), ao caracterizar o feminismo nos termos de um *campo discursivo de ação*, se faz especialmente útil. Embora eu esteja utilizando a expressão Movimento de Mulheres Negras no singular, estou falando em um conjunto muito diverso de atoras vinculadas a redes formais e informais de ação política, que se reconhecem mutuamente enquanto partícipes de um Movimento de Mulheres Negras. As disputas discursivas e estratégicas são parte inerente ao campo. Falo em mulheres autodenominadas *feministas negras, mulheres de axé, feministas negras interseccionais, mulheristas afrikana, jovens negras feministas, afrotransfeministas,* mulheres que recusam a alcunha de feministas e muitas outras. Falo também em uma multiplicidade de gerações, pautas e repertórios de ação que coexistem enquanto enredam essas atoras em torno de projetos políticos que tem como horizonte de mudança social o enfrentamento às opressões, o alargamento dos sentidos da democracia e dos parâmetros civilizatórios em perspectiva *interseccional*. O manifesto da "Marcha das Mulheres Negras: contra o Racismo e a Violência e pelo Bem Viver" (2015), que reuniu cerca de 50 mil mulheres em Brasília – configurando a maior Marcha de pauta antirracista desde a Marcha Zumbi de 1995, é representativo da abordagem *integralizada* que caracteriza historicamente a ação política das mulheres negras (WERNECK, 2005), e que se faz ainda mais latente nas movimentações contemporâneas:

> Nós, mulheres negras do Brasil, irmanadas com as mulheres do mundo afetadas pelo racismo, sexismo, lesbofobia, transfobia e outras formas de discriminação, estamos em marcha. Inspiradas em nossa ancestralidade somos portadoras de um legado que afirma um novo pacto civilizatório (Carta das Mulheres Negras, 2015, s.p).

Conforme indica a literatura especializada, o surgimento de um movimento autônomo de mulheres negras remonta aos finais dos anos de 1970, no efervescente contexto político das lutas por redemocratização no país. Neste momento, ambos os movimentos Negro e Feminista passavam por um processo de revigoramento. É na circulação produtiva de ativistas entre esses dois movimentos, seguida da fundação de diversos grupos auto-organizados de mulheres negras, que o Movimento de Mulheres Negras passaria a tomar um rosto próprio. Neste período, destaca-se a organização em *coletivos*. Os mais visibilizados na literatura estão localizados em territórios sudestinos, como o Aqualtune (1979, Rio de Janeiro/RJ), Nzinga: Coletivo de Mulheres Negras (1983, Rio de Janeiro/RJ), Mulheres

Negras do Espírito Santo (1987, Vitória/ES), com menor referência a grupos emergentes em outros estados brasileiros, como o Mãe Andressa (1986 – São Luiz/MA) e o Maria Mulher (1987 – Porto Alegre/RS) (RIOS; MACIEL, 2018; FIGUEIREDO, 2018; RODRIGUES; FREITAS, 2020). Neste período a luta pela cidadania era prioritária. Além disso, o movimento emergia demandando uma abordagem das desigualdades sociais que afirmava a *integralidade* dos indivíduos e grupos (WERNECK, 2005). Ao enfatizarem em suas análises sobre a condição da mulher negra a incidência de opressões de gênero, raça e classe de forma imbricada, antecipavam o que se traduziria muitas décadas depois na recepção brasileira ao conceito de *interseccionalidade*, conforme melhor exploraremos adiante.

A afirmação da importante ativista e intelectual pública desta geração do Movimento de Mulheres Negras, Sueli Carneiro, em seu clássico artigo "Enegrecendo o feminismo", é categórica:

> Esse novo olhar feminista e antirracista, ao integrar em si tanto as tradições de luta do Movimento Negro como a tradição de luta do Movimento de Mulheres afirma essa nova identidade política decorrente da condição específica do ser mulher negra. O atual Movimento de Mulheres Negras, ao trazer para a cena política as contradições resultantes da articulação das variáveis de raça, classe e gênero, promove a síntese das bandeiras de luta historicamente levantadas pelos movimentos negros e de mulheres do país, enegrecendo de um lado, as reivindicações das mulheres, tornando-as assim mais representativas do conjunto das mulheres brasileiras, e, por outro lado, promovendo a feminização das propostas e reivindicações do Movimento Negro (CARNEIRO, 2003, p. 2).

No período pós-transição democrática, nos anos de 1990, o Movimento de Mulheres Negras passa a ampliar sua atuação institucional. A conjuntura de fechamento de oportunidades de negociação política em âmbito estatal que acompanhou o governo Fernando Collor de Mello, implicou uma reorientação do ativismo das mulheres negras (RIOS, 2018). A organização autônoma em coletivos se somaria a emergência de Organizações não governamentais – ONGs feministas negras e a intensificação da inserção de ativistas negras em redes de articulação internacionais, como a Rede de Mulheres Afro-latino-americanas e do Caribe, fundada em 1992, a participação em conferências internacionais promovidas pela ONU e o estabelecimento de parcerias, em termos de financiamento, com organizações internacionais, como a Fundação Ford. Neste período, lideranças do Movimento de Mulheres Negras, que haviam se profissionalizado em instâncias de participação como o Conselho da Condição Feminina e o Conselho Nacional dos Direitos da Mulher, se engajam na fundação de ONGs como Geledés/SP, Criola/RJ e Fala Preta!/SP (SANTOS, 2009).

O período que compreende os finais dos anos de 1990 a 2015 é acompanhado por um movimento de abertura do Estado com relação às pautas dos movimentos sociais. No início dos anos de 2000 se destaca a participação massiva das mulheres negras nas atividades preparatórias e ao longo da III Conferência Mundial Contra o Racismo, a Discriminação Racial, a Xenofobia e Formas Correlatas de Intolerância, promovida pela Organização das Nações Unidas (ONU), em Durban, África do Sul, em 2001 (CARNEIRO, 2002). Um dos saldos positivos da conferência foi o reconhecimento internacional da contemporaneidade do racismo enquanto problema da sociedade brasileira, por parte do governo federal, assumido no período por Fernando Henrique Cardoso, a partir do endossamento ao Plano de Ação de Durban. Ainda, em paralelo ao processo de Durban, a Articulação de Organizações de Mulheres Negras Brasileiras – AMNB é fundada, imprimindo com maior nitidez a afirmação de um Movimento de Mulheres Negras autônomo (ALVAREZ, 2012). Concomitantemente, o período que se segue a ascensão dos governos Lula e Dilma (2003-2015) é de aprofundamento da porosidade[98] do Estado as demandas dos movimentos negro, de mulheres e LGBTI+ (FACCHINI; CARMO; LIMA, 2020).

Importa salientar, conforme enfatizam Rios e Maciel (2018), que lideranças do Movimento de Mulheres Negras foram incorporadas como "representantes legítimas em espaços executivos e consultivos do governo federal" (p. 4) e de governos municipais neste período. Como exemplos, Jurema Werneck, fundadora da ONG Criola, integrou o Comitê Técnico de Saúde da População Negra do Ministério da Saúde. A ativista Edna Roland, que na Conferência de Durban atuou como relatora geral, também atuou como Coordenadora de Igualdade Racial no município de Guarulhos/SP. Ainda, durante seu período de existência (2003-2016), atuaram como ministras-chefe da Seppir três mulheres negras, militantes orgânicas do Movimento de Mulheres Negras: Matilde Ribeiro (2003-2008), Luiza Bairros (2011-2015) e Nilma Lino Gomes (2015-2016). Em 2016, Gomes

---

[98] Um termômetro desta relação foi a implementação de diversas políticas públicas. Destacamos algumas delas: a criação da Secretaria de Estado dos Direitos da Mulher (2002), já no final do Governo Fernando Henrique Cardoso; a criação da Secretaria de Políticas de Promoção da Igualdade Racial – Seppir (2003), a Secretaria Nacional de Políticas para as Mulheres (2003) e da Secretaria Especial de Direitos Humanos – SEDH, (cujo *status* de ministérios foi dissolvido em 2016, no governo interino de Michel Temer), as políticas voltadas à democratização do Ensino Superior, como o Programa Universidade Para Todos – Prouni (2003) e o Programa de Apoio a Planos de Reestruturação e Expansão das Universidades Federais – Reuni (2004), além da Lei de Cotas para o Ensino Superior e a formalização de sua constitucionalidade (2012), a Lei Maria da Penha (2006), a criação do Plano Nacional de Promoção da Cidadania e Direitos Humanos LGBT (2010), a Política Nacional de Saúde Integral da População Negra (2009), a Política Nacional de Saúde Integral LGBT (2011), a Lei do Feminicídio (2015), entre outras medidas.

se tornaria ministra do recém-instituído Ministério das Mulheres, Igualdade Racial e Direitos Humanos.

O cenário de crise política e econômica conformado no início da década de 2010, culminando no golpe jurídico-parlamentar que destituiu Dilma Rousseff em agosto de 2016, transforma este quadro de abertura política. O período que se segue é marcado pela reação conservadora e o "violento e rápido ataque a estruturas governamentais, garantias legislativas e direitos, mas também a lideranças e formas de organização políticas que visavam combater e corrigir desigualdades sociais no Brasil" (FACCHINI; CARMO; LIMA, 2020, p. 9) o que ganha uma inflexão especial com a eleição de Jair Bolsonaro à presidência, no ano de 2018.

Esse contexto também tem sido caracterizado por uma profunda reconfiguração da ação política das mulheres negras. Transformações significativas, que já vinham se conformando nas últimas décadas, aprofundam-se. Uma delas diz respeito à própria complexificação do sujeito político "mulher negra" – e dos sujeitos políticos dos movimentos sociais de forma ampla (FACCHINI; CARMO; LIMA, 2020). Conforme já apontava Luiza Bairros, em diálogo com Alvarez (2012):

> Você se coloca para o Movimento Feminista a partir da identidade de mulher negra, mas para dentro do Movimento de Mulheres Negras também passam a ocorrer outros movimentos. Você começa a assistir a um processo que a gente ainda não discutiu tanto quanto deveria no qual vão se especificando outras identidades entre as mulheres negras, e isso aconteceu muito rapidamente. Se você pensa no que foi o caminho anterior até a gente se constituir como mulher negra e no que é o momento atual, você percebe um outro movimento que é para especificar quem são essas mulheres. É como se em determinado momento

mulher negra tivesse deixado de ser uma categoria universal, porque não representa mais todas as possibilidades dessa experiência numa sociedade como a brasileira (Luiza Bairros em Alvarez, 2012, p. 840-841).

As gerações mais contemporâneas também podem ser caracterizadas por uma relação de desconfiança no que se refere à política institucional, e pela maior adesão a formas de organização horizontalizadas, além de uma forte presença nos canais alternativos de comunicação, como é o caso da massiva utilização de redes sociais articuladas na internet, entre outros (BRINGEL; SPOSITO, 2020). Pautas outrora marginalizadas, como as questões relacionadas às subjetividades e sofrimento psíquico, afetividade, sexualidade, tornam-se recorrentes (RIOS; MACIEL, 2018). Contudo, as transformações acima descritas, que marcam o contexto atual, não podem ser consideradas totalizantes. A coexistência entre diferentes gerações do movimento, ao passo que geram tensões entre repertórios de ação e sentidos do fazer político, também podem ser lidas em termos da potencialidade de gerarem tensões criativas (BRINGEL, 2018), que se expressam em diversas iniciativas de experimentação política, dentro e fora de espaços institucionais de decisão, culminando, dialeticamente, numa verdadeira constelação de saberes.

## Pontos de vida das mulheres negras e a política de saberes

A constituição autônoma de um Movimento de Mulheres Negras passou pela percepção dos limites à participação dessas mulheres em ambos os movimentos negro e feminista. Passou também pela afirmação do potencial qualitativo resultante da posição particular ocupada por elas na sociedade. Nesse sentido, Lélia González, intérprete do Brasil e principal intelectual pública do Movimento de Mulheres Negras nos anos de 1980, publicizava em suas análises reflexões que apontavam para o que a partir dos anos de 2000 seria traduzido no seio dos movimentos enquanto a categoria êmica *lugar de fala*, ou no âmbito da academia, no diálogo com a produção feminista negra norte-americana (BAIRROS, 1995), nos termos da *teoria do ponto de vista (standpoint theory)*. Um exemplo é o tratamento que a autora conferirá para a condição da mulher negra na sociedade brasileira:

> Foi em função de sua atuação como mucama que a mulher negra deu origem à figura da mãe preta, ou seja, aquela que efetivamente, ao menos em termos de primeira infância (fundamental na formação da estrutura psíquica de quem quer que seja), cuidou e educou os filhos de seus senhores, contando-lhes histórias sobre o quibungo, a mula sem cabeça e outras figuras do imaginário popular (Zumbi, p. ex.). [...] Não podemos deixar de levar em consideração que existem variações quanto às formas de resistência. E uma delas é a chamada "resistência passiva". Ao nosso ver, a mãe preta e o pai-joão, com suas histórias, criaram uma espécie de "romance familiar" que teve uma importância fundamental na formação dos valores e crenças do povo, do nosso *VolksGeist*. Conscientemente ou não, passaram para o brasileiro "branco" as categorias das culturas africanas de que eram representantes. Mais precisamente, coube à mãe preta, enquanto sujeito suposto saber, a africanização do português falado no Brasil (o "pretuguês", como dizem os africanos lusófonos) e, consequentemente, a própria africanização da cultura brasileira (GONZÁLEZ, [1979] 2020, p. 53-54).

Influenciada por uma perspectiva psicanalítica lacaniana, articulada a sua formação como historiadora e antropóloga, Lélia

González identificará na posição da mãe preta um processo de *resistência passiva*, por meio da qual imprimiu, pelo cuidado, de forma definitiva a cultura negra na base da cultura brasileira. A atribuição da condição de *sujeito suposto saber* à mulher negra é particularmente interessante. Na abordagem lacaniana, este conceito diz respeito ao processo pelo qual o analisado assume a crença que de o analista sabe mais sobre si do que ele mesmo. Esta crença se faz essencial para que a escuta psicanalítica seja efetiva. Deste modo, ao converter o Brasil em uma *clínica* psicanalítica, em que a mulher preta assume o papel de *sujeito suposto saber*, Lélia González aponta para a posição desta mulher na sociedade como uma posição de potencial epistêmico e político estratégico, resultante da natureza multifacetada de sua opressão. De um ponto de vista particular, conhece o funcionamento da Casa Grande e da Senzala – da sociedade brasileira como um todo. Em conformidade a esta perspectiva, Luiza Bairros aponta:

> Mais especificamente nossa posição pode ser melhor compreendida através do lugar ocupado pelas empregadas domésticas. Um trabalho que permitiu a mulher negra ver a elite branca a partir de uma perspectiva a que os homens negros e nem mesmo os próprios brancos tiveram acesso (BAIRROS, 1995, p. 463).

A reflexão de González, além de apontar de forma pioneira para um debate que no contexto do feminismo norte-americano seria discutido nos termos da *teoria do ponto de vista*, na reflexão de Patricia Hill Collins a respeito da existência de uma "consciência coletiva e característica das mulheres negras" (COLLINS, 2019, p. 272), também enfatiza uma importante conclusão a respeito dos efeitos da *resistência ativa e passiva* das mulheres negras na sociedade brasileira. Ao imprimir, a partir das atividades de cuidado e reprodução da vida – entre os filhos das elites e em suas comunidades – "a africanização da cultura brasileira" (GONZÁLEZ, 2020, p. 54), essa mulher também é alçada à posição de agente civilizatória desta sociedade.

Os pontos de vista, ou como prefiro, *pontos de vida*[99] das mulheres negras nos deixam como legado um conjunto muito diverso de saberes articulados, que embora não possam ser exaustivamente discutidos neste texto, merecem ser mencionados. Debates importantes para desmistificação da ideologia da democracia racial e a compreensão da complexidade de fatores que envolvem a constituição de uma identidade negra em um país profundamente miscigenado como o Brasil, e que recentemente têm ganhado as redes sociais, a academia, a mídia de massa, o mercado editorial, da moda e estética, como a questão do *colorismo* ou *pigmentocracia* (FONTANA, 2021; PEREIRA; MODESTO, 2021), são exemplos de *saberes identitários* (GOMES, 2017) gestados, divulgados e constantemente tencionados/(re)elaborados a partir da ação do Movimento de Mulheres Negras. Ainda no que se refere a um *saber identitário*, para além da visibilização das contribuições do feminismo negro norte-americano, em que se destacam os escritos de bell hooks (2003) e Angela Davis (2018), o Movimento de Mulheres Negras tem pautado com pioneirismo problemáticas que envolvem as *masculinidades negras* e as diversas formas de regulação (como o encarceramento em massa) e aniquilação – *genocídio* que incidem sobre o corpo e subjetividades dos homens e meninos negros. O Movimento Independente Mães de Maio, constituído em resposta aos crimes de maio

---

[99] Tomo de empréstimo a categoria *ponto de vida*, conforme conceituada por Muniz Sodré (2021). Enquanto o ponto de vista diz respeito ao viés interpretativo que envolve todo e qualquer trabalho intelectual, o *ponto de vida* configuraria um salto qualitativo, enfatizando a relação existencial do sujeito com relação à produção de conhecimento, o que envolve necessariamente a consideração do afetivo, do sensível e da experiência vivida como material teórico.

de 2006, em uma rede de mães enlutadas e apoiadores, é um exemplo doloroso, mas latente. Ainda do ponto de vista dos *saberes identitários*, não podemos nos esquecer também da elaboração conceitual de Lélia González (1998), com quem nós nos descobrimos *Amefricanos*: uma categoria político-cultural, identitária, que se fundamenta no reconhecimento de nossas raízes ameríndias e africanas. Uma categoria que, para além da redefinição da denominação de um território geográfico, faz um convite à redefinição das relações de poder – atravessadas por hierarquias raciais, de gênero e de classe – neste território que conhecemos como "Américas e Caribe".

O Movimento de Mulheres Negras também tem coproduzido importantes *saberes estético-corpóreos*. Seja pela manutenção intergeracional de saberes relacionados ao cuidado do cabelo crespo, (como as técnicas envolvidas na feitura das chamadas *tranças nagô* e os conhecimentos a respeito de produtos naturais), à preservação e difusão de indumentárias africanas (como a utilização de turbantes, *alakás*[100], *ankaras*[101] ou *capulanas*, búzios etc.), até a multiplicação de criadoras de conteúdo digital feministas negras, entre muitas outras iniciativas, mulheres negras têm sido importantes protagonistas do processo de questionamento dos padrões eurocentrados de beleza, ressignificando o corpo negro, pressionando a mídia e a indústria de moda. Conforme o trabalho de Nilma Lino Gomes, "Sem Perder a Raiz: corpo e cabelo como símbolos da identidade negra" (2020), demonstra, projetos de intervenção estética, como por exemplo os salões de beleza étnicos, mais do que espaços de empreendedorismo e constituição de

---

100 Vestimenta de origem africana incorporada historicamente nas indumentárias de terreiro. Corresponde a uma espécie de túnica. Enquanto vestimenta ritual, geralmente é utilizada por *Ekedes* ou *Ajoyês*. Cada vez mais difundidas no cotidiano, são utilizadas como vestidos, por mulheres e homens.

101 Tecidos africanos, em geral de origem nigeriana. Eventualmente, esses tecidos também são chamados *capulanas*.

fonte de renda para famílias negras, podem ser considerados *projetos sociais*[102], por onde circulam discursos afirmativos de valorização da autoestima das pessoas negras e se desenvolvem ações comunitárias antirracistas (GOMES, 2020, p. 37).

Conforme explicitou a socióloga norte-americana Patricia Hill Collins, a práxis feminista negra é produtora de um pensamento social feminista negro (COLLINS, 2019), caracterizado por um conjunto de contribuições intelectuais gestadas na tensão dialética entre opressão e resistência, produzidas além dos espaços acadêmicos, mas também neles. A atuação das mulheres negras, nas comunidades, nas *redes* e universidades tem provocado importantes deslocamentos e impulsos transformadores, espraiando *saberes emancipatórios*, seja no mercado editorial (PEREIRA; PEREIRA, 2021), seja nas disputas epistemológicas em torno dos currículos dos cursos acadêmicos (FACCHINI; SILVA; COACCI, 2022; MACIEL, 2022), seja na construção de projetos de afirmação de uma intelectualidade negra – como Núcleos de Estudo, coletivos e grupos de pesquisa (MESQUITA, 2021; MACIEL, 2022; DIAS, 2022; LIMA, 2022), seja mesmo pela proposição de teorias críticas da educação embasadas no pensamento social feminista negro (PINHO; MESQUITA, 2022).

Entre os múltiplos *saberes emancipatórios* surgidos na luta das mulheres negras – *identitários, políticos, estético-corpóreos*, e muitos outros, explorarei a seguir dois saberes, destacados entre si apenas em termos didáticos: os *saberes interseccionais* e os *saberes políticos*.

## Saberes interseccionais

*Ferramenta intelectual e política, identidade coletiva, sensibilidade analítica, master frame*. Com diferentes usos e sentidos, a pala-

---

[102] Para um debate mais aprofundado sobre as relações entre empreendedorismo, cultura negra e engajamento político, cf. Silva, 2018. Cf. tb. Odara, 2022.

vra *interseccionalidade* tem figurado com frequência o vocabulário mobilizado em projetos acadêmicos, desenhos de políticas públicas, debates nas mídias sociais, nas mobilizações dos movimentos sociais contemporâneos e também crescentemente no universo corporativo. Do ponto de vista da produção intelectual, a categoria da interseccionalidade tem sido apontada como incontornável e a principal contribuição teórica dos estudos de gênero das últimas décadas (McCALL, 2005). Cunhado no contexto do *black feminism* norte-americano dos anos de 1980 e recepcionado no Brasil a partir dos anos de 2000, *interseccionalidade* tem correspondido a um paradigma interpretativo fundamental para análises e práticas políticas interessadas no desvelamento dos processos pelos quais categorias como raça, gênero, classe, sexualidade, religiosidade, território, deficiências e muitas outras estão implicadas, em articulação, na conformação de relações desiguais de poder, acesso a bens materiais e simbólicos, e não obstante, processos de subjetivação e agenciamentos.

Já se tornou clássica a referência à jurista norte-americana Kimberlé Crenshaw enquanto responsável pela cunhagem do termo interseccionalidade, no artigo "Mapping the Margins: Intersectionality, Identity Politics and Violence Against Women of Color" (1991). Embora este artigo, repetidamente mencionado, tenha se tornado um verdadeiro mito de origem do conceito, na própria produção da autora o termo é utilizado pela primeira vez em um artigo publicado três anos antes, "Demarginalizing the Intersection of Race and Sex: A Black Feminist Critique of Anti-Discrimination Doctrine, Feminist Theory, and Anti-Racist Politics" (1989). Ainda que não se possa negar a relevância da produção de Crenshaw para sugestão do conceito enquanto ferramenta analítica na academia, é preciso considerar que tal menção à cunhagem têm sobreposto a visibilização do termo na comunidade científica ao legado de produções –

políticas e acadêmicas – que antecipam em seus conteúdos as ideias centrais a que a *interseccionalidade* remonta.

Esta crítica é apresentada por Patricia Hill Collins no artigo "Piecing Together a Genealogical Puzzle: Intersectionality and American Pragmatism" (2011) em que propõe uma genealogia do conceito de interseccionalidade, destacando seus vínculos com a práxis feminista negra em contexto norte-americano nos anos de 1970 e de 1980. Em sua argumentação, as obras *The Black Woman*, de Toni Cade Bambara (1970), o manifesto do Combahee river collective, *A Black Feminist Statement* (1982), e a publicação de *Boderlands (La Frontera)* de Gloria Anzaldúa (1987), são tomados como exemplos do engajamento das *mulheres de cor* (afro-americanas, latinas, chicanas, asiático-americanas) em uma perspectiva política e acadêmica que assumia as dimensões de gênero, classe, raça, sexualidade como mutuamente constituídas – o que exigiria uma abordagem integral, não dicotômica, nos projetos de emancipação. Ainda, argumenta que a ampliação do acesso de *mulheres de cor* ativistas nas universidades norte-americanas enquanto pesquisadoras e professoras assistentes ao longo dos anos de 1980 foi crucial para que obras fundamentais como *Women, Race and Class* de Angela Davis (1981), o *Ain't I a Woman: black woman and feminism*, de bell hooks (1981) e *Sister Outsider* de Audre Lorde (1984) fossem produzidas.

No contexto brasileiro, o debate sobre a recepção do conceito de *interseccionalidade* guarda aspectos semelhantes e diferenciais. A organização autônoma do Movimento de Mulheres Negras a partir de finais dos anos de 1970, também veio acompanhada do registro em trabalhos acadêmicos das ideias mobilizadas por essas mulheres no período. O artigo "A mulher negra no mercado de trabalho" (1976), de Beatriz Nascimento, o artigo "Racismo e Sexismo na Cultura Brasileira" (1983), de autoria de Lélia González e a obra *Mulher negra*, de Sueli Carneiro e Thereza Santos (1985), são exemplos de publicações pioneiras que trataram as relações entre raça, classe e gênero como centrais para compreensão das desigualdades sociais, lançando luz sobre as especificidades da condição da mulher negra – nos termos de González, vitimadas por uma *tríplice opressão*. Nota--se, que embora o termo *interseccionalidade* não seja mencionado, o conteúdo que visa traduzir também se faz presente nas reflexões dessas ativistas e intelectuais orgânicas do Movimento de Mulheres Negras. Contudo, no Brasil, apenas no contexto pós-Durban que os primeiros textos que fazem menção ao termo *interseccionalidade* figuraram em periódicos. Em ambos os casos, tratam-se de traduções veiculadas em um dossiê da *Revista Estudos Feministas* (2002) dedicado ao registro da participação feminina na Conferência de Durban. O dossiê, organizado por Luiza Bairros[103], inclui a tradução do "Documento para o encontro de especialistas em aspectos da discriminação racial relativos ao gênero", de autoria de Kimberlé Crenshaw, documento que havia circulado no ano 2000 em uma das reuniões preparatórias da Conferência, a Reunião de Especialistas, na Croácia. Uma segunda tradução incluída no dossiê diz respeito ao relatório "Interseccionalidade em uma era de globalização: as implicações da conferência mundial contra o racismo para práticas feministas transnacionais", de autoria de Maylei Blackwell e Nadine Naber, tomando como objeto suas experiências de participação no Fórum Mundial de ONGs e no Encontro Mundial de Juventudes que precederam a Conferência.

---

103 Vale a pena destacar que Luiza Bairros foi pioneira na visibilização de uma das mais emblemáticas obras do Black Feminism norte-americano, o livro de Patricia Hill Collins, *Black Feminist Tought: knowledge, consciousness and the politics of empowerment*, originalmente publicado em 1990. Seu artigo, "Nossos feminismos revisitados", publicado no dossiê "Mulheres Negras", também da *Revista Estudos Feministas*, em 1995, é um, senão o primeiro, a fazer menção à sistematização proposta por Collins a respeito dos elementos constitutivos de um pensamento feminista negro.

Parte de um legado do Movimento de Mulheres Negras em perspectiva transnacional, a recepção do conceito de *interseccionalidade* no Brasil tem no Movimento de Mulheres Negras seu protagonismo. O fato dos primeiros textos mobilizando o conceito de *interseccionalidade* a serem publicados no país estarem vinculados a uma das pouquíssimas edições de uma importante *Revista Estudos Feministas* a ser organizada por uma mulher negra, Luiza Bairros, militante destacada do Movimento de Mulheres Negras, evidencia a pertinência desta avaliação.

Apesar desses primeiros esforços de tradução no início dos anos de 2000, é a partir de 2010 que o termo *interseccionalidade* passa a figurar com maior frequência em periódicos, teses e dissertações acadêmicas. Assim como foi observado no contexto norte-americano dos anos de 1980, (contudo, no Brasil, algumas décadas mais tarde), a ampliação do número de mulheres negras nos quadros das universidades, enquanto estudantes de graduação e pós-graduação (e em menor número, docentes) tem culminado em disputas epistêmicas resultantes do que considero uma *resistência ideológico-corpórea*, uma resistência que se faz a partir da presença física dessas mulheres, num contexto inédito possibilitado pela implementação de políticas de ação afirmativas nas universidades públicas brasileiras: o ingresso de pessoas negras nessas instituições, na posição de discentes, enquanto *grupo*.

Ao ingressarem nas universidades, muitas dessas mulheres, já militantes, incorporam à constituição de suas carreiras acadêmicas a insubordinação aprendida no contexto dos movimentos sociais. Em muitos casos, encontram também num Movimento Negro de base acadêmica (RATTS, 2011), expressado em Núcleos de Estudos Afro-brasileiros, coletivos negros e outros espaços de *aquilombamento* um lócus inicial de ação política, formação para as relações raciais e desenvolvimento de projetos político-intelectuais antirracistas (MESQUITA, 2021; LIMA, 2020). Enquanto estudantes e pesquisadoras, tencionam os discursos que dicotomizam a atividade intelectual da política, (re)educam seus grupos de pesquisa. Convocam a incorporação das contribuições de intelectuais negras e negros outrora invisibilizados por um *racismo epistêmico* – que Ramón Grosfóguel e Ângela Figueiredo (2007) nomeariam como *política do esquecimento* – frequentemente disfarçado de rigor científico: atores e atoras negros, que, sendo militantes antirracistas, foram por muito tempo considerados produtores de ativismo, não intelectuais, como Abdias do Nascimento, Clóvis Moura, Lélia González, Guerreiro Ramos, Carolina Maria de Jesus, Virgínia Bicudo, Neusa Santos Souza, Sueli Carneiro, Cida Bento, e muitas outras e outros. A presença *afirmativa* das mulheres negras tem impulsionado, na academia, a ampliação de análises, nas mais diversas áreas do conhecimento, em que as articulações entre as dimensões de gênero, raça e classe ganham um *status* privilegiado para explicação dos problemas[104].

Também é a partir dos anos de 2010 que o conceito de interseccionalidade passa a ser mobilizado com maior frequência em textos autorais, em especial de mulheres feministas negras, publicados em *"blogs"* e páginas de redes sociais como o Facebook. Um exemplo de

---

[104] Como termômetro da efervescência da mobilização do conceito de *interseccionalidade* no campo acadêmico, um breve levantamento realizado em 05/04/2022 no Diretório dos Grupos de Pesquisa do CNPq apontou em seu último censo, em 2016, a existência de 225 grupos de pesquisa em instituições públicas de ensino superior do Brasil que incorporam o termo *interseccionalidade* como palavra-chave. Ainda, um levantamento no Catálogo de teses e dissertações da Capes aponta, entre os anos de 1996 e 2021, a publicação dos relatórios de 818 pesquisas que tomam o termo *interseccionalidade* como palavra-chave, entre mestrados, doutorados e mestrados profissionais, distribuídas em diferentes áreas do conhecimento, com preponderância nas Ciências Sociais e Humanidades (127 ocorrências), Educação (98 ocorrências), Sociologia (64 ocorrências) Psicologia (55 ocorrências), Direito (70 ocorrências) e Saúde Coletiva (46 ocorrências).

disputas epistemológicas envolvendo o universo das mídias sociais são as publicações veiculadas no portal *Blogueiras Negras*. Fundado em 2012, o projeto já apontava, em um de seus textos de apresentação, o comprometimento com a escrita em uma perspectiva interseccional: "uma ferramenta contra opressões incidentes sobre a mulher negra como racismo, sexismo, lesbofobia, transfobia, homofobia, classismo e gordofobia" (BLOGUEIRAS NEGRAS, 2013, s.p). Os primeiros textos publicados no *blog* que incluem o termo *interseccionalidade* como palavra-chave são do ano de 2013, de autoria, respectivamente, de duas intelectuais e ativistas feministas negras com grande visibilidade midiática na atualidade, mas que no período desses escritos, estavam iniciando suas carreiras militantes na internet: Jarid Arraes – jovem escritora, cordelista e poeta brasileira, que se tornou amplamente conhecida pela publicação do cordel *Heroínas negras Brasileiras* (2017), e Djamila Ribeiro, mestre em filosofia política autora do best-seller *O que é lugar de fala* (2016), que a tornaria uma das principais autoridades midiáticas sobre feminismo negro no Brasil contemporâneo – com projeção internacional.

A ação política das mulheres negras – em contextos acadêmicos e extra-acadêmicos, como a mídia de massa, conforme já mencionado anteriormente neste texto, tem dinamizado as políticas de tradução, recepção e circulação transnacional das ideias, culminando no recrudescimento da visibilidade de produções literárias que assumem perspectivas interseccionais. O viés "normativo a ser perseguido na prática, enquanto conduta ética, no interior das vertentes feministas" (RIOS; PEREZ; RICOLDI, 2018, p. 37), assumido com relação à *interseccionalidade*, influencia na crescente valorização e busca por obras outrora desprestigiadas pelo conjunto mais expressivo da comunidade científica e também do mercado editorial brasileiro. A título de exemplo, algumas obras fundamentais do *Black Feminism* norte-americano, lançadas originalmente nos anos de

1980 e de 1990, ganharam traduções no mercado editorial brasileiro a partir dos ano de 2016. Este é o caso do *Mulheres, raça e classe*, de Angela Davis (publicado originalmente em 1981, traduzido no Brasil em 2016), do *Teoria Feminista: da margem ao centro*, de bell hooks (publicado originalmente em 1984, traduzido no Brasil em 2020), *Pensamento feminista negro: conhecimento, consciência e a política do empoderamento*, de Patricia Hill Collins, (publicado originalmente em 1990 e traduzido no Brasil em 2019), *Irmã Outsider: ensaios e conferências*, de Audre Lorde, (publicado originalmente em 1984, traduzido no Brasil em 2020, entre muitos outros exemplos.

Chama ainda mais atenção o recentíssimo esforço de compilação e republicação da produção de intelectuais negras brasileiras, cujas obras também remontam aos anos de 1980: Lélia González e Beatriz Nascimento, que tiveram seus trabalhos inicialmente compilados com maior fôlego por iniciativa da União dos Coletivos Pan-Africanistas, com a publicação do *Primavera para as rosas negras* (2018) e *Beatriz Nascimento, quilombola e intelectual: possibilidade nos dias de destruição* (2018), respectivamente, tiveram suas obras republicadas muito recentemente por uma das mais tradicionais editoras de livros de ciências sociais do país, a Zahar. Em 2020, Flávia Rios, estudiosa de longa data do pensamento de Lélia González, e Márcia Lima organizam o livro *Por um feminismo afro-latino-americano – Lélia González*. Em 2021, Alex Ratts, também um reconhecido estudioso do pensamento de Beatriz Nascimento, organiza *Uma história feita por mãos negras – Beatriz Nascimento"*. Ainda, a obra *Tornar-se negro*, de Neusa Santos Souza, originalmente publicada em 1983, foi republicada em 2021 também pela Editora Zahar.

Além de *ferramenta intelectual e política*, um dos usos sociais do termo *interseccionalidade* diz respeito à sua apropriação como identidade coletiva. Em uma pesquisa comparada desenvolvida por Flávia Rios, Olívia Perez e Arlene Ricoldi (2018), com o objetivo de compreender movimentos sociais contemporâneos que se autodenominam interseccionais, observaram que a *interseccionalidade* tem a um só tempo impulsionado e refletido o caráter cada vez mais inclusivo dos feminismos e movimentos sociais em geral, servindo para adjetivar um novo pertencimento feminista, que "pretende superar antigos antagonismos identitários e favorecer novas bases dialógicas para o enfrentamento das múltiplas dimensões do sofrimento social em suas bases objetivas e subjetivas" (RIOS; PEREZ; RICOLDI, 2018, p. 49).

É a partir de uma observação semelhante que Vinicius Zanoli (2019) identifica outra nuance com relação aos usos e sentidos do conceito de *interseccioanlidade*. Argumenta que mais do que uma categoria identitária, o *enquadramento interseccional* têm evoluído para uma *master frame,* ou seja, um paradigma interpretativo que transbordou dos feminismos para dar sentido às práticas, valores e horizontes de mudança social de grupos cada vez mais amplos (ZANOLI, 2019, p. 38). A defesa do *"combate a todas as formas de opressão"* cada vez mais presente no repertório discursivo das ações coletivas, é um mote-síntese deste processo.

A práxis interseccional das lutas do Movimento de Mulheres Negras, seu caráter não exclusivista, indica que os *saberes interseccionais* (aqui entendidos como um conjunto de sensibilidades teóricas e práticas implicados pelos usos e sentidos do conceito de *interseccionalidade*) interseccionalizam outros saberes – *identitários, estético-corpóreos, políticos*. No item a seguir, explorarei, além do que já foi mencionado, o que tenho compreendido enquanto *saberes políticos* surgidos nas lutas do Movimento de Mulheres Negras.

## Saberes políticos

Enquanto agente político educador da sociedade brasileira, o Movimento de Mulheres Negras tem logrado traduzir suas demandas por reconhecimento, igualdade e emancipação, em políticas públicas – cujas implicações e, por que não dizer, benefícios, se estendem ao conjunto mais amplo da comunidade negra e da sociedade brasileira. A título de exemplo, destacarei brevemente algumas conquistas que podem ser incluídas como legado da incidência política das mulheres negras: a Política Nacional de Saúde Integral da População Negra, a PEC das domésticas e algumas iniciativas de combate ao racismo religioso.

## Política Nacional de Saúde Integral da População Negra

Problemáticas em relação ao direito à saúde figuram entre as demandas prioritárias do Movimento de Mulheres Negras contemporâneo desde o início de sua organização autônoma. No III Encontro Feminista da América Latina e do Caribe, em Bertioga/SP, reivindicações relativas à mortalidade materna e saúde reprodutiva das mulheres negras já estavam sendo demandadas. Conforme mencionei anteriormente, o período pós-transição democrática é marcado pela reorientação do ativismo das mulheres negras, da atuação em espaços de participação política estatais, municipais e federais que até então vinham apresentando relativa abertura para sociedade civil, para a incidência a partir da formalização de ONGs. Ainda, neste tempo, uma das principais pautas encabeçadas pelo movimento dizia respeito à saúde da população negra. A título de exemplo, as ONGs Geledés/SP, Fala Preta!/SP e Criola/RJ, criaram programas de saúde ao longo da década de 1990, exercendo pressões para que anos mais tarde, a pauta fosse incorporada pelo Ministério da Saúde enquanto política nacional (RODRIGUES; FREITAS, 2020, p. 14).

A questão da saúde reprodutiva ganhou centralidade nesses primeiros programas. Em 1993, o Geledés organizaria um Seminário Nacional sobre Direitos e Políticas Reprodutivas da Mulher Negra, que reuniria dezenas de lideranças, vinculadas a organizações de mulheres negras, instituições de ensino superior, lideranças político-partidárias, vinculadas a serviços de saúde, entre outras (GELEDÉS, 2009, s.p). O seminário resultaria na publicação da "*Declaração de Itapecerica da Serra das Mulheres Negras*", documento que apresentava demandas com relação às políticas de contracepção, discutindo o tópico da esterilização cirúrgica em massa, enquanto estratégia estatal de eliminação da população negra. Vale mencionar que a questão dos métodos contraceptivos configurou um dos principais embates do período, entre o Movimento de Mulheres Negras e seus pares masculinos no Movimento Negro. Alguns militantes se opunham à defesa do controle da natalidade entre mulheres negras, assumindo que a garantia da continuidade da comunidade negra seria uma tarefa política das mulheres: gerar filhos (DAMASCO; MAIO; MONTEIRO, 2012, p. 136). Por outro lado, (re)educando o próprio Movimento Negro, o Movimento de Mulheres Negras afirmava o direito à liberdade reprodutiva, reivindicando condições seguras e não abusivas de controle autônomo da natalidade. O documento também já apresentava a exigência de implementação de programas de prevenção e tratamento de doenças com maior incidência na população negra, como a anemia facilforme e hipertensão arterial, além da HIV/Aids. Embora a questão da HIV/Aids já tivesse sido levantada pelo movimento, como exemplifica a produção do curta-metragem "Todos os Dias São Seus" (1991), roteirizado por Edna Roland e produzido pelo Programa de Saúde do Geledés em parceria com o CoMulher – Comunicação Mulher (SP), o primeiro a debater a doença com o recorte de gênero e raça, foi a partir da *Declaração de Itapecerica da Serra* que o debate foi colocado salientando, ao contrário do que até então estava difundido no senso comum, a posição de vulnerabilidade das mulheres negras em relacionamentos estáveis, bem como o impacto da pauperização, o atravancamento do acesso à educação e a recursos de prevenção como fatores fundamentais para o avanço da epidemia entre elas (COELHO; LAVALLE, 2018, p. 348-349).

As pautas demandadas teriam uma primeira devolutiva positiva em 1996. Como desdobramento da Marcha Zumbi dos Palmares Contra o Racismo, pela Cidadania e pela Vida, que culminou na criação de um Grupo de Trabalho Intersetorial para a Valorização da População Negra (com um subgrupo sobre saúde), realizou-se uma reunião técnica junto ao ministério da saúde, sobre Saúde da População Negra. Nos debates, reafirmou-se a importância da incorporação da variável raça/cor nos instrumentos de informação do SUS, e nas estratégias de prevenção e tratamento de doenças como diabetes mellitus, hipertensão arterial, miomas e anemia facilforme, prevalentes na população negra e feminina negra. Tratou-se também da questão da prevenção do HIV/Aids na comunidade negra, uma pauta tomada com centralidade desde a *Declaração de Itapecerica da Serra*.

Um primeiro resultado positivo em termos de política pública foi a criação do Programa de Anemia Facilforme (Portaria MS 951/1996). Ainda a disputa por dados começaria a gerar os primeiros frutos: a Resolução nº196/1996 do Conselho Nacional de Saúde foi elaborada, incluindo a variável raça/cor em todas as pesquisas envolvendo seres humanos. Em 1998, conforme salienta Jurema Werneck (2016) também seria um desdobramento da reunião a publicação pioneira, pelo Ministério da Saúde, do documento *A saúde da população negra, razões e perspectivas*, e no ano de 2001, a publicação do *Manual de doenças mais importantes, por razões étnicas na população brasileira e afrodescendente*.

As já antigas reivindicações do movimento no âmbito da saúde encontrariam maiores oportunidades de efetivação enquanto política de Estado no contexto de abertura resultante da ascensão do governo Lula em âmbito Federal (2003). Em 2004 e 2006 a recém-

-criada Seppir organizaria os I e II Seminários Nacionais de Saúde da População Negra. Um desdobramento, foi a instituição no Ministério da Saúde, do Comitê Técnico de Saúde da População Negra, com o objetivo de formular uma Política Nacional de Saúde da População Negra (Portaria MS 2.632/2004). Em 2005, são instituídos os Programas de Combate ao Racismo Institucional na Saúde e o Programa Estratégico de Ações Afirmativas: População Negra e Aids. Em 2007, o Conselho Nacional de Saúde aprovou a Política Nacional de Saúde Integral da População Negra – PNSIPN. Quatro anos depois, em 2009, seria instituída a PNSIPN, por meio da Portaria MS 992/2009. Ao reconhecer o racismo enquanto fator estruturante de processos de adoecimento e desigualdades no acesso aos serviços de saúde (BRASIL, 2013), reafirmaria o princípio da universalidade e equidade do Sistema Único de Saúde. Vale destacar: a PNSIPN abarcaria, ainda, em seus objetivos, uma *abordagem interseccional* da política, incluindo a observação das dimensões do combate às discriminações de gênero e orientação sexual como fundamentais (WERNECK, 2016, p. 258).

## PEC das domésticas

De acordo com um estudo desenvolvido pelo Instituto de Pesquisa Econômica Aplicada (Ipea), intitulado "Os desafios do passado no trabalho doméstico do século XXI: reflexões para o caso brasileiro a partir dos dados da Pnad contínua" (2019), entre 1995 e 2018 as mulheres negras jamais deixaram de constituir o maior contingente de trabalhadoras domésticas. Em 2018 representavam 63% do segmento, ainda recebendo as mais baixas remunerações.

A condição de exposição a condições precarizadas de trabalho entre as mulheres negras, remonta ao período escravista e representa de forma profunda a nostalgia colonial das elites e camadas mais conservadoras da sociedade brasileira. A posição de *confinamento* nas atividades de limpeza e cuidado (CARNEIRO; SANTOS, 1985), a atualização da figura da mãe preta no papel da empregada doméstica (GONZÁLEZ, 1983) tem sido parte fundamental da denúncia das mulheres negras a respeito de sua inserção no mercado de trabalho: "a senzala moderna é o quartinho da empregada" (RARA, 2020).

Foi em 1936, por iniciativa de uma mulher negra, Laudelina Campos Melo, que o primeiro espaço associativista de empregadas domésticas foi fundado, em Santos/SP. Nascida em 12 de outubro de 1904, Melo ingressou no trabalho doméstico aos 7 anos de idade. Na juventude, iniciou sua militância junto ao Movimento Negro, associando-se ao Partido Comunista Brasileiro (PCB) em 1930 e atuando na Frente Negra Brasileira (FNB), e posteriormente no Teatro Experimental do Negro (TEN). Em 1961, fundou a Associação de Empregadas Domésticas de Campinas/SP. Atravessando com sua luta o período compreendido pelo advento do Estado Novo e, posteriormente, a ditadura civil-militar brasileira, seria responsável, na redemocratização, pela formalização do I Sindicato das Empregadas Domésticas, em 1988 (PINTO, 1993). Laudelina de Campos Mello – e o conjunto de mulheres negras que representava – nos deixaria como legado a garantia de direito à carteira assinada e previdência social para a categoria, em 1972. Contudo, as conquistas mais amplas chegariam apenas quatro décadas mais tarde.

A regulamentação do trabalho doméstico no Brasil pode ser considerada uma das principais vitórias das mulheres negras – e uma das políticas de maior saldo simbólico – na última década. Promulgada em abril de 2012, após anos de debates em audiências públicas e incidência junto à Seppir, Secretaria de Políticas Para as Mulheres, Ministério do Trabalho e Emprego, e outras instâncias estatais, a Proposta de Emenda Constitucional 66/2012, que ficou conhecida como a PEC das Domésticas, regulamentada pela Lei Complementar 150/2015, inverteu, ao menos em partes, o quadro de marginalidade absoluta que caracterizava até então o trabalho doméstico remunerado no país. Foi apenas a partir desta política que as trabalhadoras/es passariam a ter garantidos alguns direitos básicos (além daqueles já mencionados na Constituição de 1988) como a proteção contra demissão arbitrária, jornada de trabalho de 44 horas semanais, com limite de 8 horas diárias e pagamento de horas extras, seguro-desemprego, FGTS, seguro contra acidentes de trabalho, proibição de trabalho noturno, perigoso ou insalubre a menores de 16 anos, entre outros.

Para além dos direitos, que infortunadamente ainda sofrem ampla resistência em sua aplicação, um dos principais efeitos da PEC das Domésticas se deu no âmbito do debate público que suscitou. Causando, por um lado, profundo desconforto em setores da classe média e alta que se sentiram prejudicados financeiramente com os novos "custos" da contratação das trabalhadoras – e porque não dizer, embaraçados com a "ousadia" das perspectivas de direitos de um contingente para quem o lugar do trabalho não/mal remunerado foi naturalizado, na lógica da Casa Grande & senzala nunca superada – causando, por outro lado, a intensa visibilização midiática de dados e narrativas a respeito da condição de vulnerabilidade social da categoria no Brasil, inspirando entrevistas com especialistas, trabalhadoras, filmes, matérias jornalísticas, a questão do trabalho doméstico no Brasil, deixou, ainda que temporariamente, o âmbito privado. Do *quartinho* para a sala de estar, um desdobramento da política foi convocar a sociedade brasileira a uma reflexão mais profunda de sua história e continuidades, em face de umas das mais latentes expressões das desigualdades de raça e gênero no país (FRAGA; MONTICELI, 2021).

## Combate ao racismo/intolerância religiosa

As mulheres negras também têm ocupado um papel de protagonismo na salvaguarda dos sofisticados códigos que envolvem os *saberes ancestrais* da comunidade negra, sistematizados e (re)elaborados pelas religiões de matriz africana. Das religiosidades organizadas a partir de cosmovisões *Iorubás – Ketu, Efon – Jeje, Bantos-Angola* e outras, amalgamadas com as cosmovisões e possibilidades de existência encontradas na diáspora, verdadeiros territórios de aquilombamento e (re)estruturação mítica das famílias africanas, dispersadas pelo tráfico atlântico, se constituíram (SODRÉ, 2017; VERGER, 2018; NOGUEIRA, 2019). Resultado da ação de "mulheres enérgicas e voluntariosas" (VERGER, 2018, p. 36), são matriarcais os primeiros terreiros de candomblé do país (LANDES, 2002). As três princesas de Oyó, sacerdotisas do culto aos Orixás, *Iya Detá, Iyá Kalá* e *Iya Nassô*, são tidas como responsáveis pela fundação do que seria conhecido como o Candomblé de nação *Iorubá-Ketu*. As origens dos candomblés de nações *Efon-Jeje*, têm como alguns baluartes Maria Violão e as daomeanas Ludovina Pessoa e Maria Jesuína, a *Nã Agontimé*, sacerdotisas do culto aos Voduns. Os candomblés de nação *Banto-Angola*, tem na pessoa de Maria Neném, sacerdotisa do culto aos Nkises sua precursora. Junto delas e depois delas, centenas de mulheres e homens – por laços espirituais e de sangue, têm dado continuidade a herança ritual, cultural e política que elas estabeleceram. Contudo, essa preservação tem sido marcada, desde os seus primórdios, por um histórico de criminalização, demonização e violação das religiões, que juntamente com a Umbanda, Quimbanda e outras expressões religiosas de matriz africana, se configuram enquanto as principais vítimas de intolerância, ou, nos termos que prefiro, *racismo religioso*[105] no país.

---

[105] Falamos nos termos de *racismo religioso* em oposição à palavra intolerância, considerando que este segundo termo não descreve o cerne da violência dirigida

A criminalização das religiões de matriz africana remonta ao período escravocrata, estendendo-se muitas décadas após a abolição da escravatura. Embora o Código Penal de 1890 (Decreto 847/1890) discorresse longamente sobre a garantia de liberdade religiosa[106], tal proteção não contemplava as religiões de matriz africana. No mesmo Código Penal (cap. III, art. 157), essas religiões eram enquadradas como falsa medicina, charlatanismo e curandeirismo, sendo incluídas nos crimes contra saúde pública. Esta criminalização das religiões de matriz africana atravessou muitas décadas. Na Bahia, até 1976, terreiros de candomblé eram obrigados a solicitar autorização das Delegacias de Jogos e Costumes para efetivação de suas festividades (CHAGAS; GUALBERTO, 2022).

Interessa comentar que no mesmo código penal de 1890, outras expressões da cultura afro-brasileira, hoje elevadas a símbolos nacionais, como o samba e a capoeira, também eram criminalizadas, na seção que discorria sobre os crimes de vadiagem (cap. XIII). Nesse sentido, é preciso lembrar a resistência de Hilária Batista de Almeida, mais conhecida como Tia Ciata de Oxum – Iyalorixá e grande matriarca do samba carioca. Segundo colocam as narrativas de instituições que preservam a memória de Ciata, por ter conquistado prestígio político junto ao Presidente Venceslau Brás (1914-1918), para quem prestava serviços religiosos, garantiu, durante anos, que as festas de samba em sua residência fossem permitidas pela polícia, além de apoios à mobilidade social de familiares. Intercedendo junto ao presidente, teria garantido a transferência de seu esposo, o funcionário público João Batista, da Imprensa Nacional para o

---

às religiões de matriz africana, a aversão às pessoas e às coisas pretas, sua cultura e expressões da vida espiritual.

106 Capítulos II e III do Decreto 847/1890. Cf. texto completo em https://www2.camara.leg.br/legin/fed/decret/1824-1899/decreto-847-11-outubro-1890-503086-publicacaooriginal-1-pe.html – Acesso em 11/04/2022.

gabinete do chefe de polícia do Rio de Janeiro (Casa da Tia Ciata, 2022, s.p.). Um ano após sua morte, seu prestígio teria garantido a transferência do neto, Bucy Moreira, para uma instituição de ensino prestigiosa à época, a Escola de Bom Jesus, em Paquetá, conforme o mesmo declarou em entrevista (CABRAL, 2011).

Na contemporaneidade, diariamente terreiros de candomblé são violados por civis, objetos sagrados destruídos, adeptos das religiões discriminados. Mulheres negras, personalidades fundamentais das bases e lideranças das comunidades de terreiro, seguem, a exemplo de Tia Ciata, Mãe Ana de Xangô, Mãe Senhora, Mãe Menininha do Gantois e muitas outras, incidindo politicamente em organizações da sociedade civil e na política institucional, na reivindicação e conquista de demandas por reparação.

No ano de 2007, 21 de janeiro foi instituído como Dia Nacional de Combate à Intolerância Religiosa. Infortunadamente, a data marca um episódio fatal de racismo religioso. Mãe Gilda de Oxum (BA), Iyalorixá do terreiro Ilè Axé Abassá Ogum, teve seu rosto estampado em um jornal religioso vinculado à instituição evangélica Igreja Universal do Reino de Deus, no ano de 1999. A reportagem veiculava sua imagem à seguinte manchete: "Macumbeiros charlatões lesam o bolso e a vida dos clientes". A repercussão do jornal culminou que seu terreiro e adeptos fossem vítimas de inúmeras perseguições, violências físicas e simbólicas. Tal exposição e violências resultariam no adoecimento da Iyalorixá. Em 21 de janeiro de 2001, Mãe Gilda fez sua passagem, vítima de um infarto fulminante. Nos anos que se seguiram, sua família consanguínea, com o apoio do povo de axé, travou uma longa batalha judicial em busca por indenizações e reparação, ganhando sua causa – que culminou na condenação da Igreja Universal do Reino de Deus por intolerância religiosa, em 2008.

Um exemplo de luta travada por lideranças femininas do povo de axé que logrou uma vitória local diz respeito à recuperação de objetos sagrados apreendidos pela polícia no período em que as religiões de matriz africanas dependiam da tutela da polícia. No Rio de Janeiro, a luta pela recuperação de tais objetos cruzou pelo menos três décadas. Duas das principais lideranças contemporâneas dos povos de terreiro, a Iyalorixá Meninazinha de Oxum (RJ), conselheira e cofundadora da Rede Nacional de Religiões Afro-brasileiras e Saúde, juntamente com a Iyalorixá Beata de Yemanjá (RJ), que chegou a presidir a ONG Criola, foram linha de frente de uma movimentação de 30 anos pela recuperação do acervo de objetos sagrados sequestrados e reunidos na coleção de "magia negra" do Museu da Polícia Civil do Rio. Em 2017, nasce a campanha *Liberte Nosso Sagrado*. Após três anos de pressões, 519 objetos foram tombados pelo Iphan e encaminhados ao Museu da República, a pedido das lideranças de matriz africana[107].

Para além das garantias previstas na Constituição Federal de 1988, no que se refere a inviolabilidade de consciência e crença, a participação política de mulheres negras militantes do movimento tem produzido uma atividade parlamentar de defesa dos direitos das comunidades de matriz africana. A título de exemplo, a Deputada Estadual Leci Brandão (PCdoB-SP), garantiu a aprovação da Lei 16.663/2018, que institui o Dia Estadual da Umbanda, a cada 15 de novembro. Em 2017, a Deputada também foi responsável pelo projeto de lei que culminou na Lei 17.157/2019, que dispõe especificamente sobre penalidades a serem aplicadas em casos de discriminação por motivo religioso no Estado.

No Rio de Janeiro, a Deputada Renata Souza (Psol-RJ) – em parceria com os deputados Flávio Serafini (Psol), Eliomar Coelho (Psol) e Waldeck Carneiro (PT) – logrou aprovar a Lei 9.301/2021, que ins-

---

[107] Para maiores informações sobre o contexto da campanha e suas conquistas, cf. o documentário "Nosso Sagrado" [Disponível em quiprocofilmes.com.br/pt/filme/nosso-sagrado – Acesso em 28/04/2022].

titui no estado do Rio de Janeiro o *Abril Verde*, um mês de ações direcionadas ao combate ao racismo religioso. Como marco de abertura do *Abril Verde* 2022, Renata Souza concedeu à Irmandade de Nossa Senhora da Boa Morte a Medalha Tiradentes – maior honraria concedida pela Casa. Ainda, é de autoria de Renata Souza o projeto de lei que criou o "Observatório Mãe Beata de Yemanjá sobre o Racismo Religioso", o primeiro órgão institucional deste tipo no país.

## Disputar, no presente, uma democracia interseccional

Mandatos políticos como o de Renata Souza (Psol-RJ) apontam para uma faceta importante das relações estabelecidas na contemporaneidade entre o Movimento de Mulheres Negras e o Estado: a ampliação de um direcionamento à política eleitoral. O interesse das mulheres negras pela participação nos espaços da política eleitoral é antigo. Contudo, conforme já denunciava Sueli Carneiro (2009), o retrato dessa participação vem sendo historicamente caracterizado por uma ausência. Nesse sentido, entre 1930 e os anos mais recentes, alguns raios em céu azul têm sido referenciadas como aquelas que abriram caminhos: Antonieta de Barros (PSD) é reconhecida como uma das primeiras mulheres e a primeira mulher negra parlamentar do Brasil, eleita Deputada Estadual em 1934, por Santa Catarina. Em São Paulo, Theodosina Rosário Ribeira (MDB), eleita vereadora em 1970, figuraria como a primeira mulher negra parlamentar do estado, na câmara dos vereadores (1971) e posteriormente como deputada (1974) na Alesp. Leci Brandão (PCdoB) chegaria 37 anos depois de Theodosina, em 2011, como a segunda Deputada Estadual negra da Alesp. Em estados como o Rio de Janeiro e Bahia, a presença de mulheres negras em cargos eletivos levaria ainda algumas décadas. Pelo Rio de Janeiro, Benedita da Silva (PT) se tornaria, em 1982, a primeira vereadora negra; em 1994, a primeira senadora negra; em 2002, a primeira governadora negra. Pelo estado da Bahia apenas em 2018 uma mulher negra seria eleita deputada: Olivia Santana (PCdoB), que havia sido eleita vereadora por Salvador em 2005. Considerando as eleições municipais de 2020, os resultados ainda apontam para uma grande lacuna: mais da metade dos municípios brasileiros (57,2%) não elegeu sequer uma mulher negra (NJRD/FGV Direito/SP, Coalizão Negra por Direitos, 2020).

Contudo, apesar dos constrangimentos sociais particulares às opressões interseccionais que envolvem a vida das mulheres negras, implicando, no campo da representação política, a desigualdade na distribuição de recursos financeiros de campanha e a marginalização das candidaturas negras – em especial nos estratos superiores de competitividade (BUENO; DUNNING, 2014; RIOS; PEREIRA; RANGEL, 2017; CAMPOS; MACHADO, 2020), além do enfrentamento à violência simbólica e as *imagens de controle* (COLLINS, 2019) que confinam mulheres negras em lugares sociais subalternizados, à *violência política de gênero* (*Revista Azmina/InternetLab*, 2021), em que a coerção ao exercício dos direitos políticos por vezes aponta tragicamente para ameaças ao direito à vida e ao *feminicídio político* (SOUZA, 2020) –, a disputa das mulheres negras por representação nos espaços institucionais de poder tem ganhado uma inflexão especial nos últimos pleitos eleitorais.

Nesse sentido, a lista de mulheres negras parlamentares está sendo pouco a pouco ampliada e algumas delas têm figurado entre as mais bem-votadas em seus pleitos. Apenas exemplificando: falamos em Renata Souza (Psol), já mencionada Deputada Estadual pelo Rio de Janeiro e Talíria Petrone (Psol), Deputada Federal pelo mesmo Estado. Por Minas Gerais, falamos em Áurea Carolina (Psol), Deputada Federal, Andréia de Jesus (PT), Deputada Estadual, Iza Lourença (Psol), vereadora, protagonistas nos últimos anos da iniciativa *Gabinetona* – uma *mandata coletiva* em três esferas. Em São Paulo, falamos em Erica Malunguinho (Psol), a primeira deputada estadual trans e negra da Alesp, liderança de uma *mandata-quilombo*. Falamos também em Erika Hilton (Psol), eleita em 2018, juntamente com Mônica Seixas (Psol), como *codeputada* da mandata coletiva, *Mandata Ativista* e, em 2020, como a mulher mais bem votada ao cargo de vereadora em São Paulo. No interior de São Paulo, em Campinas, falamos em Paolla Miguel (PT), com sua *mandata-movimento* e Guida Calixto (PT), as primeiras e únicas mulheres negras eleitas para câmara de vereadores da cidade. Em Pernambuco, falamos em Robeyoncé Lima (PSOL) e Jô Cavalcanti (Psol), *codeputadas* das *Juntas*, a primeira *mandata coletiva* do estado. Na Bahia, Cleide Coutinho (Psol), Laína Crisóstomo (Psol) e Gleide Alves (Psol) se elegeram em 2020 *covereadoras* da *mandata coletiva* Pretas por Salvador, a primeira *mandata coletiva* da Bahia. No Paraná, Carol Dartora (PT), a primeira vereadora negra eleita para câmara municipal de Curitiba. Além delas, muitas outras poderiam ser mencionadas.

As biografias dessas parlamentares convergem em alguns pontos: muitas delas são jovens e sem (ou com pouca) história na política partidária. São todas militantes orgânicas dos movimentos sociais e se autodeclaram feministas. Também fazem parte de uma geração de mulheres escolarizadas em nível superior – e em alguns casos, em nível de pós-graduação – cujo acesso à universidade se deu no fluxo da implementação de políticas de cotas étnico-raciais ou outras políticas de democratização da universidade, como o Prouni (Lei 11.096/2005). Também em comum, essas mulheres têm protagonizado propostas de inovação democrática e experimentação coletiva. Suas *mandatas* – em algumas iniciativas autodenominadas *mandatas coletivas*, em outras, *mandata-quilombo, mandata- -movimento* ou simplesmente *mandatas,* evidenciando a referência feminista de suas práticas – têm operado nos parlamentos um projeto político que argumentamos apontar para uma *democracia inter-*

*seccional* – uma democracia radicalmente antifascista, antirracista, antimachista, antiLGBTfóbica e anticapitalista.

Essas mandatas tem convergido na construção de tecnologias políticas como a implementação de *gabinetes digitais populares* (presentes nas mandatas de Renata Souza e Talíria Petrone), *laboratórios populares de leis* – *Labpos* (presente na mandata coletiva *Gabinetona*), visando ampliar a participação social em suas atuações legislativas. Promovem consultas públicas para a destinação de recursos dos próprios salários e de emendas parlamentares para projetos sociais (como o *emenda com a gente* – promovido pela *Gabinetona*, e os *Editais Estamos Juntas* – promovido pelas *Juntas Codeputadas*). Ainda, a atividade parlamentar dessas mulheres tem sido caracterizada pela defesa dos direitos humanos (RODRIGUES, 2020). Não por acaso, quatro das parlamentares que citamos como exemplo atuam na presidência das comissões de direitos humanos e de comissões dos direitos da mulher em seus parlamentos: Andreia de Jesus, Erika Hilton, Renata Souza, Carol Dartora. O comprometimento com a promoção de uma *democracia interseccional* está refletida na proposição de políticas públicas que orbitam em torno de eixos como a garantia de direitos, luta antirracista, direitos da mulher, abolicionismo penal, segurança pública, educação, saúde, direitos LGBTI+, habitação, meio ambiente, emprego e renda, cultura, acessibilidade, povos tradicionais, entre outros, historicamente demandados pelos movimentos sociais.

Essas experiências também tem sido atravessadas por uma denúncia e pela transformação do *luto em luta*. Os discursos das parlamentares incorporam a argumentação de que representam uma reação ao brutal assassinato da vereadora carioca Marielle Franco, em 14 de maio de 2018. *"Cria da Maré"*, mulher negra, mãe, lésbica e favelada, socióloga e a segunda mulher mais votada para o cargo de vereadora em todo o país, cuja candidatura popular foi pautada na defesa dos direitos humanos, em especial contra o genocídio da população negra e criminalização da pobreza, Marielle Franco é constantemente lembrada como uma *ancestral* e inspiração para a insistência dessas mulheres negras em se incorporarem à política. Autoafirmam-se *sementes* de Marielle, em uma forma de ressignificação e agenciamento do sofrimento. Importa dizer: no momento em que escrevo este capítulo, quatro anos se passaram e ainda não tivemos respostas. *Quem matou e quem mandou matar Marielle Franco?*

Ademais, assumindo seus ingressos na política institucional como um exercício de *hackear* a política – no sentido de ocupação e exploração das ferramentas oferecidas pelo sistema político – o Movimento de Mulheres Negras tem apostado em um enquadramento interpretativo que mobiliza a categoria da *representatividade* enquanto política de ideias, mas também de presença (PHILLIPS, 2001), nas palavras de Erica Malunguinho, em um dos seus discursos de campanha:

> Isso é um convite à alternância de poder e um convite para adentrar a essa candidatura-quilombo, uma candidatura que é feita, composta por pessoas que foram historicamente negadas desses espaços de decisão. Nós já fazemos política. Os nossos corpos são políticos. Nossa existência é política. Agir no mundo, estar no mundo, é fazer política. O que vamos fazer agora, nesse momento, é sistematizar essa política que a gente já faz naturalmente, e colocar pra dentro dos espaços institucionais. Nós precisamos estar dentro desses espaços por que são nesses espaços que são tomadas as decisões que incidem sobre nossas vidas: o povo preto, LGBTs, nordestinos, enfim, o bonde todo tem que tá lá dentro, decidindo o que é o melhor e o que será para nós mesmos, e que

agora são as pessoas mais hábeis, mais capazes, e mais sensíveis para desconstruir essas violências estruturais. [...] Primeiro nós e depois de nós? É nois de novo, por mais 500 anos, até essa balança se reequilibrar (Erica Malunguinho, 2018).

Assim, alguns sentidos se fazem muito presentes na ação política do movimento contemporâneo de mulheres negras no âmbito da política eleitoral: por um lado, a proposição de um modo de fazer política pautado na sistematização dos *saberes* que os movimentos sociais produzem em seu cotidiano; por outro lado, o agenciamento dos *saberes interseccionais* e da defesa da diversidade como princípios basilares da ação comprometida com a desconstrução das opressões estruturais – a defesa de uma *democracia interseccional*.

## Voltando ao centro da encruzilhada: confluências de potencialidades e saberes

Os exemplos visibilizados ao longo deste capítulo são apenas fragmentos de uma constelação muito mais ampla de ações espalhadas. Escolhas pessoais para uma reflexão que será sempre parcial e que foi afetada pelo alcance do meu olhar e minhas condições objetivas de escrita. Compreendo que costurar uma reflexão a respeito do papel civilizatório, educativo e emancipatório do Movimento de Mulheres Negras no Brasil é um convite a uma narrativa, em certa medida, circular. Falamos em histórias de *sankofa*[108]: acreditamos que nunca é tarde e, sobretudo, consideramos qualitativo, olhar

---

108 *Sankofa* é um símbolo *Adinkra*. Tais símbolos compõem um sistema de escrita originário dos povos *Akan* da África Ocidental (Gana), sendo cada um deles ligado a um aforismo que representa um valor civilizatório específico. A *Sankofa* é representada por um pássaro que mira as costas, enquanto suas patas apontam para frente. É também representada alternativamente por dois pássaros unidos, cuja forma é semelhante a um coração. O aforismo relacionado à *Sankofa* diz: não é tabu voltar atrás e buscar o que esqueceu (NASCIMENTO, 2008).

atrás e aprender com aquilo que passou. Aprender com aquilo que ainda está se passando, na medida em que estou escrevendo sobre uma movimentação coletiva a que me somo e que segue em curso. Na medida em que, enquanto coletividade, concebemos a História como um campo de possibilidades e não determinação. Este é o cerne da figura da *encruzilhada*, domínio da divindade Iorubá que sintetiza a vida e o dinamismo presente em todas as coisas, *Èṣù*. A *encruzilhada* que também serviu originalmente como analogia para formulação do conceito de *interseccionalidade* (CRENSHAW, 1989, p. 149). As *encruzilhadas políticas* impostas pelas opressões interseccionais, estruturais e persistentes e que têm nos convocado a nos constituirmos *mulheres negras em movimento*.

Nesta *conclusão*, absolutamente provisória (GOMES, 2017) volto ao centro da encruzilhada recuperando o ditado Iorubá sobre *Èṣù*, que afirma: *"Exu matou um pássaro ontem com uma pedra que só lançou hoje"*. Este aforismo – que subverte uma concepção ocidental de tempo linear e que aponta para reinvenção do passado e reorientação do futuro a partir das ações do presente – é aqui interpretado como uma boa máxima sobre a esperança resiliente assumida pelo Movimento de Mulheres Negras, cujo legado está disponível a toda a sociedade: disputando sentidos e direitos, agenciar processos de reparação diante das injustiças de um ontem que se desdobra pelo presente. Da *encruzilhada* das mais perversas condições objetivas de existência, fazer emergir um espaço de confluência de potencialidades, saberes e anúncio de alternativas para promoção de um marco civilizatório que tenha a equidade como par constitutivo.

Como certa vez afirmou a *griot* Janaina Portella (*Odoyá!*)[109]: as ancestrais estão de pé. Nós também. *Didè*![110]

---

109 Saudação Iorubá à divindade *Yemoja – que faz a cabeça da griot e, orgulhosamente, a minha também*.

110 Palavra Iorubá que significa: levantar-se.

# Referências

ALVAREZ, S.E. Para além da sociedade civil – Reflexões sobre o campo feminista. **Cadernos Pagu**, n. 43, p. 13-56, 2014.

ALVAREZ, S.E.; BAIRROS, L. Feminismos e antirracismo – Entraves e Intersecções. Entrevista com Luiza Bairros, ministra da Secretaria de Políticas de Promoção da Igualdade Racial (Seppir). **Revista Estudos Feministas**, v. 3, n. 20, p. 833-850, 2012.

ANZALDUA, G. **Borderlands/La Frontera**. São Francisco: Spinsters/Aunt Lute, 1987.

ARRAES, J. **Heroínas negras brasileiras em 15 cordéis**. São Paulo: Seguinte, 2017.

BAIRROS, L. Nossos feminismos revisitados. **Revista Estudos Feministas**, ano 3, n. 2, p. 458-463, 1995.

BAMBARA T.C. **The Black Woman: An Anthology**. Nova York: Signet, 1970.

BASS, S.; BARRETO, R.; PASSAPUSSO, R.; MARQUES, B. Fogo. In: PASSAPUSSO, R. **O futuro não demora**. Rio de Janeiro: Máquina de Louco (Universal MGB), 2019.

BERNARDINO-COSTA, J.; MALDONADO-TORRES, N.; GROSFOGUEL, R. **Decolonialidade e pensamento afrodiaspórico**. Belo Horizonte: Autêntica, 2019.

BLACKWELL, M., NABER, N. Interseccionalidade em uma era de globalização – As implicações da Conferência Mundial contra o Racismo para práticas feministas transnacionais. **Revista Estudos Feministas**, v. 10, n. 1, p. 189-198, 2002.

BRASIL. **Política nacional de Saúde integral da população negra: uma política para o SUS**. Brasília: Ministério da Saúde, 2013.

BRINGEL, B. Mudanças no ativismo contemporâneo: controvérsias, diálogos e tendências. In: FASE (ed.). **A luta popular urbana por seus protagonistas: direito à cidade, direitos nas cidades**. Rio de Janeiro: Fase, 2018.

BRINGEL, B; SPOSITO, M.P. Apresentação do dossiê Movimentos Sociais e a Transformação do Ativismo Contemporâneo. **Educação e Sociedade**, v. 41, 2020.

BUENO, N.; DUNNING T. **Race, resources, and representation: evidence from Brazilian politicians, social science research network**, 2014 [Disponivel em http://www.thaddunning.com/wp-content/uploads/2017/03/Bueno-and-Dunning_World-Politics_published-online-first.pdf – Acesso em 21/09/2020].

CABRAL, S. **Escolas de samba do Rio de Janeiro**. Rio de Janeiro: Lazuli, 2011.

CAMPOS, L.A.; MACHADO, C. A cor dos eleitos: determinantes da sub-representação política dos não brancos no Brasil. **Revista Brasileira de Ciência Política**, n. 16, p. 121-151, 2015.

CARNEIRO, S. A batalha de Durban. **Revista Estudos Feministas**, v. 10, n. 1, 2002.

CARNEIRO, S. Mulheres em movimento. **Estudos Avançados**, São Paulo, v. 17, n. 49, p. 117-132, 2003.

CARNEIRO, S. **Escritos de uma vida**. São Paulo: Jandaíra, 2019.

CASA DA TIA CIATA. **Biografia** [Disponível em https://www.tiaciata.org.br/tia-ciata/biografia – Acesso em 28/04/2022]

CHAGAS, C.; GUALBERTO, A. O racismo religioso e o Estado brasileiro: as operações policiais nos terreiros de candomblé da Bahia e as reações do povo de terreiro. **Congresso em Foco**, 2022 [Disponível em: https://congressoemfoco.uol.com.br/blogs-e-opiniao/

forum/o-racismo-religioso-e-o-estado-brasileiro-as-operacoes-policiais-nos-terreiros-de-candomble-da-bahia-e-as-reacoes-do-povo-de-terreiro – Acesso em 28/04/2022].

COELHO, V.S.; LAVALLE, A.G. Os movimentos negro e indígena e a política de saúde e de HIV/Aids: institucionalização e domínios de agência. In: LAVALLE, A.G.; CARLOS, E.; DOWBOR, M.; SZWAKO, J. **Movimentos sociais e institucionalização: políticas sociais, raça e gênero no Brasil pós-transição**. Rio de Janeiro: Eduerj, 2018, p. 331-374 [*On-line*].

COLLINS, P. Piecing Together a Genealogical Puzzle: Intersectionality and American Pragmatism. **European Journal of Pragmatism and American Philosophy**, v. 1, n. 3-2, p. 1-28, 2011.

COLLINS, P. **Pensamento feminista negro**. São Paulo: Boitempo, 2019.

COMBAHEE-RIVER-COLLECTIVE. A Black Feminist Statement. In: GUY-SHEFTALL, B. **Words of Fire: An Anthology of African-American Feminist Thought**. Nova York: The New Press, 1995, p. 232-240.

CRENSHAW, K. Demarginalizing the Intersection of Race and Sex: A Black Feminist Critique of Anti-Discrimination Doctrine, Feminist Theory and Anti-Racist Politics. **University of Chicago Legal Forum**, n. 1, p. 139-167, 1989.

CRENSHAW, K. Mapping the Margins: Intersectionality, Identity Politics, and Violence against Women of Color. **Stanford Law Review**, v. 43, n. 6, p. 1.241-1.299, 1991 [Disponível em https://www.jstor.org/stable/1229039 – Acesso em 27/04/2022].

CRENSHAW, K. Documento para o encontro de especialistas em aspectos da discriminação racial relativos ao gênero. **Revista Estudos Feministas**, v. 10, n. 1, p. 171-188, 2002.

DAMASCO, S.M.; MAIO, M.C.; MONTEIRO, S. Feminismo negro: raça, identidade e saúde reprodutiva no Brasil (1975-1993). **Revista Estudos Feministas**, Florianópolis, v. 20, n.1, p. 133-151, 2012.

DAVIS A.Y. **Women, Race, and Class**. Nova York: Random House, 1981.

*DAVIS, A. Estarão as prisões obsoletas?* São Paulo: Difel, 2018.

DOMINGUES, P. Movimento Negro Brasileiro: alguns apontamentos históricos. **Tempo**, v. 12, n. 23, p. 100-122, 2007.

FACCHINI, R.; CARMO, Í.N.; LIMA, S.P. Movimentos feminista, negro e LGBTI no Brasil: sujeitos, teias e enquadramentos. **Educação & Sociedade**, Campinas, v. 41, 2020, e230408

FIGUEIREDO, A. Perspectivas e contribuições das organizações de mulheres negras e feministas negras contra o racismo e o sexismo na sociedade brasileira. **Revista Direito e Práxis**, v. 9, n. 2, p. 1.080-1.099, 2018.

FIGUEIREDO, A.; GROSFOGUEL, R. Por que não Guerreiro Ramos? – Novos desafios a serem enfrentados pelas universidades públicas brasileiras. **Ciência e Cultura**, São Paulo, v. 59, n. 2, p. 36-41, 2007.

FRAGA, A.B.; MONTICELLI, T.A. PEC das domésticas: holofotes e bastidores. **Revista Estudos Feministas**, v. 29, n. 3, 2019.

*FREIRE, P.* **Pedagogia da Esperança: reencontro com a Pedagogia do Oprimido**. Rio de Janeiro: Paz e Terra, 2019 [1992].

GELEDES/Instituto da Mulher Negra. **Programa de saúde: memória institucional do Geledes**. São Paulo: Geledes, 2009 [Disponível em https://www.geledes.org.br/programa-de-saude-memoria-insti tucional-de-geledes/ – Acesso em 27/04/2022].

GOMES, N.L. **O Movimento Negro Educador: saberes construídos nas lutas por emancipação.** Petrópolis: Vozes, 2017.

GOMES, N.L. **Sem perder a raiz: corpo e cabelo como símbolos da identidade negra.** Belo Horizonte: Autêntica, 2020.

GONZÁLEZ, L. Racismo e sexismo na cultura brasileira. In: SILVA, L.A.M. et al. Movimentos sociais urbanos, minorias étnicas e outros estudos. **Ciências Sociais Hoje**, Brasília, n. 2, p. 223-244, 1983.

GONZALEZ, L. Mulher negra. **Afrodiáspora**, Brasília, v. 6-7, n. 19, p. 94-106, 1985.

GONZÁLEZ, L. A Categoria político-cultural da amefricanidade. In: **Tempo Brasileiro**, Rio de Janeiro, n. 92-93, p. 69-81, jan.-jun./1988.

GONZÁLEZ, L. Por um feminismo afro-latino-americano: ensaios, intervenções e diálogos. Org. de F. Rios e M. Lima. Rio de Janeiro: Zahar, 2020.

GONZÁLEZ, L.; HASENBALG, C.A. **Lugar de negro.** Rio de Janeiro: Marco Zero, 1982.

hooks, bell. **We real cool – Black man and masculinity.** Nova York: Routledge, 2003.

IPEA. **Os desafios do passado no trabalho doméstico do século XXI – Reflexões para o caso brasileiro a partir dos dados da Pnad contínua.** Brasília/Rio de Janeiro: Ipea, 2019.

KILOMBA, G. **Memórias da plantação: episódios de racismo cotidiano.** São Paulo: Cobogó, 2019.

LEMOS, R.O. **Feminismo negro em construção: a organização do Movimento de Mulheres Negras no Rio de Janeiro.** Rio de Janeiro: Instituto de Psicologia/UFRJ, 1997 [Dissertação de mestrado em Psicologia].

LEMOS, R.O. **Do Estatuto da Igualdade Racial à Marcha das Mulheres Negras, 2015: uma análise das feministas negras brasileiras sobre políticas públicas.** Niterói: Escola de Serviço Social/UFF, 2016 [Tese de doutorado em Política Social].

LIMA, S.P. **"A gente não é só negro!" – Interseccionalidade, experiência e afetos na ação política de negros universitários.** Campinas: Instituto de Filosofia e Ciências Humanas/Unicamp, 2020 [Tese de doutorado em Ciências Sociais].

LORDE, A. **Sister Outsider: Essays and Speeches.** Crossing Press, 1984.

LORDE, A. **Irmã Outsider: ensaios e conferências.** Belo Horizonte: Autêntica, 2020.

MARCHA DAS MULHERES NEGRAS. Carta da Marcha das Mulheres Negras. **InSURgência – Revista de direitos e movimentos sociais**, Brasília, v. 7, n. 2, p. 327-338, 2021. DOI: 10.26512/insurgncia.v8i2.39121 [Disponível em https://periodicos.unb.br/index.php/insurgencia/article/view/39121 – Acesso em 26/04/2022].

McCALL, L. The complexity of intersectionality. **Signs – Journal of Women in Culture and Society**, v. 30, n. 3, p. 1.771-1.800, 2005 [Disponível em https://www.journals.uchicago.edu/doi/10.1086/426800/ – Acesso em 27/04/2022].

MELLO, L.C. Entrevista concedida a Elisabete Aparecida Pinto. In: PINTO, E.A. **Etnicidade, gênero e educação: a trajetória de vida de Laudelina de Campos Mello (1904-1991).** Campinas: Unicamp,1993 [Dissertação de mestrado em Educação].

MESQUITA, T.V.L. **É preciso mudar os lugares da mesa: um estudo das carreiras militantes de acadêmicos negros na Universidade Estadual de Campinas.** Campinas: Unicamp, 2021 [Dissertação de mestrado].

MOREIRA, N.R. **O feminismo negro brasileiro: um estudo do Movimento de Mulheres Negras no Rio de Janeiro e São Paulo.** Campinas: Instituto de Filosofia e Ciências Humanas/Unicamp, 2007 [Dissertação de mestrado em Sociologia].

NASCIMENTO, B. **Uma história feita por mãos negras: relações raciais, quilombos e movimentos.** Rio de Janeiro: Zahar, 2021.

NJRD/FGV. Coalizão Negra por Direitos. **Cidades, raça e eleições: uma análise sobre a representação negra no contexto brasileiro.** São Paulo: FGV, 2020 [Disponível em https://bibliotecadigital.fgv.br/dspace/bitstream/handle/10438/31309/Nota%20t%c3%a9cnica_Cidades%2c%20ra%c3%a7a%20e%20elei%c3%a7%c3%b5es%20-%20uma%20an%c3%a1lise%20da%20representa%c3%a7%c3%a3o%20negra%20no%20contexto%20brasileiro.pdf?sequence=5&isAllowed=y – Acesso em 28/04/2022].

ODARA, A. Fundos solidários negros e Movimento Negro Educador: possíveis conformidades. In: PINHO, C.S.; MESQUITA, T.V.L. (orgs.). **Pedagogia Feminista Negra: primeiras aproximações.** São Paulo: Veneta, 2022, p. 75-92.

PEREIRA, A.; PEREIRA, V. Miradas sobre o poder: a nova agência política do Movimento Negro brasileiro (2004-2021). **Revista Brasileira de História**, v. 41, n. 88, p. 33-56, 2021.

PEREIRA, C.; MODESTO, R. "Mulher Negra de Pele Clara": lugar de enunciação e processos de identificação. **Entremeios – Revista de Estudos do Discurso**, Pouso Alegre, v. 21, p. 274-290, jan.-jun./2020.

PINHO, C.S.B.; MESQUITA, T.V.L. **Pedagogia Feminista Negra: primeiras aproximações.** São Paulo: Veneta/Serpente, 2022.

RARA, P. **Eu, empregada doméstica: a senzala moderna é o quartinho de empregada.** Belo Horizonte: Letramento, 2019.

RATTS, A. Corpos negros educados: notas acerca do Movimento Negro de base acadêmica. **Nguzu**, v. 1, n. 1, p. 28-39, 2011.

RIBEIRO, A.A. Homens negros, negro homem: a perspectiva de um feminismo negro. **Revista de Estudos e Investigações Antropológicas**, v. 2, n. 2, 2015.

RIBEIRO, D. **O que é lugar de fala?** Belo Horizonte: Letramento/ Justificando, 2017.

RIBEIRO, M. Mulheres negras brasileiras: de Bertioga a Beijing. **Revista Estudos Feministas**, n. 2, p. 446-457, 1995.

RIOS, F. Antirracismo, movimentos sociais e Estado (1985-2016). In: LAVALLE, A.G. et al. **Movimentos sociais e institucionalização: políticas sociais, raça e gênero no Brasil pós-transição**. Rio de Janeiro: Eduerj, 2018, p. 255-283 [*On-line*]. Disponível em https://doi.org/10.7476/9788575114797.0008

RIOS, F.; MACIEL, R. Feminismo negro brasileiro em três tempos: Mulheres Negras, Negras Jovens Feministas e Feministas Interseccionais. **Labrys,études féministes / Revista Estudos Feministas**, jul./2017- jun./2018.

RIOS, F.; PEREIRA, A.C.; RANGEL, P. Paradoxo da igualdade: gênero, raça e democracia. **Ciência e Cultura**. São Paulo, v. 69, n. 1, p. 39-44, 2017.

RIOS, F.; PEREZ, O.; RICOLDI, A. Interseccionalidade nas mobilizações do Brasil contemporâneo. **Lutas Sociais**, São Paulo, v. 22, n. 40, p. 36-51, 2018.

RODRIGUES, C. Negros, LGBTI+ e Mulheres na política. **YouTube**, 28/10/2020 [Disponível em https://www.youtube.com/watch?v=uG_xeegviB4].

RODRIGUES, C.; FREITAS, V.G. Ativismo Feminista Negro no Brasil: do Movimento de Mulheres Negras ao feminismo interseccional. **Revista Brasileira de Ciência Política**, n. 34, 2021 [*On-line*]. e238917

ROLAND, E. O Movimento de Mulheres Negras brasileiras: desafios e perspectivas. In: GUIMARÃES, A.S.; HUNTLEY, L. **Tirando a máscara: ensaios sobre o racismo no Brasil**. São Paulo: Paz e Terra, 2000, p. 237-256.

SANTOS, J.R. Movimento Negro e crise brasileira. In: SANTOS, J.R; BARBOSA, W.N. **Atrás do muro da noite – Dinâmica das culturas afro-brasileiras**. Brasília: Ministério da Cultura/ Fundação Cultural Palmares, 1994, p. 157

SANTOS, S.B. As ONGs de Mulheres Negras no Brasil. **Sociedade e Cultura**, v. 12, n. 2, p. 275-288, 2009.

SILVA, G.M. Cultura negra e empreendedorismo: sensibilidades políticas a reivindicações econômicas e o engajamento através do mercado. **Anuário Antropológico**, Brasília, v. 43, n. 1, p. 11-36, 2018.

SILVA FONTANA, L. **O discurso do colorismo no Brasil: processos de racialização e genderização nos dizeres da identidade nacional e das mídias negras**. Campinas: Instituto de Estudos da Linguagem/ Unicamp, 2021 [Dissertação de mestrado] [Disponível em http://repositorio.unicamp.br/jspui/handle/REPOSIP/364388?mode=full].

SODRÉ, M. **Pensar Nagô**. Petrópolis: Vozes, 2017.

SODRÉ, M. Bate-papo sobre o livro **Uma história feita por mãos negras**, de Alex Ratts. São Paulo: Companhia das Letras, 17/06/2021 [Disponível em https://www.youtube.com/watch?v=t-Kb--f3Miw].

SOUZA, R. Feminicídio político: um estudo sobre a vida e a morte de Marielle. **Cadernos De Gênero e Diversidade**, v. 6, n. 2, p. 119-133, 2020.

VERGER, P. **Orixás: deuses iorubás na África e no novo mundo**. Salvador: Fundação Pierre Verger, 2018.

WERNECK, J. De Ialodês y Feministas – Reflexiones sobre la acción política de las mujeres negras em América Latina y El Caribe. **Nouvelles Questions Féministes**, v. 24, n. 2, p. 27-40, 2005.

WERNECK, J. Racismo institucional e saúde da população negra. **Saúde e Sociedade**, São Paulo, v. 25, n. 3, p. 535-549, 2016.

ZANOLI, V.P.C. **"Bradando contra todas as opressões!" – Uma etnografia sobre teias e trocas entre ativismos LGBT, negros, populares e periféricos**. Campinas: Instituto de Filosofia e Ciências Humanas/Unicamp, 2019 [Tese de doutorado em Ciências Sociais].

# As autoras e o autor

**Gleicy Mailly da Silva** – Possui graduação em Ciências Sociais pela Universidade Estadual Paulista (Unesp), mestrado em Antropologia Social pela Universidade Estadual de Campinas (Unicamp) e doutorado em Antropologia Social pela Universidade de São Paulo (USP). Desde 2012 dedica-se a investigações voltadas aos temas: raça, gênero, economia e processos de subjetivação. Em 2015, realizou estágio doutoral na École des Hautes Études en Sciences Sociales (Ehess). É pesquisadora de pós-doutorado e professora-colaboradora no Núcleo de Estudos de Gênero Pagu da Universidade Estadual de Campinas (Unicamp). Integra o Fellowship Programme do Graduate Institute of International and Development Studies (Iheid) como pesquisadora-visitante.

**Luciana de Oliveira Dias** – Antropóloga, com estudos pós-doutorais em Direitos Humanos e Interculturalidades pela Universidade de Brasília (UnB). Estudiosa do pensamento feminista negro e bolsista de produtividade em pesquisa nível 2 do CNPq. Possui doutorado e mestrado em Ciências Sociais pela UnB e graduação (bacharelado e licenciatura) em Ciências Sociais pela Universidade Federal de Goiás (UFG). Realizou estágio doutoral em Educação Intercultural na Universidad Nacional Autónoma de México (Unam). Associada à: Associação Brasileira de Antropologia (ABA) ocupando a função de diretora e tendo sido coordenadora do Comitê de Antropólogas/os Negras/os da ABA; Associação Nacional de

Direitos Humanos, Pesquisa e Pós-Graduação (Andhep); Sociedade Brasileira para o Progresso da Ciência (SBPC); Associação Brasileira de Pesquisadores/as Negros/as) (ABPN), tendo sido editora da revista da ABPN. É professora-associada na UFG, com atuação na Secretaria de Inclusão (SIN/UFG), na Faculdade de Ciências Sociais (FCS), na Educação Intercultural Indígena (Núcleo Takinahaky); no Programa de Pós-Graduação Interdisciplinar em Direitos Humanos (PPGIDH); e no Programa de Pós-Graduação em Antropologia Social (PPGAS). É coordenadora e líder do Grupo de Pesquisa no CNPq: Coletivo Rosa Parks: estudos e pesquisas sobre raça, etnia, gênero, sexualidade e interseccionalidades (UFG); e, coordenadora de pesquisa do Núcleo de Direitos Humanos (NDH-UFG).

**Nilma Lino Gomes** – Possui graduação em Pedagogia pela UFMG (1988), mestrado em Educação pela UFMG (1994), doutorado em Ciências Sociais (Antropologia Social) pela USP (2002) e pós-doutorado em Sociologia pela Universidade de Coimbra – Portugal (2006) e em Educação pela Ufscar (2017). É professora titular emérita da Faculdade de Educação da UFMG e integra o corpo docente da pós-graduação em Educação Conhecimento e Inclusão Social da FAE/UFMG. É bolsista de produtividade em pesquisa do CNPq. Coordena o Núcleo de Estudos e Pesquisas sobre Relações Raciais e Ações Afirmativas (Nera/CNPq). É membro da Associação Brasileira de Antropologia (ABA), Associação Brasileira de Pesquisadores Negros (ABPN) e Associação Nacional de Pós-graduação e Pesquisa em Educação (Anped). Foi reitora *pro tempore* da Universidade Internacional da Lusofonia Afro-brasileira (Unilab) (2013-2014), Secretária de Políticas de Promoção da Igualdade Racial (2015) e Ministra das Mulheres, da Igualdade Racial e dos Direitos Humanos (2015-2016). Em 2022, recebeu o Prêmio Carolina Bori, Ciência & Mulher, 3ª edição, pela Sociedade Brasileira para o Progresso da Ciência (SBPC) como vencedora da área das humanidades.

**Regimeire Oliveira Maciel** – Graduada em Ciências Sociais pela Universidade Federal do Maranhão (Ufma), mestra e doutora em Ciências Sociais pela Pontifícia Universidade Católica de São Paulo (PUC/SP). Professora-adjunta do Bacharelado em Políticas Públicas e do Programa de Pós-graduação em Economia Política Mundial da Universidade Federal do ABC (Ufabc) e coordenadora do Núcleo de Estudos Africanos e Afro-Brasileiros (Neab) da mesma instituição. Vice-coordenadora do Comitê de Pesquisa em Gênero e Sexualidade da Sociedade Brasileira de Sociologia. Tem atuado principalmente nos seguintes temas: relações raciais no Brasil; políticas públicas de ação afirmativa; estudos de gênero; feminismo negro.

**Regina Facchini** – Graduada pela Fundação Escola de Sociologia e Política de São Paulo (Fesp), mestra em Antropologia Social e doutora em Ciências Sociais pela Universidade Estadual de Campinas (Unicamp). É pesquisadora do Núcleo de Estudos de Gênero Pagu, docente dos programas de pós-graduação em Antropologia Social e Ciências Sociais, coordenadora da Linha Estudos de Gênero deste último e co-coordenadora da Comissão Assessora de Gênero e Sexualidade da Diretoria Executiva de Direitos Humanos (DeDH), todos na Unicamp. Também é pesquisadora 1-D do CNPq e coordenadora do Comitê Gênero e Sexualidade da Associação Brasileira de Antropologia (ABA). Tem atuado, sob perspectiva interseccional, nos temas: movimentos sociais contemporâneos; coprodução do conhecimento científico; violência, sofrimento social e subjetivação; acesso e permanência na universidade.

**Stephanie P. Lima** – Doutora em Ciências Sociais pela Unicamp, com reflexões acerca da centralidade da interseccionalidade na ação política do movimento social, a partir da etnografia com movimentos de jovens negros. Mestre em Saúde Coletiva pela Uerj (2016) e graduada em Ciências Sociais pela UFRJ (2013). Atua no movimento LGBTQIA+ e feminista negro há mais de 12 anos. Atuou como pesquisadora na Pesquisa Painel da Violência LGBTI+ no Estado do Rio de Janeiro (2020). Participante do Fellowship Programme for People of African Descente, oferecido pela OHCHR (ONU) em 2021. É Fellow de Pós-Doutorado no InternetLab e trabalha como Articuladora no Programa de Suporte de DDH da ONG Criola. Desenvolve pesquisas no tema de raça, gênero, sexualidade, movimentos sociais e ação afirmativa.

**Tayná Victória de Lima Mesquita** – Graduada em Ciências Sociais, mestre em Educação e doutoranda em Ciências Sociais pela Unicamp. Sua pesquisa de mestrado, *É preciso mudar os lugares da mesa: um estudo das carreiras militantes de acadêmicos negros na Universidade Estadual de Campinas*, recebeu o Prêmio Luiza Bairros (Anpocs, 2021) e o Prêmio de Reconhecimento Científico em Direitos Humanos (Instituto Vladmir Herzog – DeDH Unicamp, 2022). É pesquisadora discente no Núcleo de Estudos de Gênero Pagu (Unicamp) e co-organizadora do Curso de Extensão Pedagogia Feminista Negra (Uefs). Tem como principais interesses de pesquisa: teorias da ação coletiva, movimentos sociais negro, feminista e LGBTQI+ contemporâneos, teorias críticas da educação, interseccionalidades, diferença e processos de subjetivação. É autora do livro *Exclusão escolar racializada: implicações do racismo na trajetória de educandos negros da EJA* (2019) e co-organizadora do livro *Pedagogia Feminista Negra: primeiras aproximações* (2022).

**Thiago Coacci** – Graduado em Direito pela Pontifícia Universidade Católica de Minas Gerais (PUC-MG), mestre e doutor em Ciência Política pela Universidade Federal de Minas Gerais (UFMG). É pesquisador vinculado ao Núcleo de Estudos e Pesquisas sobre a Mulher (Nepem/UFMG) e à Rede de Pesquisas em Feminismos e Política (RePeFePo). Criador e *host* do Larvas Incendiadas, um *podcast* quinzenal de divulgação científica de estudos de gênero e sexualidade. Atua principalmente nos seguintes temas: movimentos sociais; produção de conhecimento; direitos e políticas LGBTI+ no Brasil e na América Latina.

Conecte-se conosco:

**f** facebook.com/editoravozes

**◉** @editoravozes

**𝕏** @editora_vozes

**▶** youtube.com/editoravozes

**☎** +55 24 2233-9033

www.vozes.com.br

Conheça nossas lojas:
www.livrariavozes.com.br

Belo Horizonte – Brasília – Campinas – Cuiabá – Curitiba
Fortaleza – Juiz de Fora – Petrópolis – Recife – São Paulo

    Vozes de Bolso

**EDITORA VOZES LTDA.**
Rua Frei Luís, 100 – Centro – Cep 25689-900 – Petrópolis, RJ
Tel.: (24) 2233-9000 – E-mail: vendas@vozes.com.br